W0073231

Zu diesem Buch

Die biblische Geschichte galt lange Zeit als Glaubenswahrheit oder Mythos. «Und die Bibel hat doch recht» (rororo sachbuch 6614), Werner Kellers von Millionen gelesenes erstes Buch hat diese Auffassung entkräftet. Es beschrieb den historischen Tatsachenkern, den die Wissenschaft aus den Berichten der Bibel akribisch herausgeschält hat.

Der Nachfolgeband macht die Welt der Bibel anschaulich. Schauplatz ist der Alte Orient vom Persischen Golf durch das Zweistromland über Syrien und Palästina bis nach Ägypten. Aus der Fülle aller erreichbaren Bildzeugnisse – Reliefs, Plastiken, Wandbilder, Baudenkmäler, Rekonstruktionen, Landschaften – sind die eindrucksvollsten Dokumente ausgewählt und mit den wichtigsten Bibelstellen in Beziehung gesetzt. So entstand eine faszinierende Bildgeschichte des biblischen Geschehens – von den Zeiten der Erzväter bis in die Tage der Apostel.

Werner Keller, 1909 auf einem Gut bei Zerbst (Anhalt) geboren, studierte in Zürich, Genf und Jena. Seit Jahren sind die Ergebnisse aktueller Forschung und Wissenschaft das Thema seiner vielen, zum Teil unter Pseudonym in Zeitungen und Zeitschriften veröffentlichten Arbeiten, seiner Bücher, Vortragsreisen, Funk- und Fernsehsendungen. Sein größtes Interesse gilt seit jeher der Archäologie und Menschheitsgeschichte. Ausgedehnte Reisen in Italien, auf dem Balkan und im Vorderen Orient vermittelten ihm Einblick in die Praxis dieser Forschungsgebiete.

WERNER KELLER

Und die Bibel hat doch recht

IN BILDERN

Rowohlt

Umschlagentwurf Werner Rebhuhn
(Foto: Assyrische Wandmalerei aus dem Palast in Til Barsip /
Kopie von L. Cavo, Paris)

Veröffentlicht im Rowohlt Taschenbuch Verlag GmbH,
Reinbek bei Hamburg, Juni 1975
© Econ Verlag GmbH, Düsseldorf und Wien, 1963
Satz Aldus (Linotron 505 C)
Gesamtherstellung Clausen & Bosse, Leck/Schleswig
Printed in Germany
1080-ISBN 3 499 16914 2

Inhaltsverzeichnis

Vorwort

Bildwerke und Bildbücher aus dem Bereich der Bibel gibt es viele. Was bisher jedoch fehlte, ist eine Bildgeschichte des biblischen Geschehens an Hand der Zeugnisse und Funde der Archäologie. Vergeblich hält man Ausschau nach einem Werk, das in einer großen Bildfolge die biblische Geschichte in ihrem chronologischen Verlauf – angefangen von den Zeiten der Erzväter bis zu den Tagen der Apostel – an Hand der uralten, zum Teil erst in allerjüngster Vergangenheit wieder ans Tageslicht gekommenen Dokumente und Monumente des Alten Orients vorbeiziehen läßt. Diese Tatsache und das weltweite Echo, das der Band ‹Und die Bibel hat doch recht› fand, bestärkten mich in dem schon lange gehegten Wunsch, eine solche Bildgeschichte zu schaffen.

Noch vor wenigen Jahrzehnten hätte ein solches Unterfangen in den Bereich der Utopie verwiesen werden müssen. Zwar hat es nicht an großen und berühmten Illustrationen zur Heiligen Schrift gefehlt, denn das gewaltige Geschehen in der Bibel hat die Menschen immer erneut gefesselt und in ihren Bann gezogen. Wie oft haben Maler im Mittelalter wie in der Neuzeit Szenen des biblischen Geschehens als Thema gewählt. Aber ohne konkrete und echte Vorbilder aus der Antike, ohne Kenntnis des Alten Orients blieb die Gestaltung der freien Phantasie des Künstlers überlassen.

Dank der Forschung hat sich unser Wissen über die Welt und Umwelt der Bibel in einem früher kaum für denkbar gehaltenen Ausmaß erweitert. Seit vor 125 Jahren der amerikanische Gelehrte Edward Robinson mit seinen Studien in Palästina den ersten Grundstein für eine biblische Archäologie legte, sind in diesem Zweig der Altertumswissenschaft außerordentliche Erfolge erzielt worden. Aus dem Dunkel Jahrtausende währenden Vergessenseins ist die Welt des Vorderen Orients mit ihren Reichen, Herrschern und Völkerschaften in dem weiten Halbkreis zwischen dem Zweistromland und dem Niltal wieder in unseren Gesichtskreis getreten, nahm die ganze Umwelt, der historische, kulturelle und religiöse Hintergrund jener fernen Zeiten, in denen die biblische Geschichte spielt, plötzlich lebendige und plastische Gestalt an.

Aus dem Boden Mesopotamiens kamen die Zeugen der Dynastien von Ur, der Reiche der Assyrer und Babylonier wieder zutage, konnten die in der Heiligen Schrift genannten Städte wie Ninive, Assur und Babylon entdeckt und zusammen mit den Palästen und Residenzen, den Heiligtümern und Tempeltürmen auch die Statuen von Göttern und Königen ausgegraben werden. In den Texten der zu aber Tausenden geborgenen Keilschrifttafeln fanden die Übersetzer unter den Kriegsannalen assyrischer Herrscher Ereignisse geschildert und bestätigt, wie sie in den Büchern der Könige und der Chronik überliefert stehen. Wie von den Elamitern, so erbrachte die Archäologie nähere Kunde auch von den «Horitern» und den Hethitern, den «Kindern Heths» der Bibel, fanden Gelehrte auf ägyptischen Tempelreliefs die Gestalten der biblischen Philister.

Dank dieser großartigen Dokumentation ist eines der gewaltigsten und vielseitigsten Erlebnisse der Menschheit, das im Alten und Neuen Testament seinen Niederschlag gefunden hat, für uns plötzlich wieder sichtbar geworden. Wir haben das Glück, als erste Generation die Welt der Bibel zurück bis vor vier Jahrtausenden, wie von einem gewaltigen Scheinwerfer ausgeleuchtet, sehen zu können.

Mein Bemühen bei diesem Buch war es, die Auswahl so zu treffen, daß wir, Schritt für Schritt den Bilddokumenten folgend, in großen Umrissen die biblische Geschichte vorbeiziehen sehen, die im Geschehen des Alten Orients so eng verwurzelt ist. Diese neue Sicht, dieses Miterleben-können in einer rückblickenden Schau, kann auf seine Art zu einem besseren Verständnis des biblischen Geschehens und seiner historischen und kulturellen Umwelt beitragen.

Wohl klaffen viele Lücken, bleibt so mancher Abschnitt der biblischen Geschichte noch ungeklärt oder in Dunkel gehüllt. Zudem kamen aus Israel selbst nur vereinzelt Glanzstücke zutage.

Wo indes direkte Funde aus Palästina fehlen, vermögen Entdeckungen aus benachbarten Ländern und anderen Reichen des «Fruchtbaren Halbmondes» in vielen Fällen zu helfen – so aus Mesopotamien, aus Kleinasien oder dem alten Kanaan. Eine bedeutsame Rolle spielen auch die Zeugen aus dem Nilland. «Bibel-Gelehrte beginnen in steigendem Maße den Wert der Ägyptologie für das bessere Verständnis der Bibel zu schätzen», betont Professor William F. Albright. «Nirgendwo sonst haben wir ein auch nur entfernt vergleichbares Bildmaterial von den Wänden der Tempel und Gräber, mit dem wir alle Aspekte des alten biblischen Lebens illustrieren können.» Bei der Gestaltung habe ich mich darum bemüht, zu jedem Bild einen diesbezüglichen Bibeltext zu setzen, um auf diese Weise den Bezug zwischen dem historischen Dokument und der Aussage des Alten oder Neuen Testaments herzustellen. Bei der Erläuterung der einzelnen Bilddokumente selbst ging es mir vor allem darum, das im Hinblick auf das Verständnis einer biblischen Aussage Typische oder Wesentliche an einem Relief, einem Fundstück oder einer Grabmalerei hervorzuheben. Die Datierung folgt den Angaben des von Professor G. Ernest Wright herausgegebenen Werkes ‹The Westminster Historical Atlas to the Bible›.

Mein herzlicher Dank gilt den großen Gelehrten, Forschern und Ausgräbern, deren unermüdliche Arbeit und deren Lebenswerke den kostbaren Schatz an Wissen über die Welt und Umwelt der Bibel und über das Geschehen im Alten Orient zusammentragen halfen, aus dem ich für mein Bildwerk schöpfen durfte. Zu ihnen gehört die Reihe der großen, bereits dahingegangenen Pioniere, bei denen fast jeder Name mit einer unvergeßlichen Entdeckung verbunden ist: Paul Emile Botta unter ihnen, der Khorsabad, die Residenz König Sargons II., fand, und Jean François Champollion, der Entzifferer der ägyptischen Hieroglyphen, A. Henry Layard, der Nimrud, H. C. Rawlinson, der das Ninive der Bibel entdeckte; Sir Flinders Petrie, der auf die alt-sinaitischen Inschriften stieß, James Lesley Starkey, der die judäische Feste Lachis, und Sir Leonard Woolley, der das berühmte «Ur zu Chaldäa» ausgrub; Richard Lepsius ferner, der erstmals Ägyptens Baudenkmäler registrierte, wie auch Hugo Greßmann mit seiner Sammlung «Altorientalische Texte und Bilder zum Alten Testament» und Robert Koldewey, der Ausgräber des biblischen Babylon. Ganz besonderen Dank schulde ich den heute führenden Wissenschaftlern und Archäologen, deren Werke für mein Vorhaben unentbehrliche Ratgeber und Helfer waren, und die mir in großzügiger Weise zum Teil auch ihr eigenes wertvolles Bildmaterial zur Verfügung stellten. Zu ihnen zählen die Professoren William F. Albright, Nelson Glueck, André Parrot, James B. Pritchard, Claude F. A. Schaeffer, G. Ernest Wright.

Mein Wunsch kann nur dahin gehen: Möge auch dieser Bildband dazu beitragen, uns die biblische Welt noch vertrauter zu machen.

Ascona, Monte Verītà, 1963   Werner Keller

I   Im Lande Sinear

«Denn tausend Jahre sind vor dir wie der Tag, der gestern vergangen ist, und wie eine Nachtwache.» (Psalm 90, 4)

Jenseit des Stroms

(1. Mose 1 – 1. Mose 11, 9)

«Gedenket der Tage der Vorzeit, achtet der Jahre
der vergangenen Geschlechter.
Frage deinen Vater, der wird dir's verkündigen,
deine Ältesten, die werden dir's sagen.» (5. Mose 32, 7)

Weit zurück über die Zeiten der biblischen Erzväter hinaus, zurück in die Tiefe der Geschichte hat sich unser historisches Wissen über den Alten Orient in jüngster Vergangenheit erweitert. Vor unseren staunenden Augen tun sich heute Kulturen auf, die mehr als ein Jahrtausend vor den Tagen Abrahams erblühten und von denen noch im vergangenen Jahrhundert kaum jemand etwas zu ahnen vermochte. Mit diesen neuen Erkenntnissen wurde zugleich klar, wie tief und ursprünglich unzählige Erzählungen der Bibel gerade im Zweistromland verwurzelt sind. Als «Land Sinear», von dem wiederholt die Rede ist, wird in der Heiligen Schrift die Ebene bei Babylon zwischen Euphrat und Tigris genannt. In eben dem Teil Vorderasiens, wo sich sehr früh schon fruchtbare Kulturen bildeten, läßt das 1. Buch Mose auch die Geschichte der Patriarchen beginnen. Am äußersten Zipfel des «Fruchtbaren Halbmondes», wie der den Raum der frühen Kulturen umfassende Bogen vom Mittelmeer über Euphrat und Tigris bis zum Persischen Golf genannt wird, nahe den Mündungsgebieten der zwei großen Ströme blendet die Geschichte der Erzväter auf, in Ur zu Chaldäa. Von Südmesopotamien geht es dann über Syrien nach Kanaan und zum erstenmal auch nach Ägypten.

Noch bevor jedoch die Familie des Tharah ihre große Reise nach Haran und Kanaan antrat, tauchen im Alten Testament gleich Motiven die Namen von Ländern, von Städten und von großen Strömen auf, die viel, viel später in der Geschichte des Volkes Israel eine besondere Rolle spielen werden, klingen Erzählungen auf, in denen sich bruchstückhaft dunkle Erinnerungen an Ereignisse erhalten haben, die sich – wie wir heute wissen – vor undenklichen Zeiten einmal in diesem riesigen Raum abgespielt haben. Ist es ein Zufall, wenn der Garten Eden gerade auf dem Boden Mesopotamiens gelegen haben soll? Wo heute wieder die Wüste herrscht, erstreckten sich einst durch künstliche Bewässerung fruchtbarste Ländereien. «Und es ging aus von Eden ein Strom, zu wässern den Garten», heißt es im 1. Buch Mose 2, 10, «und teilte sich von da in vier Hauptwasser.» Zwei dieser Paradiesströme kennen wir: den Tigris, das ist der biblische «Hiddekel», und den Euphrat.

Mit den Texten eines Heldengedichts, das bereits auf das ferne Volk der Sumerer zurückgeht, des Gilgamesch-Epos, kam eine uralte babylonische Erzählung wieder zutage, die dem biblischen Bericht von dem Strafgericht Gottes über die abgefallene Menschheit durch die Sintflut in bestimmten Einzelheiten sehr nahe kommt. Zudem konnten merkwürdigerweise bei Ausgrabungen der alten sumerischen Städte Ur, Kisch und an anderen Orten Mesopotamiens Spuren ausgedehnter Flutüberschwemmungen entdeckt werden. «Im Land Sinear» wurde nach 1. Mose 11 auch der Turmbau zu Babel errichtet. Mutet es nicht wie eine Illustration zu jenem biblischen Bericht an, wenn noch heute inmitten des Zweistromlandes die verwitterten uralten Kegel einst gewaltiger Stufentürme, die Zikkurat, in den Himmel ragen?

Aus jahrtausendealtem Schlummer der Vergessenheit wurden dem Wüstensand längst die Ruinen der riesigen Städte wieder entrissen, die einst Nimrud, der erste Gewaltherrscher auf Erden, erbaut haben soll: «Und der Anfang seines Reiches war Babel, Erech, Akkad und Chalne im Lande Sinear», vermerkt das 1. Buch Mose 10, 8–12. Zu Akkad in Nordbabylonien, das man im heutigen Tell Der vermutet, begründete, wie wir aus Urkunden wissen, der erste Erbauer eines Weltreiches, den die Geschichte kennt, ein Semit namens Sargon, die Dynastie von Akkad (ca. 2400–2200 v. Chr.). Unter diesem größten König Mesopotamiens im dritten Jahrtausend übernahmen die Semiten, die lange Zeit mit den Sumerern nebeneinander in Babylonien gelebt hatten, die Herrschaft über das Land. Unter Sargon I. und seinen Nachfolgern, besonders Naram-Sin, entstand ein Reich, das sich bis zum Persischen Golf und von Elam bis Kleinasien, ja zeitweise bis an das Mittelmeer erstreckte. Als nach dem Zusammenbruch des Reiches von Akkad mit der dritten Dynastie von Ur (ca. 2100–2000 v. Chr.) noch einmal eine letzte und glanzvolle Epoche sumerischer Kultur erstrahlt, nähert sich der Zeiger der Weltenuhr auch bereits jenem Zeitpunkt, an dem mit dem Auftauchen der Familie des Abraham die Vorgeschichte des Volkes Israel anhebt.

Euphrat + Tigris (= Hiddekel)

«Und Gott der Herr pflanzte einen Garten in Eden . . .
Und es ging aus von Eden ein Strom, zu wässern den Garten, und teilte sich von
da in vier Hauptwasser . . . Das dritte Wasser heißt Hiddekel, das fließt vor
Assyrien.» (1. Mose 2, 10.14)
Blick auf den Oberlauf des Tigris, den die Bibel als «Hiddekel» zu den vier
Paradiesströmen zählt.

«Und die Schlange . . . sprach zu dem Weibe: Ja, sollte Gott gesagt haben: ihr
sollt nicht essen von allerlei Bäumen im Garten? . . . Und das Weib . . . nahm
von der Frucht und aß und gab ihrem Mann auch davon, und er aß . . . Und Gott
der Herr rief Adam und sprach zu ihm . . . Hast du nicht gegessen von dem
Baum, davon ich dir gebot, du sollst nicht davon essen?» (1. Mose 3, 1–11)
Ein altbabylonisches Rollsiegel aus der Mitte des dritten Jahrtausends v. Chr.
mutet beinahe wie eine Illustration des biblischen Sündenfalls an: Es zeigt
einen Gott, einen Lebensbaum, eine Frau und eine Schlange.

«*Da kam die Sintflut vierzig Tage auf Erden, und die Wasser wuchsen . . .*»
(1. Mose 7, 17)
Bei Grabungen in Ur stießen Forscher merkwürdigerweise auf eine nahezu drei
Meter starke Lehmschicht, die auf eine Flutkatastrophe in jener Gegend um 4000
v. Chr. schließen läßt. Oberhalb wie auch unterhalb der Lehmablagerung fanden
sich Spuren menschlicher Besiedlung.

17

«Und sprachen: Wohlauf, laßt uns eine Stadt und einen Turm bauen, des Spitze bis an den Himmel reiche, daß wir uns einen Namen machen!» (1. Mose 11, 4) Unweit von Bagdad, in Aqar-Quf, steigen noch heute beinahe 60 m hoch die Überreste dieser einst gewaltigen Zikkurat in den Himmel. Ruinen solcher aus Ziegeln aufgeführten riesigen Stufentürme, die den Gedanken an den berühmten Turmbau in der Genesis wachrufen, finden sich sehr zahlreich im «Lande Sinear», dem alten Mesopotamien.

Wie die Vision des biblischen
«Turmbaus zu Babel» taucht auf
diesem alten Rollsiegel aus Assyrien
ein fünfstufiger Tempelturm auf. Vor
dem Bau sieht man die Gestalt eines
Priesters. Die Wellenlinie unten
deutet an, daß die Zikkurat sich in der
Nähe eines Stromes erhebt, so wie
Babel am Ufer des Euphrat lag. Ein
Wüstenfuchs (links) beschnuppert
offenbar einen angetriebenen toten
Fisch.

«. . . und war ein gewaltiger Jäger vor
dem Herrn», heißt es im 1. Buch Mose
10, 9, als von Nimrud die Rede ist. Aus
vorgeschichtlicher Zeit tauchte aus
dem Boden von Uruk, dem biblischen
Erech, diese Jagdstele wieder auf: Ein
Priesterkönig, gegürtet und mit
Stirnbinde, Haarschopf und Bart,
schießt einen Pfeil auf einen
anspringenden Löwen ab.

19

«... Nimrud. Der fing an ein gewaltiger
Herr zu sein auf Erden ...» (1. Mose 10, 8)
Am Ort des einstigen Kalah der Bibel (1.
Mose 10, 11), etwa dreißig Kilometer
südöstlich von Ninive in der Nähe des
Tigris, trägt das heutige Nimrud den
Namen des «gewaltigen Jägers». Hier
begann Layard 1845 seine
Ausgrabungen: Ein aus den
Schuttmassen ausgegrabener geflügelter
Stier wird für den Abtransport zersägt.

«Und der Anfang seines Reiches war Babel, Erech, Akkad und Chalne im Lande Sinear.» (1. Mose 10, 10)

Im heutigen Uruk, in der Nähe vom unteren Euphrat, entdeckte man das in den Büchern Mose genannte Erech, das einst Nimrud gegründet haben soll. Es war bereits in vorgeschichtlicher Zeit eine königliche Residenz. Der «Weiße Tempel», zu dem eine lange Treppenflucht emporführt, kündet noch heute von ihrem einstigen Glanz.

«Und Abel ward ein Schäfer;
Kain aber ein Ackermann. Es
begab sich aber nach etlicher
Zeit, daß Kain dem Herrn
Opfer brachte von den
Früchten des Feldes. Und Abel
brachte auch von den
Erstlingen seiner Herde und
von ihrem Fett.» (1. Mose 4,
2–4)
Auf einer aus dem biblischen
Erech stammenden
Alabastervase des dritten
Jahrtausends v. Chr. zeigen
Reliefbilder das Darbringen
von Feldfrüchten und
Erstlingen der Herde bei einer
kultischen Handlung.

«Der fing an, ein gewaltiger
Herr zu sein auf Erden . . .»
heißt es im 1. Buche Mose 10, 8
von Nimrud, dem Gründer von
Akkad in Nordbabylonien.
Während sonst alle großen
Hauptstädte des Alten Orients
wiedergefunden werden
konnten, blieb das biblische
Akkad bis heute verschollen.
Indes wurde zu Ninive der
Bronzekopf eines gewaltigen
Herrschers entdeckt: Sargons I.,
der um 2400 v. Chr. die
der um 2400 v. Chr. die
semitische Dynastie von Akkad
und die erste semitische
Großmacht der Weltgeschichte
zugleich begründete.

Naram-Sin, der Enkel Sargons, war einer der größten orientalischen Herrscher.
Eine Stele aus rosa Sandstein zeigt den König mit Hörnerkrone, Bogen und
Streitaxt in der einen, dem Wurfspieß in der anderen Hand, wie er im Kampf am
Fuße eines Berges angelangt ist. Von der feindlichen Armee sind nur noch Tote,
Verwundete und Flüchtlinge übriggeblieben. Der in Susa gefundene Monolith
stammt aus der zweiten Hälfte des dritten Jahrtausends v. Chr.

Mit dem sumerischen Herrscher Ur-Nammu beginnt lange nach dem Zerfall der Dynastie von Akkad um 2100 v. Chr. die dritte und letzte Dynastie von Ur. Vor einer Pflanze stehend zeigt eine nach ihm benannte Stele den König Ur-Nammu beim Opfer vor der Gottheit Nanna. Darunter sehen wir den Herrscher, wie er sich hinter der Gottheit mit den Werkzeugen eines Maurers auf den Schultern zur Baustelle eines Stufenturms begibt. Als gegen das Jahr 2000 v. Chr. die von Ur-Nammu begründete dritte Dynastie von Ur unter dem Ansturm kriegerischer Nomadenstämme aus der arabischen Wüste zusammenbricht, stehen wir an der Schwelle jenes Abschnitts in der Geschichte des Alten Orients, in der die Patriarchen auftauchen.

II Als die Erzväter kamen

«Deine Knechte sind Leute, die mit Vieh umgehen, von unserer Jugend auf bisher, beide, wir und unsere Väter.» (1. Mose 46, 34)

Von Ur bis Ägypten

(1. Mose 11, 27 – 1. Mose 31)

«Der Gott der Herrlichkeit
erschien unserm Vater Abraham,
da er noch in Mesopotamien war,
ehe er wohnte in Haran.» (Apg. 7, 2)

Kein Volk in der Welt hat in seiner Überlieferung ein so deutliches Bild der Erinnerung an seine Ursprünge bewahrt wie das Volk Israel. Mit nichts anderem als einer Familiengeschichte beginnen die Berichte des 1. Buches Mose, in dem die Gestalten der ehrwürdigen Patriarchen erscheinen, Abrahams, Isaaks und Jakobs, der den Namen Israel erhielt. Dabei legt die biblische Geschichte sichtlich Wert darauf, die Fäden zu verfolgen, durch die Israel mit so manchen Völkern und Ländern seiner näheren und ferneren Umgebung verknüpft war. Wie in einer Ouvertüre führt der biblische Bericht uns in den Wanderungen der Patriarchen über viele Tausende von Kilometern in einem mächtigen Halbkreis über den gesamten Schauplatz des Alten Orients: von den fernen Ufern des Persischen Golfes durch das Zweistromland von Euphrat und Tigris nach Syrien und Palästina am Mittelmeer und weiter bis zum Lande am Nil.

Tharah, der Vater Abrahams, lebt mit seiner zahlreichen Familie, die noch den alten Göttern dient, in «Ur in Chaldäa». In diesem Zipfel Südmesopotamiens, wo gegen 2000 v. Chr. die dritte Dynastie von Ur unter dem Ansturm amoritischer Nomaden aus der Wüste zusammenbricht, läßt die Bibel die große, weltweite Reise beginnen. Sie führt bis zum ersten großen Aufenthalt in Haran. Am Belich, einem Nebenfluß des Euphrat, gelegen, gehörte der Ort – ein bedeutender Handelsplatz am Schnittpunkt uralter Karawanenstraßen aus Ägypten, Kanaan, Kleinasien und dem Zweistromland – damals zum Reich der Mari-Könige.

Von Haran bricht Abraham nach dem Tode seines Vaters – von Gott berufen – mit Lot, seinem Neffen, auf. Mit seiner Familie und all seiner Habe und seinem Vieh wandert er nach Kanaan. Sie werden in dem neuen, ihrem Stamm und Volk verheißenen Lande jedoch noch nicht seßhaft. Sie bleiben Fremdlinge unter der Bevölkerung Kanaans.

Als Wanderhirten erleben wir Abraham, wie er das Hügelland – er verweilt bei Sichem, Bethel und Ai – und den Negeb durchstreift. Eine Hungersnot treibt ihn mit seiner Sippe nach Ägypten, das in der weiteren Geschichte der Patriarchen und des gesamten Volkes Israel eine so entscheidende Rolle spielen wird.

Nach der Rückkehr trennen sich in Kanaan die Wege der beiden Familien. Lot wählt als Aufenthaltsort für sich und seine Herden das fruchtbare Jordantal mit Siddim, über das später die Katastrophe von Sodom und Gomorra hereinbrechen soll. Abraham dagegen lebt von nun an vorwiegend im Südland. Beer-Seba, wo uralte Brunnen wiederentdeckt werden konnten, nennt die Bibel und den Hain Mamre bei Hebron, der auch zur letzten, noch heute verehrten Ruhestätte des Abraham und seiner Frau Sarah wird. Auch während ihres Aufenthaltes in Kanaan bleiben die Patriarchen in lebendiger Verbindung mit der Verwandtschaft in ihrem Heimatland «jenseit des Stroms», des Euphrat. Durch seinen ältesten Knecht läßt Abraham für seinen Sohn Isaak eine Frau aus Haran, «der Stadt Nahors», holen. Auch deren Sohn Jakob zieht wiederum über den «Strom» nach Haran, von wo er die Töchter Labans, Lea und Rahel, als Frauen heimführt.

«Eure Väter wohnten von Urzeiten her jenseit des Stroms, Tharah, Abrahams und Nahors Vater . . .» (Josua 24, 2)
Mit dem «Strom» ist der große Fluß Vorderasiens, der Euphrat, gemeint, den die Bibel auch als einen der vier Paradiesflüsse aufzählt (1. Mose 2, 10–14). «Jenseit des Stroms» deutet auf das Zweistromland hin, auf Mesopotamien.

«. . . die Götter, denen eure Väter gedient haben jenseit des Stroms . . .» (Josua 24, 2)

Angst und Schaudern vor einer unbegreiflichen Götter- und Götzenwelt scheint aus den starren, weitaufgerissenen Augen dieser zwölf Statuen zu sprechen, die mit gefalteten Händen zum Himmel schauen. Sie kamen aus dem Versteck eines Tempelheiligtums aus der ersten Hälfte des dritten Jahrtausends v. Chr. in Tell Asmar, einem Ruinenhügel nordöstlich vom heutigen Bagdad, wieder ans Tageslicht.

«*Da nahm Tharah seinen Sohn Abram und Lot, seines Sohnes Haran Sohn, und seine Schwiegertochter Sarai, seines Sohnes Abram Weib, und führte sie aus Ur in Chaldäa.*» (1. Mose 11, 31)

Im Tel al Muqayyar, dem «Berg der Stufen», nahe dem unteren Euphrat, konnten in einem gewaltigen Stumpf aus gebrannten Ziegelmassen die jahrtausendealten Überreste eines dreistufigen Tempelturmes identifiziert werden, der sich einst inmitten einer berühmten Stadt des Alten Orients erhoben hatte: dem biblischen «Ur in Chaldäa».

Von hier nahm die Wanderung der Familie der Patriarchenväter ihren Ausgang.

«*Und sie kamen gen Haran und wohnten daselbst.*» (1. Mose 11, 31)
Am Belich, einem linken Nebenfluß des Euphrat, ungefähr 450 Kilometer
nordnordöstlich von Damaskus, endete der erste Teil der Wanderung der
Patriarchenväter von Ur nach Kanaan. Hier machte Tharah mit seiner Sippe halt
und starb. Verwandte Abrahams blieben für immer in dieser Gegend wohnen
(1. Mose 24, 4; 27, 43; 28, 2). Haran war ein wichtiger Platz im Fernhandel des
Alten Orients: hier trennten sich die Karawanenwege von Babylon und
Kleinasien, nach Syrien und Ägypten. Heute sammeln sich nahe dem kleinen
Dorf, das noch immer «Charran» heißt, wie einst Tiere zur Tränke an einem der
uralten Brunnen vor verwitterten Ruinen.

«. . . *und wohnte in Haran.*» (Apostelgeschichte 7, 4)
Gouverneur von Mari, dem großen Reich, zu dem auch Haran gehörte, war zur
Zeit, da die Patriarchenväter «daselbest wohnten», Ischtup-ilum. Er trägt ein
über die eine Schulter geworfenes Gewand, das mit einem Fransensaum
eingefaßt ist.

*«Dies sind die
Geschlechter Sems . . . /
Peleg war 30 Jahre alt
und zeugte Regu . . . /
Regu war 32 Jahre alt
und zeugte Serug . . . /
Serug war 30 Jahre alt
und zeugte Nahor . . . /.
Nahor war 29 Jahre alt
und zeugte Tharah . . . /
Tharah war 70 Jahre alt
und zeugte Abram,
Nahor und Haran.»*
(1. Mose 11, 10 ff)
In diesem Palast zu Mari
am Euphrat, der 260
Säle und Höfe umfaßte
und zu den größten
Residenzen des Alten
Orients zählte,
entdeckte man in einer
Bibliothek von 25 000
Tontafeln auch für die
Patriarchenzeit
bedeutsame und
aufschlußreiche
Keilschrifttexte: sie
erbrachten Kunde von
Orten, die die biblischen
Namen aus der Familie
der Erzväter trugen, die
von Peleg, Serug,
Nahor, Tharah und
Haran!

«*Und der Herr sprach zu Abram: Gehe aus deinem Vaterlande und von deiner Freundschaft und aus deines Vaters Hause in ein Land, das ich dir zeigen will . . . Also nahm Abram sein Weib Sarai und Lot, seines Bruders Sohn, mit aller ihrer Habe, die sie gewonnen hatten, und die Seelen, die sie erworben hatten in Haran; und zogen aus, zu reisen in das Land Kanaan.*» (1. Mose 12, 1.5)

So wie heute noch Nomadenstämme, zog einst auch die Sippe Abrahams mit ihren Herden, mit Eseln, Ziegen und Schafen, von Tränke zu Tränke ihres Weges nach Palästina.

«*Und als sie gekommen waren in dasselbe Land . . .*» (1. Mose 12, 5)
Landschaft am oberen Jordan, dessen drei Quellflüsse dem Hermon entspringen
– «wie der Tau, der vom Hermon herabfällt» (Psalm 133, 3). Als Abraham mit
seiner Sippe den Fluß überquert hatte, war das Ziel der großen Reise erreicht:
Kanaan, womit in ältester Zeit das Westjordanland gemeint ist (4. Mose 33, 51).
Damit hatten zum erstenmal Angehörige des auserwählten Volkes den Boden
des Landes betreten, das zuerst für die Kinder Israel und dann für die ganze
Menschheit von so schicksalstiefer Bedeutung sein sollte.

Da «zog Abram durch bis an die Städte Sichem und an den Hain More.»
(1. Mose 12, 6)
Am ersten Platze, wo Abraham längere Zeit rastete und später Josua zweimal
dem Volke das Gesetz verkündete (Josua 8, 30–35 ; 24, 1–28), stand schon um
2000 v. Chr. eine ummauerte Stadt mit einem Stadttor. Dieses alte Sichem, von
dem das 1. Buch Mose 34, 20, berichtet: «Da kamen sie nun . . . unter der Stadt
Tor und redeten mit den Bürgern der Stadt . . .», wurde in dem Tell Balata
wieder ausgegraben.

«Es wohnten aber zu der Zeit die Kananiter im Lande.» (1. Mose 12, 6)
Auf einer bemalten Topfscherbe aus den Trümmern von Beth-Sean, der Stadt,
die später Sauls schmähliches Ende sehen sollte (1. Samuel 31, 10), ist uns
lebensnah und eindrucksvoll das Antlitz eines Kanaaniters erhalten geblieben.

«Danach zog Abram weiter und zog aus ins Mittagsland.» (1. Mose 12, 9)

Das gegen Mittag, also gen Süden, gelegene Land, das später den äußersten Teil vom Stammgebiet Judas (Josua 15, 1–4) bilden wird, ist der Negeb: «Trockenes, versengtes Land» – wie das Wort besagt. «Wie Stürme im Negeb brausen, so kommt er aus der Wüste, dem schrecklichen Land», lesen wir bei Jesaja 21, 1. Nur von Wasserstelle zu Wasserstelle können Viehhirten mit ihren Herden hier umherziehen.

«Es kam aber eine Teuerung in das Land.» (1. Mose 12, 10)
Das bedeutet: eine Hungersnot ist ausgebrochen. Sie drohte, wenn Regen und Tau ausfielen. «Darum hat der Himmel über euch den Tau verhalten und das Erdreich sein Gewächs. Und ich habe die Dürre gerufen über Land und Berge, über Korn, Most, Öl und über alles, was aus der Erde kommt, auch über Leute und Vieh und über alle Arbeit der Hände» (Haggai 1, 10. 11). Auf einen Stecken gestützt, führt auf diesem ägyptischen Relief ein fast zum Skelett abgemagerter Nomade drei Rinder am Strick.

«Da zog Abram hinab nach Ägypten . . .» (1. Mose 12, 10)
In harten Zeiten der Hungersnöte und Trockenheiten erlaubten die Grenzbeamten der Pharaonen den Hirten aus Palästina den Übertritt nach Ägypten, «um sie und ihre Herden im Gebiet des Pharao am Leben zu erhalten . . .», wie es in einem erhalten gebliebenen Hieroglyphen-Text heißt. In Richtung zum Nildelta, wo auch das berühmte biblische Gosen lag (1. Mose 45, 10), erhielten die Fremden Weidegebiete zugewiesen. Nicht weit entfernt lag dort auch das stolze Memphis, das Noph, auch Moph der Bibel (Jesaja 19, 13; Hosea 9, 6).
Wo jetzt die Palmen ihre Kronen wiegen und die 2600 v. Chr. erbaute Treppenpyramide des Zoser sich am Horizont gegen den Himmel abzeichnet, dort wohnten einst die Pharaonen des Alten Reiches. In der Hauptstadt Unterägyptens sollten später nach der Zerstörung Jerusalems durch die Babylonier auch Flüchtlinge aus Juda leben: «. . . Juden, so in Ägyptenland wohnten, nämlich . . . zu Noph . . .» (Jeremia 44, 1).

«... daß er sich daselbst als ein Fremdling
aufhielte; denn die Teuerung war groß im
Lande», zog Abraham gen Ägypten (1. Mose
12, 10).
Ein Stück Malerei aus einem Grab von Beni
Hasan in Ägypten vermittelt uns ein
lebendiges und anschauliches Bild davon, wie
wir uns den Patriarchenvater und seine Sippe
auf ihrer Wanderung ins Land der Pharaonen
vorstellen dürfen. Das aus der Zeit um 1900
v. Chr. stammende kostbare Dokument zeigt
eine Karawane von «Beduinen der Wüste»,
angeführt von einem «Fürsten des
Fremdenlandes». Die Männer tragen langes
Haar, das ihnen in Stirn und Nacken fällt,
und einen Kinnbart (3. Mose 19, 27; 21, 5),
der regelmäßig gepflegt wurde (2. Samuel 19,
25). Die Kleidung ist unterschiedlich: einige
sind in einen halblangen Mantel gekleidet,
der nur über Tag pfändbar war und für die
Nacht stets zurückgegeben werden mußte
(2. Mose 22, 25). Er besteht aus einem
viereckigen Tuchstück aus gefärbter Wolle,
das über eine Schulter gezogen wird und an
den bunten Rock Josephs erinnert (1. Mose
37, 3). Andere haben nur Lederschürzen mit
Fransen am unteren Saum. Die Füße stecken
in Sandalen mit Fersenschutz. Bei den Frauen
ist das Haar von einem Stirnband gehalten.
Es fällt lang auf Brust und Schultern herab,
vor dem Ohr hängt eine kleine Locke. Zum
halblangen Mantel tragen sie – wie auch der
voran mit einem Speer schreitende Knabe –
Halbschuhe, die über die Knöchel reichen.
Der dritte Mann links oben trägt auf dem
Rücken einen Wasserschlauch aus
Ziegenfell: «Abraham . . . nahm . . . einen
Schlauch mit Wasser und legte es Hagar auf
ihre Schulter» (1. Mose 21, 14). An Waffen
haben die Männer doppelt gekrümmte Bogen
bei sich sowie Speere und Krummstäbe, die
als Verteidigungswaffe gegen Räuber oder
wilde Tiere dienten (2. Samuel 23, 21). Ein
Mann spielt auf einer achtsaitigen Leier, dem
Instrument, das wiederholt bei den Psalmen
Davids als Begleitinstrument genannt wird.

«Und die Fürsten des Pharao sahen sie (Sarai, das Weib Abrams) und priesen sie vor ihm. Da ward sie in des Pharao Haus gebracht.»
(1. Mose 12, 15)
Während der Patriarchenzeit, als die Erzväter ihre Wanderungen durch das Hügelland Palästinas und den Negeb wegen der Hungersnot unterbrachen, um nach Ägypten zu ziehen, ging dort das Mittlere Reich seinem Ende entgegen. Zu einem der uns bekanntesten und bedeutendsten Könige der damals herrschenden 12. Dynastie (2000 bis 1780 v. Chr.) zählte Pharao Sesostris III. (1878 bis 1843).

«Da erwählte sich Lot die ganze Gegend am Jordan und zog gegen Morgen . . . und setzte seine Hütte gen Sodom.» (1. Mose 13, 11.12)
Das geschah nach ihrer Rückkehr nach Ägypten. Denn «das Land konnte es nicht ertragen, daß sie beieinander wohnten, denn ihre Habe war groß . . . Und es war immer Zank zwischen den Hirten über Abrams Vieh und zwischen den Hirten über Lots Vieh» (1. Mose 13, 6.7). Blick von Westen, dicht oberhalb der Einmündung des Jabbok, über das tief eingeschnittene und noch heute üppig-fruchtbare Jordantal.
Der Urwald der Talaue war früher ein Versteck der Löwen (Jeremia 49, 19).

«*Also kehrte Abraham wieder zu seinen Knechten; und sie machten sich auf und zogen miteinander gen Beer-Seba; und er wohnte daselbst.*» (1. Mose 22, 19) Eine Karawane rastet bei Beer-Seba, wörtlich «Siebenbrunnen» oder «Schwurbrunnen», dem Ort im tiefsten Süden Judas in der Wüste an einer uralten Wasserstelle. In dieser Gegend machten Abraham und Abimelech ein Bündnis: Sie wollten sich um des Brunnens willen, den Abraham hatte anlegen lassen, nicht mehr streiten (1. Mose 21, 22 ff.). Als Abraham später nach Hebron zog, wurden die Brunnen von Feinden zugeschüttet, so daß der zurückbleibende Isaak sie aufs neue graben mußte. In der Umgebung des heutigen Beer-Seba befinden sich noch mehrere Brunnen, die auf die Patriarchenzeit zurückgehen.

«Abraham aber pflanzte Tamarisken in Beer-Seba.» (1. Mose 21, 33)
Die Tamariske ist ein Baum oder Strauch, dessen kleine nadelförmige Blätter eng
an den Zweigen liegen. Sie wächst in Palästina in mehreren Arten, vor allem in
den Trockentälern der Wüsten- und Steppengebiete. Die größte unter ihnen,
Tamarix articulata – in unserem Bild in der Pracht ihrer rosafarbigen
Frühlingsblüte –, erreicht die Höhe einer Eiche. Luther hat für das hebräische
Wort stets «Baum» gesetzt; daher ist die Tamariske in seiner Übersetzung nicht
erwähnt.

«Und es begab sich zu der Zeit . . . Kedor-
Laomors, des Königs von Elam . . . daß
sie kriegten mit Bera, dem König von
Sodom, und mit Birsa, dem König von
Gomorra . . . Denn sie waren zwölf Jahre
unter dem König Kedor-Laomor
gewesen, und im dreizehnten Jahr waren
sie von ihm abgefallen.» (1. Mose 14, 1–4)
Wie aus heiterem Himmel spielt plötzlich
ein Stück großer Politik des Alten Orients
in das Leben des Patriarchenvaters und
läßt ihn sogar handelnd eingreifen: Als
König Kedor-Laomor von Elam,
verbündet mit drei Königen kleinerer
babylonischer Reiche, einen Vorstoß nach
Palästina unternahm, wurde er von
Abraham geschlagen. Auf dem Fragment
einer Stele ist uns das Bild eines Königs
aus Elam, dem im Hochland nordöstlich
und östlich von Babylon gelegenen Reich,
bewahrt geblieben.

«Darum kam Kedor-Laomor und die
Könige, die mit ihm waren . . . und
schlugen . . . die Horiter auf ihrem
Gebirge Seir, bis El-Pharan, welches an
die Wüste stößt.» (1. Mose 14, 5.6)
Bei den wiederholt als Bewohner Kanaans
genannten Horitern (1. Mose 36, 20;
5. Mose 2, 12) handelt es sich
wahrscheinlich um Angehörige eines
Volkes, das aus einer Gegend südlich des
Kaukasus stammt und gegen 2400 v. Chr.
in der Geschichte auftaucht: die
Churriter, denen dieser Bronzelöwe
zuzuschreiben ist. Die für unsere
Bibelkenntnis wichtigsten churritischen
Quellen bilden Tontafeln aus der Stadt
Nuzi in Mesopotamien.

«Diese kamen alle zusammen in das Tal Siddim, wo nun das Salzmeer ist.» (1. Mose 14, 3)

Das war am Fuß der Moabberge, wo jetzt, wie eine Landzunge, die Halbinsel el-Lisan ins Tote Meer hineinragt. Von dieser «Ecke an dem Salzmeer, das ist, von der Zunge, die mittagwärts geht» (Josua 15, 2), konnte man in römischer Zeit das Meer nach links zum judäischen Ufer hin durchwaten. In dem heute nur von flachem Wasser überspülten Südteil des Toten Meeres – im Vordergrund des Bildes – lag einst das wasserreiche Tal Siddim (1. Mose 13, 10) mit den beiden Städten Sodom und Gomorra (1. Mose 10, 19). Als zu Beginn des zweiten Jahrtausends v. Chr. in einer gewaltigen Naturkatastrophe (1. Mose 19) der Boden hier einbrach, strömte vom Norden her das Salzwasser in die Senke und füllte sie auf.

«*Und sein Weib sah hinter sich und ward zur Salzsäule.*» (1. Mose 19, 26)
«Dschebel Ustum» nennen die Araber den Hügelrücken, der westlich vom
Südufer des Toten Meeres in Richtung auf den Negeb zu verläuft. Ein Funkeln
und Glitzern wie von Diamanten liegt bei Sonnenlicht darüber gebreitet,
verursacht von Schichten reiner Salzkristalle. Viele Salzblöcke haben die
Regenwasser im Laufe der Zeit tief ausgewaschen und zu seltsamen Figuren
geformt. Unter den merkwürdigen, zuweilen menschlichen Gestalten
überraschend ähnelnden Salzgebilden scheint eines noch in unserer Zeit an die
Bestrafung von Lots Frau zu erinnern: eine «Salzsäule, die da steht zum
Gedächtnis der ungläubigen Seele» (Weisheit 10, 7).

«*Moab soll wie Sodom und die Kinder Ammon wie Gomorra werden, ja wie ein Nesselstrauch und eine Salzgrube und eine ewige Wüste.*» (Zephanja 2, 9)
Wie es einst bereits im Altertum geschah, so hat auch der junge Staat Israel bei Sodom mit der Gewinnung von Salz aus dem Toten Meer begonnen. Ein Liter Toten-Meer-Wassers enthält 275 Gramm Salz, ein Liter Wasser des Mittelmeeres dagegen nur 35 Gramm.

«*Also erhob Abram seine Hütte, kam und wohnte bei den Terebinthen Mamres . . .*» (1. Mose 13, 18)
Drei Kilometer nördlich von Hebron, beim heutigen Ramet el-Chalil, erinnerte bis in jüngste Vergangenheit eine uralte, gewaltige Terebinthe an die ehrwürdige Stätte, wo Abraham einst gelebt hatte und verschieden war (1. Mose 25, 8.9). Als bei einem schweren Schneefall im Winter des Jahres 1850 einer der unteren Äste abbrach, waren sieben Kamele nötig, um das Holz nach Jerusalem bringen zu können.

«. . . und baute daselbst dem Herrn einen Altar.» (1. Mose 13, 18)

Mit einer aus mächtigen Quadern wohlgefügten Umfassungsmauer ließ König Herodes der Große den traditionsreichen Ort des Terebinthenhains zu Mamre umfrieden. Die Ausgrabungen haben in der Südwestecke dieses Bezirks einen Brunnen entdeckt: Wasserschöpferin rechts im Bild. Ans Tageslicht kamen ferner ein Plattenboden und neben Überresten uralter Terebinthenwurzeln die an ihren Aschenspuren kenntliche Stätte eines Altars.

«Aber Jakob zog aus von Beer-Seba und reiste gen Haran . . . und siehe, da waren Brunnen auf dem Felde . . . und ein großer Stein lag vor dem Loch des Brunnens. Und sie pflegten die Herden alle daselbst zu versammeln und den Stein von dem Brunnenloch zu wälzen und die Schafe zu tränken, und taten alsdann den Stein wieder vor das Loch an seine Stätte.» (1. Mose 28, 10; 29, 2.3)

Unverändert über die Jahrtausende hat sich im Vorderen Orient die Sitte des Zudeckens der Brunnen erhalten. Es gilt zu verhüten, daß Wind oder Sturm das lebenswichtige Wasser mit Sandmassen verschütten.

«Also machte sich Jakob auf . . . und führte weg all sein Vieh und alle seine Habe . . . ins Land Kanaan . . . und Rahel stahl ihres Vaters Hausgötzen.»
(1. Mose 31, 17–19)
Teraphim, wie das hebräische Wort für Hausgötzen lautet, dürften Figuren oder Bilder mit menschlichen Formen und Zügen gewesen sein. Ihr Besitz sicherte, wie aus Tontafelfunden zu Nuzi bei Kirkuk hervorgeht, die führende Stellung in der Familie und den Erbanspruch. Das galt auch für den Schwiegersohn, und daher bedeutete der Diebstahl Rahels einen schweren Verstoß gegen das Recht der Söhne ihres Vaters Laban (1. Mose 31, 1). Von Hausgötzen ist auch an anderen Stellen der Bibel die Rede: Der Götze des Micha wurde zu Orakelzwecken gebraucht (Richter 17, 5). Selbst im Hause Davids befand sich ein seiner Frau Michal gehörender Hausgötze (1. Samuel 19, 13). Noch in nachexilischer Zeit ist von ihnen die Rede: «Denn die Götzen reden, was eitel ist . . .» (Sacharja 10, 2)

«Also floh er und alles, was sein war, machte sich auf und setzte über den Strom . . .» (1. Mose 31, 21)
Mit dem «Strom», bisweilen auch das «große Wasser» genannt (1. Mose 15, 18; 5. Mose 1, 7), ist auch hier der Euphrat gemeint, den die Patriarchen auf ihren Wegen zwischen Haran und Kanaan überqueren mußten. Im Vordergrund eine «Guffa» auf dem Euphrat, ein seit uralten Zeiten dort gebräuchliches rundes, aus Rohr oder Weiden geflochtenes Boot, das mit Asphalt – dem «Erdharz» oder «Pech» der Bibel – abgedichtet wird, wie die Arche Noahs (1. Mose 6, 14). Da die Guffa speziell als Fähre zur Überquerung des Stromes diente, dürften auch die Erzväter diesen Bootstyp benutzt haben.

Das Urbild der heutigen Guffa, des runden Bootstyps in Mesopotamien. Auf einem Relief aus Ninive, aus der Zeit des Assyrerkönigs Sanherib (705–681 v. Chr.), ist der Transport einer schweren Ladung über einen Fluß in einem außen mit Fellen bespannten Boot festgehalten worden. Vier Männer sind beim Rudern.

III   Joseph in Ägypten

«Er setzte ihn zum Herrn über sein Haus,
zum Herrscher über alle seine Güter . . .» (Psalm 105, 21)

Im Reiche der Pharaonen

(1. Mose 39 – 1. Mose 50)

« Und die Erzväter neideten Joseph und
verkauften ihn nach Ägypten; aber Gott
war mit ihm und rettete ihn aus aller
seiner Trübsal und gab ihm Gnade und Weisheit
vor Pharao, dem König in Ägypten;
der setzte ihn zum Fürsten über Ägypten
und über sein ganzes Haus.» (Apg. 7, 9)

Josephs Lebensgeschichte führt aus den Erlebnissen der einfachen Familiengeschichte der Patriarchen hinüber in den großen Strom des Völkerlebens. Durch Joseph gelangen Jakob und seine Sippe von siebzig Seelen nach Ägypten, auf den Boden, wo aus dieser auserwählten Familie sich das auserwählte Volk bilden sollte. Denn diese Menschen – eine Gruppe von hebräischen Hirten, die in die Weidegebiete des Nildeltas gelangen – sind die Keimzelle des Volkes, das später Israel genannt wird, und dessen große geschichtliche Aufgabe in der Vorbereitung des Christentums bestand.

Joseph, der noch in Mesopotamien geborene elfte Sohn Jakobs, wurde von seinem Vater mehr geliebt als seine Brüder, weil er ihm noch im Alter von seiner Lieblingsfrau Rahel geschenkt worden war. Das kostbare Gewand, das Joseph erhielt, erweckte jedoch den Neid seiner Brüder. So verkauften sie ihn an eine Handelskarawane. Die nahm Joseph mit nach Ägypten und veräußerte ihn weiter an Potiphar, der ein Hofbeamter des Pharao und Führer seiner Leibwache war. Aus der Tiefe führte nach schweren Schicksalsschlägen jedoch der Weg Josephs im Nilland steil in die Höhe. Vom Gefängnis, in das er schuldlos durch eine Verleumdung der Frau des Potiphar geriet, stieg er eines Tages bis zur hohen Stellung eines «Ministerpräsidenten» in Ägypten auf.

Wenn trotz dieser glänzenden Laufbahn bis heute in den sonst so genauen ägyptischen Schriftdenkmälern kein einziger Hinweis auf Joseph und seine Taten entdeckt werden konnte, so ist das den besonderen Umständen der Zeiten zuzuschreiben, in denen sich wahrscheinlich die Josephsgeschichte zugetragen hat. Kurz vor dem Jahr 1700 v. Chr. nämlich brach – wie wir heute sicher wissen – ein dunkles Zeitalter von etwa

150 Jahren Dauer über Ägypten herein, verursacht durch den Einfall von Asiaten, die von den Ägyptern Hyksos, das bedeutet «Herrscher der Fremdländer», genannt wurden. An Stelle von Theben wählten die Hyksos den Ort Avaris im östlichen Nildelta als neue Hauptstadt, unweit deren auch das Land Gosen mit seinen Weidegründen lag. Tatsächlich spielen sich auch alle in der Bibel geschilderten Begebenheiten dieser Periode nur in der Nähe des Nildeltas ab.

Dazu stimmt das, was wir im 1. Buch Mose über Josephs Aufenthalt, über Sitten und Gebräuche in Ägypten erfahren, genau mit dem überein, was wir aus Ausgrabungen und anderen Quellen über altägyptisches Leben wissen.

Die Ägypter hielten Träume und deren Deutung tatsächlich für außerordentlich bedeutsam, und siebenjährige Hungersnöte sind in Hieroglyphentexten bezeugt. Die Titel «Oberschenk» und «Oberbäcker» konnten auf ägyptischen Inschriften entziffert werden, wie auch die Geschenke, die der Pharao dem Joseph bei seiner Amtseinführung macht, dem Gebrauch des Landes entsprachen. Wenn wir erfahren, wie Josephs Brüder während einer Hungersnot aus Kanaan herbeieilen, um Nahrung zu holen, und schließlich Jakob und seine Familie mit all ihrem Hab und Gut nach Ägypten kommen und die Erlaubnis erhalten, sich im Lande Gosen niederzulassen, so stellt auch dies nichts Ungewöhnliches dar. Denn wir wissen aus ägyptischen Texten, daß es bei den Grenzbeamten des Pharao üblich war, Nomaden aus Palästina in Notzeiten die Einreise nach Gosen zu gestatten.

Auf Schritt und Tritt bestätigen so Denkmäler und Dokumente vom Nil – sei es auf Grabgemälden oder in Totenmodellen, sei es auf Reliefs an Tempelwänden oder in Plastiken –, mit welch erstaunlicher Genauigkeit die Heilige Schrift über Ägypten berichtet.

«Und da . . . Kaufleute vorüberreisten, zogen sie Joseph heraus aus der Grube und verkauften ihn . . . um zwanzig Silberlinge; die brachten ihn nach Ägypten.» (1. Mose 37, 28)
Eine Gruppe von Syrern ist im Nilland eingetroffen, um dem General eines Pharao Gaben zu überreichen. Als Zeichen der Unterwürfigkeit und Huldigung kniet ein Teil der abgebildeten Fürsten (2. Könige 1, 13), ein anderer «bückt sich nieder auf die Erde» (1. Mose 18, 2) – wie es als Begrüßungszeremoniell auch in der Bibel richtig überliefert ist. Inmitten der kostbaren Geschenke, der Krüge und Vasen, steht ein nacktes Kind, das ein Diener an der Hand hält. «Aber die Midianiter verkauften ihn in Ägypten dem Potiphar, des Pharao Kämmerer und Hauptmann der Leibwache . . .» (1. Mose 37, 36)

«Und die Erzväter neideten Joseph und verkauften ihn nach Ägypten.»
(Apostelgeschichte 7, 9)
Nach Abraham und Lot ist es Joseph, der in das Land der Pharaonen gelangt. Ihm wird eines Tages Jakob mit seiner Sippe folgen. Der Aufenthalt in Ägypten, wo Israel zum Volk heranwuchs und an die vier Jahrhunderte bis zum Exodus unter Mose lebte, hat sich tief in die Erinnerung des Volkes Israel eingeprägt und ist ein sicherer Teil seiner Geschichte geworden. Zu den imponierenden Bauwerken, die auch Joseph und viele seiner Sippe zu Gesicht bekommen haben müssen, gehören die gewaltigen Pyramiden mit den Gräbern der Könige Cheops, Chefren und Mykerinos bei Giseh. Der riesige Sphinx – Bildmitte – als Wächter der rechten Pyramide trägt den Kopf Pharao Chefrens. Nahe bei Giseh, das nördlich von Memphis, dem biblischen Noph, liegt, beginnt das Nildelta, in dessen Osten das dem Stamm Jakobs zugewiesene «Land Gosen» zu suchen ist.

«*Aber die Midianiter verkauften ihn in Ägypten dem Potiphar, des Pharao Kämmerer und Hauptmann der Leibwache.*» (1. Mose 37, 36)
Wie die Pharaonen und die assyrischen sowie babylonischen Herrscher besaßen auch später die israelitischen Könige von Saul an ihre Leibwachen oder Trabanten (1. Samuel 22, 7). Sie stellten die Vorläufer, die das Kommen des Herrschers ankündigten und seinem Wagen Platz verschafften (1. Samuel 8, 11), und auch die Wächter am Palasteingang. Ein ägyptischer Leibwächter aus einem Relief im Totentempel Ramses' II.

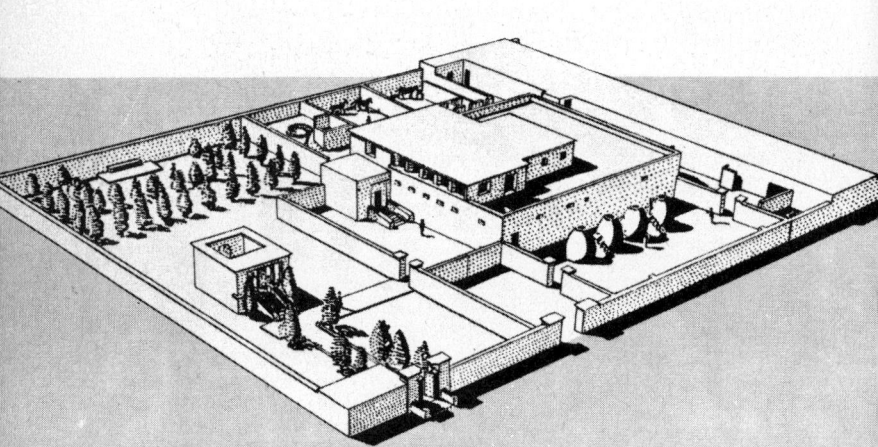

«*Und der Herr war mit Joseph, daß er ein glücklicher Mann ward; und er war in seines Herrn, des Ägypters, Hause . . . Der setzte ihn über sein Haus, und alles, was er hatte, tat er unter seine Hände.*» (1. Mose 39, 2.4)
Modell eines ägyptischen Wohngrundstückes aus einem Grab: links der Garten mit Teich und Laube, in der Mitte das Wohnhaus, rechts und vorn Wirtschaftsgebäude, rechts hinten Stallungen. Der Dachgarten des Hauses ist so beschaffen, wie es später den Kindern Israel als Gesetz vorgeschrieben wird: «Wenn du ein neues Haus baust, so mache eine Lehne darum auf deinem Dache, auf daß du nicht Blut auf dein Haus ladest, wenn jemand herabfiele» (5. Mose 22, 8).

«*Ich machte mir Gärten und Lustgärten und pflanzte allerlei*
fruchtbare Bäume darein. Ich machte mir Teiche . . .»
(Prediger 2, 5.6)
Ägyptisches Wandgemälde eines Luxusgartens, wie er zum Haus
eines vornehmen Ägypters gehörte, mit einem Wasserbecken, in
dem sich Fische und Wasservögel tummeln. Unter den Bäumen
und Sträuchern wachsen, mit Fruchtbündeln reich behangen, auch
die in Palästina sehr geschätzten Dattelpalmen. Ihre «Zweige»
fanden als Symbol festlicher Freude (Nehemia 8, 15), zur
Huldigung eines Fürsten (1. Makk. 13, 37; Joh. 12, 13) oder bei
einer Siegesfeier Verwendung.

«Und es begab sich danach, daß sich der Schenk des Königs in Ägypten und der Bäcker versündigten an ihrem Herrn, dem König in Ägypten. Und Pharao ward zornig über seine beiden Kämmerer, über den Amtmann über die Schenken und über den Amtmann über die Bäcker, und ließ sie setzen ins Gefängnis, da Joseph gefangen lag.» (1. Mose 40, 1–3)

In Anbetracht der nicht seltenen Giftmordversuche im Alten Orient handelte es sich bei dem Posten des Mundschenks stets um eine besondere Vertrauensstellung. Hier reicht der Mundschenk einer ägyptischen Prinzessin zu trinken, während sie frisiert wird. Auch am Hofe König Salomos waren später Schenken wie am Pharaonenhof (1. Könige 10, 5).

«Und es träumte . . . dem Bäcker des Königs von Ägypten in einer Nacht . . .»
(1. Mose 40, 5)
Blick in die Bäckerei eines Pharaos: Gestützt auf einen langen Stab treten zwei
Sklaven (links) den Brotteig in einem Trog (5. Mose 28, 5) mit nackten Füßen.
Zwei andere tragen Flüssigkeit und Teig zu einem Mann, der ihn dünn
ausstreicht und formt. Neben liegenden Kühen scheinen als Formen vor allem
«Schnecken» sehr beliebt gewesen zu sein. Auf zwei Stäben gespießt, bringt ein
Arbeiter gerade eine solche spiralförmig zusammengedrehte Teigrolle zu einer
Pfanne, unter der Flammen lodern – «. . . das in der Pfanne gebacken ist, soll
dem Priester gehören . . .» (3. Mose 7, 9). Einem erkalteten Backofen entnimmt
weiter rechts ein Mann die fertigen Fladen, die auf dem Tisch neben ihm
aufgeschichtet werden. Solch ein Backofen begegnet uns unten links noch
einmal, aber hier schlagen die Flammen oben aus der Öffnung heraus, und ein
Diener trägt gerade auf einem großen Brett den geformten Kuchenteig herbei,
der nun gebacken werden soll. So hat auch der im Alten Testament erwähnte
«Backofen, den der Bäcker heizt» (Hosea 7, 4), ausgesehen: Er bestand aus einem
Lehmzylinder, den man in Palästina in die Erde hineinbaute, wie Ausgrabungen
erkennen ließen. Man schüttete das Holz oben hinein und zündete es an. Sobald
der Ofen erhitzt war, wurde das Feuer herausgenommen und dann die
Brotfladen innen an die warme Fläche geklebt und geröstet.

«Und weiter sprach Pharao zu
Joseph: Siehe, ich habe dich über
ganz Ägyptenland gesetzt. Und er
tat seinen Ring von seiner Hand
und gab ihn Joseph an seine Hand
und kleidete ihn mit köstlicher
Leinewand und hing ihm eine
goldene Kette an seinen Hals.»
(1. Mose 41, 42)

Auf einem Relief ist die feierliche
Handlung festgehalten, wie der
Pharao einen Minister und
Siegelbewahrer einsetzt und mit
den Zeichen seiner Würde
bekleiden läßt. Neben einem Stab,
der in der Linken getragen wurde,
gehörte zu den Insignien ein
goldener Siegelring an der
Rechten, auf dessen Platte ein
Kreis mit dem Namen des Pharao
eingraviert war. Kammerdiener
des Herrschers sind gerade damit
beschäftigt, dem neuen hohen
Beamten eine breite goldene Kette
umzuhängen.

«Und ließ ihn auf seinem zweiten Wagen fahren und ließ vor ihm her ausrufen: Der ist des Landes Vater. Und setzte ihn über ganz Ägyptenland.» (1. Mose 41, 43)

Kaum anders als bei den Ausfahrten eines Pharaos – hier im Relief ist es Echnaton, König Amenophis IV. – muß es sich nach dem biblischen Text zugetragen haben, wenn Joseph in seinem Wagen ausfuhr und sich in der Öffentlichkeit zeigte. Denn nur sehr hohen Beamten stand wie dem Pharao das Vorrecht zu, in einem Staatswagen durch die Straßen zu fahren. Vor und neben dem mit zwei Pferden bespannten Wagen laufen je zwei Läufer im Geschwindschritt daher. Sie sind mit Stöcken bewaffnet, um den Weg frei zu machen. Das Volk ist auf dem Bild nur durch zwei Zuschauer vertreten (rechts), von denen einer ehrfüchtig in die Knie gesunken ist. Beide klatschen dem Pharao zur Begrüßung zu. Vor dem Wagen bewegen sich im Laufschritt außerdem Begleitkommandos der Leibwache. Man erkennt unter ihnen sowohl einheimische Truppen als auch fremde Söldner. In der obersten Reihe laufen Libyer, Semiten und Neger mit Speeren und doppelt gekrümmten Bogen, in der zweiten Reihe Krieger mit Streitäxten, Speeren und Schilden. Auch an den Höfen von Israel und Juda wurde später dieser Brauch übernommen, und alle Angesehenen und Mächtigen fuhren eskortiert aus: «Adonia aber, der Sohn der Haggith, erhob sich und sprach: Ich will König werden; und machte sich Wagen und Reiter und fünfzig Mann zu Trabanten vor ihm her» (1. Könige 1, 5; 2. Samuel 15, 1).

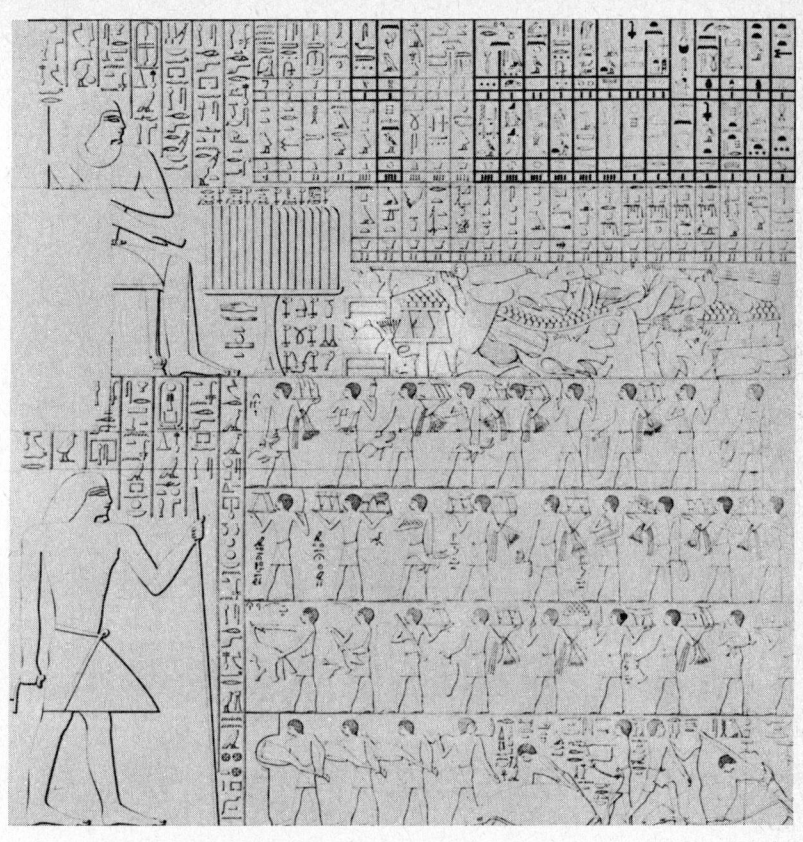

«Und das Land trug in den sieben reichen Jahren die Fülle.»
(1. Mose 41, 47)
Bis zum Brechen sind oben Kammern und Tische vollgestapelt mit
Geflügel, Obst und Gemüse. In langen Reihen tragen Diener alle
jene herrlichen Dinge herbei, die uns den Wohlstand des Nillandes
vor Augen führen: Enten und Gänse, auf Brettern allerlei
Backwaren und Früchte des Landes, in den Armen reife
Ährenbündel. Unten sieht man Schlachtergesellen mit ganzen
Rinderkeulen in den Armen, während andere Männer noch mit
dem Zerlegen der Schlachttiere beschäftigt sind.

*«Und sie sammelten alle Speise der sieben Jahre, so im Lande Ägypten waren,
und taten sie in die Städte. Was für Speise auf dem Felde einer jeglichen Stadt
umher wuchs, das taten sie hinein.»* (1. Mose 41, 48)
Gänseherden werden von Hirten zusammengetrieben und die Tiere in Körbe
gesperrt zum Versand in die Städte.

Daß schon im alten Ägypten eine Vorratswirtschaft nichts Ungewöhnliches war,
veranschaulicht uns diese Grabmalerei aus Theben. In einem Gestell – links oben
– hängen Gänse, die bereits zum Einpökeln in Tonkrüge vorbereitet und wieder
zugenäht sind. Zwei Männer sind damit beschäftigt, die frisch geschlachteten
Tiere säuberlich zu rupfen und sie zum Ausnehmen aufzuschneiden. Mit einem
Schlagnetz haben andere Gehilfen – rechts – gerade einen Schwarm Wildvögel
gefangen.

«*Also schüttete Joseph das Getreide auf, über die Maßen viel wie Sand am Meer, als daß er aufhörte zu zählen; denn man konnte es nicht zählen.*» (1. Mose 41, 49)

Das Getreide auf dem Feld wird unter den Augen des Gutsherrn (links unten) und des Aufsehers von Sklaven mit der Sichel geschnitten. Die Schnitter, unter ihnen ein Kind, füllen ihre linke Hand mit Ähren (Psalm 129, 7), in der rechten führen sie die Sichel. Das ausgedroschene Getreide wird von Schreibern registriert, während oben auf dem Getreideberg ein Aufseher die Sklaven zur schnelleren Arbeit beim Aufhäufen anfeuert (Bild oben). Einen Stab in der Rechten, das Schweißtuch in der Linken, schaut der Gutsherr aus einer Laube den Arbeitern zu. Oben links wird das Getreide von Frauen geworfelt. Sie sind mit einem Kopftuch gegen den Staub geschützt. Die rechts sich bückende Arbeiterin kehrt mit Handbesen die Körner zusammen, alle andern haben hölzerne Worfschaufeln in den Händen. Damit werfen sie das Getreide in die Höhe und lassen die Spreu vom Wind verwehen. Das Korn wird aufgehäuft und mit Hilfe von aufgemalten Streifen vermessen. Neben dem Aufseher steht das Ernteopfer. Oben erkennt man Getreidegarben mit Wachteln, den Vögeln also, die später den Kindern Israel in der Wüste als Nahrung dienen werden, und die sie als beliebte Speise von Ägypten her kannten. «Da ließ er Wachteln kommen» (Psalm 105, 40).

«Und sammle alle Speise der guten Jahre, die kommen werden, daß sie Getreide aufschütten in Pharaos Kornhäuser zum Vorrat . . .» (1. Mose 41, 35)
Einen interessanten Blick mitten hinein in den emsigen Betrieb beim Füllen eines der in der Bibel erwähnten staatlichen Kornmagazine des alten Ägypten gewährt uns das in einem Grab wieder aufgefundene hölzerne Modell: Durch eine Pforte links oben bringen Sklaven die prall gefüllten Getreidesäcke zunächst in eine Amtsstube. Sack für Sack wird hier von den am Boden hockenden Schreibern genau registriert. Erst danach wird das Korn weiter in den eigentlichen Speicher getragen und von einer Empore herab, zu der eine Treppe hinaufführt, in eine der Kammern geschüttet.

«Und schaffe, daß er Amtleute verordne im Lande und nehme den Fünften in Ägyptenland in den sieben reichen Jahren . . .» (1. Mose 41, 34)
Streng ging es bereits in Ägypten bei der Abgabe der Steuern zu. Drei Männer haben sich mit einer Geste der Ergebenheit vor den in einer überdachten Laube sitzenden Schreibern, die die nicht gezahlten Lasten notieren, niedergeworfen. Weitere säumige Steuerzahler, die man von rechts heranführt, werden von Bütteln zum Niederwerfen veranlaßt.

«Da fingen an die sieben teuren Jahre zu kommen, davon Joseph gesagt hatte. Und es ward eine Teuerung in allen Landen; aber in ganz Ägypten war Brot.» (1. Mose 41, 54)
Bis zum Skelett abgemagerte Gestalten von Männern, Frauen und Kindern auf einem ägyptischen Relief führen uns drastisch-real vor Augen, wie verheerend sich «Teuerungen» – womit in der biblischen Sprache immer Zeiten der Dürre und damit der Hungersnot gemeint waren – in damaliger Zeit in der Bevölkerung auszuwirken pflegten. Das aus Sakkara stammende Bild wirkt wie eine zeitgenössische Illustration der Schilderung in 1. Mose 41, 55, wo es heißt: «Da nun das ganze Ägyptenland auch Hunger litt, schrie das Volk zu Pharao um Brot.»

«Als nun im ganzen Lande Teuerung war, tat Joseph allenthalben
Kornhäuser auf und verkaufte den Ägyptern. Denn die Teuerung
ward je länger je größer im Lande. Und alle Lande kamen nach
Ägypten, zu kaufen bei Joseph.» (1. Mose 41, 56.57)
Als runde, oben mit einer Wölbung versehene Behälter zeigt uns
dieses Relief eine ganze Flucht nebeneinander errichteter
staatlicher Getreidemagazine im Nilland. Deutlich sind unten die
Klappen zu erkennen, aus denen das Korn beim Verkauf
entnommen wurde. Wie die Pharaonen in Ägypten (2. Mose 1,
11), so errichtete später auch König Salomo beim Ausbau seines
Reiches besondere «Städte der Kornhäuser» (1. Könige 9, 19) oder
«Kornstädte» (2. Chronik 8, 4.6).

«Da aber Jakob sah, daß Getreide in Ägypten feil war, sprach er zu seinen Söhnen: . . . ziehet hinab und kauft uns Getreide, daß wir leben und nicht sterben . . . Also kamen die Kinder Israels, Getreide zu kaufen . . . Aber Joseph war der Regent im Lande und verkaufte Getreide allem Volk im Lande. Da nun seine Brüder kamen, fielen sie vor ihm nieder zur Erde auf ihr Antlitz.» (1. Mose 42, 1–6)
Eine Szene, wie sie sich vor Joseph abgespielt haben mag, hat uns ein Flachrelief aus einem Grab bei Memphis festgehalten. Es zeigt eine Gruppe von Fremden vor hochgestellten Ägyptern: sie haben sich niedergeworfen oder sind niedergekniet; einer liegt auf dem Bauch, ein anderer sogar auf dem Rücken. Die meisten von ihnen sind Semiten, an den Gesichtszügen, dem Kinnbart und dem vollen, durch ein Stirnband gehaltenen Haar leicht erkennbar.
Begrüßungszeremonien ähnlich der hier abgebildeten sind wiederholt in der Bibel bezeugt: «Und da er zu David kam, fiel er zur Erde und beugte sich nieder» (2. Samuel 1, 2; 9, 6).

«Joseph sprach zu ihnen: Das ist's, was ich euch gesagt habe:
Kundschafter seid ihr . . . ihr aber sollt gefangen sein . . . Und er ließ sie
beisammen verwahren drei Tage lang.» (1. Mose 42, 14.16.17)
Ein Zug gefangener Semiten. Je ein Ägypter führt einen Gefangenen
hinter sich her, dem ein Strick um den Hals gelegt ist und dessen Hände
zudem in einer Schlinge vor der Brust gefesselt sind.

«Und Joseph tat Befehl, daß man ihre Säcke mit Getreide füllte und ihr
Geld wiedergäbe, einem jeglichen in seinen Sack, dazu auch Zehrung auf
den Weg; und man tat ihnen also. Und sie luden ihre Ware auf ihre Esel
und zogen von dannen.» (1. Mose 42, 25.26)

«Und Joseph . . . sprach: Legt Brot auf! Und man setzte sie ihm
gegenüber, den Erstgeborenen nach seiner Erstgeburt und den
Jüngsten nach seiner Jugend . . . Und man trug ihnen Essen vor
von seinem Tisch . . . Und sie tranken und wurden fröhlich mit
ihm.» (1. Mose 43, 30–34)
Bild eines Gastmahls in Ägypten, wie es Joseph seinen Brüdern
gegeben haben mag, auf der Wandmalerei aus einem Grab. Oben
bedient eine nackte Sklavin die vornehmen Gäste, Männer und
Frauen. Unten sind Musikantinnen und Tänzerinnen zu sehen.
Tanz und Musik begleiteten im Alten Orient jedes festliche Essen.
«Wie ein Rubin in feinem Golde leuchtet, also ziert ein Gesang das
Mahl» (Sirach 32, 7).

«Pharao sprach zu Joseph: Es ist dein Vater und sind deine Brüder,
die sind zu dir gekommen; das Land Ägypten steht dir offen, laß
sie am besten Orte des Landes wohnen, laß sie im Lande Gosen
wohnen; und so du weißt, daß Leute unter ihnen sind, die tüchtig
sind, so setze sie über mein Vieh ... Also wohnte Israel in
Ägypten im Lande Gosen und hatten's inne und wuchsen und
mehrten sich.» (1. Mose 47, 5.6.27)

Unweit des Nildeltas erstreckte sich, wie die Forschungen ergeben
haben, das Land Gosen mit den saftigsten Weideplätzen, die sich
ein Hirtenvolk, wie es die Kinder Israel waren, nur erträumen
konnte. Auf einem Relief aus Sakkara ist der Augenblick
dargestellt, wie eine Rinderherde bei Heimkehr von den fetten
Weidegründen aus dem Delta durch einen Flußarm getrieben
wird. Das Wasser ist ganz seicht. Die Kälber gehen voran, eines
wird auf der Schulter getragen, da es noch zu klein ist. Der zweite
Hirt hat eine Kürbisflasche über seinen Hirtenstock gehängt und
über die Schultern eine Schlafmatte gelegt.

«Da nun Geld gebrach im Lande Ägypten und Kanaan, kamen alle
Ägypter zu Joseph und sprachen: Schaffe uns Brot! Warum läßt
du uns vor dir sterben, darum daß wir ohne Geld sind? Joseph
sprach: Schafft euer Vieh her, so will ich euch um das Vieh geben,
weil ihr ohne Geld seid. Da brachten sie Joseph ihr Vieh; und er
gab ihnen Brot um ihre Pferde, Schafe, Rinder und Esel. Also
ernährte er sie mit Brot das Jahr um all ihr Vieh.» (1. Mose 47,
15–17)
Hirten treiben Rinderherden herbei, links unten hockt ein
Schreiber, der die vorgeführten Tiere registriert.

«Da das Jahr um war, kamen sie zu ihm im zweiten Jahr und sprachen . . .: Wir wollen unserem Herrn nicht verbergen, daß . . . nichts mehr übrig vor unserm Herrn denn nur unsre Leiber und unser Feld . . . Also kaufte Joseph dem Pharao das ganze Ägypten. Denn die Ägypter verkauften ein jeglicher seinen Acker, denn die Teuerung war zu stark über sie.» (1. Mose 47, 18.20)

Ein Gemälde aus einem Grab in Theben veranschaulicht, wie es bei einer Feldvermessung zuging, die auch Joseph vornehmen lassen mußte, als er gegen Getreide die Äcker aufzukaufen begann. Links und rechts im Bild sehen wir Männer mit dem Meßstrick. Sie sind von drei Schreibern begleitet sowie einem alten Bauern und einigen Jungen.

«Und . . . Jakob . . . verschied und ward versammelt zu seinem Volk . . . Und Joseph befahl seinen Knechten, den Ärzten, daß sie seinen Vater salbten. Und die Ärzte salbten Israel . . .»
(1. Mose 49, 33 ; 50, 2)

«Salben», das bezeichnet hier die ägyptische Kunst der Leicheneinbalsamierung, die der Erhaltung des Körpers nach dem Tode diente. Sie wird in der Bibel nur bei Jakob und Joseph (1. Mose 50, 26) erwähnt. Einbalsamierer sind damit beschäftigt, den Körper eines Verstorbenen herzurichten: Vor der Leiche auf dem Balsamierungsbett steht oben ein Priester, der mit seiner Schakalmaske Anubis, den Gott der Toten und der Balsamierer, darstellt. Unten behandeln Mumifizierer den Leichnam mit Natron, das dem Körper die Flüssigkeit entzieht.

«Und die Ägypter beweinten ihn siebzig Tage.» (1. Mose 50, 3)
Mit erhobenen Händen beweint eine Gruppe berufsmäßiger Klageweiber und
Mädchen einen Verstorbenen auf dieser ägyptischen Grabmalerei. Einige tragen
ein von der Taille herabhängendes Gewand, das die Brüste freiläßt, andere eine
Bekleidung, die von den Schultern bis an die Knöchel herabreicht. Auf den
Gesichtern sieht man Spuren von Tränen. Auch in Israel war es später üblich,
Klageleute, insbesondere Klageweiber zu mieten, um Verstorbene betrauern zu
lassen: «Schaffet und bestellet Klageweiber . . . daß sie eilend um uns klagen,
daß unsre Augen von Tränen rinnen und unsre Augenlider von Wasser
fließen . . .» sagt Jeremia 9, 16.

«*Also zog Joseph hinauf, seinen Vater zu begraben. Und es zogen mit ihm alle Knechte Pharaos, die Ältesten seines Hauses und alle Ältesten des Landes Ägypten; dazu das ganze Gesinde Josephs und seine Brüder und das Gesinde seines Vaters.*» (1. Mose 50, 7.8)

Ein Toter, den man über den Nil gefahren hat, wird über Land zu seiner Grabstätte geleitet. Auf einem Schlitten, von vier Rindern gezogen, steht ein Nachen und darin der Sarkophag, in dem man unten die Mumie liegen sieht. Vorn und hinten türmt sich je ein Blumengebinde. Voraus schreiten zwei Priester. Die Männer gehen vorweg im Leichenzug, die Frauen hinter ihnen. Sie alle haben zum Zeichen der Trauer die Hand auf den Kopf gelegt: «Und legte ihre Hand auf das Haupt und ging daher und schrie» (2. Samuel 13, 19).

IV Befreit aus Ägyptens Fron

«*Danach führte ich euch und eure Väter
aus Ägypten.*» (Josua 24, 6)

Exodus und Wüstenzug

(2. Mose – 5. Mose)

«Da nun sich die Zeit der Verheißung nahte,
die Gott Abraham geschworen hatte,
wuchs das Volk und mehrte sich in Ägypten,
bis daß ein anderer König aufkam,
der nichts wußte von Joseph . . .
Zu der Zeit ward Mose geboren . . .
Dieser führte sie aus und tat Wunder und
Zeichen in Ägypten, im Roten Meer und in
der Wüste vierzig Jahre.» (Apg. 7, 17.20.36)

Über 400 Jahre, während deren die Kinder Israel in Gosen gewohnt haben, fehlt in der Bibel jegliche Mitteilung. Von Josephs Tod gehen die Berichte im 2. Buch Mose 1, 8 unmittelbar über auf das Vorspiel zu einem neuen bedeutsamen Abschnitt: zum Auszug aus Ägypten.

Aus der Familie des Jakob, die einst einer Hungersnot wegen nach Ägypten auswanderte, ist inzwischen ein ganzes Volk geworden, um dessen Wachstum die Ägypter sich Sorge zu machen beginnen.

Längst ist Ägypten von der drückenden Fremdherrschaft der Hyksos wieder befreit, und im «Neuen Reich», das von ca. 1546 v. Chr. an zählt, geht es nach einer Zeit des Niedergangs bereits einer zweiten Blüte entgegen.

Als gegen Ende des 14. vorchristlichen Jahrhunderts Sethos I. (1319 bis 1301) den Pharaonenthron besteigt, dürfte die Zeit beginnen, da die Bibel ihren Bericht wiederaufnimmt. Eine große Anzahl Gelehrter neigt heute dazu, in dem zweiten Pharao der Ramessiden-Dynastie, in Sethos I., den im 2. Buch Mose 1, 8 erwähnten «neuen König» zu sehen, «der nichts von Joseph wußte». Eine bittere Zeit hebt nun für das Volk Israel an. «Man setzte Fronvögte über sie, die sie mit schweren Diensten drücken sollten» (2. Mose 1, 11). Sie werden zum Bau der im östlichen Nildelta gelegenen Vorratsstädte «Pithon und Raemses» herangezogen.

Auch als «darnach der König in Ägypten» starb (2. Mose 2, 23), ändert sich nichts an dem harten Los. Unter dem Nachfolger Ramses II. (1301 bis 1234 v. Chr.) geht die harte Bedrückung weiter – ersteht jedoch schließlich auch der von Gott gesandte Retter: Mose, der vom Pharao die Erlaubnis zum Auszug erzwingt.

Nach der wunderbaren Errettung des ausziehenden Volkes vor den nachstürmenden Streitkräften des Pharao am Schilfmeer führt Mose die Kinder Israel zum Sinai, zum Berg der Gesetzgebung. In der erhabenen Gebirgswelt, wo der Dschebel Musa, der «Moseberg», noch heute den Namen des großen Gottesmannes trägt, offenbarte sich Gott seinem Volk, erhielt Mose das für das Gottesvolk gültige Gesetz, die Zehn Gebote, kundgetan.

Erst nach einem Aufenthalt von fast einem Jahr erfolgt der Aufbruch vom Sinai. Die vierzig Jahre des Wüstenzuges beginnen. Von den vielen im 4. Buch Mose 33 aufgezählten Rastplätzen, Oasen und Aufenthaltsorten zählt Kades zu den bekanntesten. Siebenundfünfzig Kilometer südlich von Beer-Seba gelegen, bildet es die größte Oase des Wüstengebietes. Von Kades aus beginnt auch schließlich der Zug nach Kanaan. Als die Kinder Israel das ganze Ostjordanland in ihre Gewalt gebracht haben, gelangen sie bis in das «Gefilde Moab» (4. Mose 22, 1), die Ebene am unteren Jordan gegenüber Jericho. Während sie dort lagern, steigt Mose hinauf zum Berg Nebo und stirbt, nachdem er das verheißene Land hat schauen dürfen.

«*Da kam ein neuer König auf in Ägypten, der wußte nichts von Joseph und sprach zu seinem Volk: Siehe, des Volks der Kinder Israel ist viel und mehr denn wir.*» (2. Mose 1, 8.9)
Nach der Erzählung von Joseph hüllt sich die Bibel in Schweigen. Als sie ihren Bericht wiederaufnimmt, sind vier Jahrhunderte vergangen, und am Nil herrscht die von ca. 1320 bis 1200 v. Chr. zählende 19. Dynastie der Ramessiden. Nach nur knapp zweijähriger Regierung des ersten Ramses bestieg im Jahre 1319 v. Chr. dessen Sohn Sethos I. den Pharaonenthron. Ein Kalksteinrelief aus dem von ihm erbauten Osiristempel in Abydos zeigt uns den Herrscher, dem es in siegreichem Kampf gelungen war, die zuvor sehr geschwächte ägyptische Macht in Vorderasien wieder herzustellen.

«Wohlan, wir wollen sie mit List dämpfen, daß ihrer nicht so viel werden. Denn wo sich ein Krieg erhöbe, möchten sie sich auch zu unseren Feinden schlagen und wider uns streiten und zum Lande ausziehen.» (2. Mose 1, 10)

Vorwiegend glatt rasiert, im Gegensatz zu den barttragenden Semiten, gingen die Hethiter – die «Kinder Heth» der Bibel (1. Mose 10, 15 ; 23, 3) –, die zur Zeit der Ramessiden zu den gefürchtetsten Feinden Ägyptens zählten. Ihr schwarzes Haupthaar fiel vom Hinterkopf frei auf den Rücken hinab. Eine überlange, scharf vorspringende Nase prägte ihr Profil charakteristisch. Auf der einen Schulter aufliegend, die andere dagegen freilassend, trugen sie über einem mit dem Gürtel befestigten kurzen Schurz einen langen Mantel. Den ägyptischen Künstlern bereitete die genaue bildliche Wiedergabe jener ihnen so ungewohnten Haartracht und Kleidung gewisse Schwierigkeiten.

Mitten hinein ins Kampfgetümmel zwischen Ägyptern (links) und Hethitern (rechts) führt dieses ägyptische Relief. Von einem Pfeilhagel überschüttet, erleben die hethitischen Wagentruppen den Angriff der Ägypter. Schon bedecken Tote und Verwundete weit und breit das Schlachtfeld. Von Pfeilen durchbohrt, stürzen Pferde und Rosselenker der Hethiker zu Boden, während sich ihre Streitwagen überschlagen.

Ein König des Landes Mitanni, das sich an den Oberläufen von Euphrat und Tigris als Nachbarreich der Hethiter erstreckte und stark churritischen Charakter hatte. Typisch der eine Schulter freilassende, mit einem Wustrand verzierte Mantelrock. Die Mitanniter waren indes nicht nur Feinde der Ägypter. Wiederholt sandten ihre Könige ihre Töchter nach Ägypten, um sie mit Pharaonen zu verheiraten. Vermutlich war die berühmte Königin Nofretete, die Gemahlin des Sonnenkönigs Echnaton, eine solche Mitanni-Prinzessin.

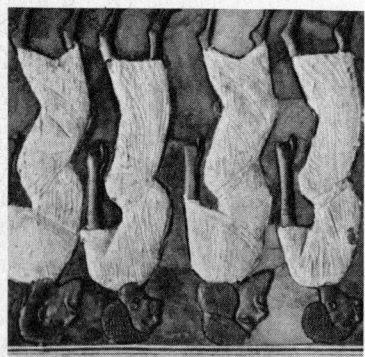

«... bis ich deine Feinde zum Schemel deiner Füße lege ...» (Psalm 110, 1) Aus Zedernholz, Gold und Elfenbein besteht die Einlegearbeit des kostbaren, vor dem Thronsessel Pharao Tutenchamons einst stehenden Fußschemels. Auf ihm ruhten als Symbol der Macht und der Überlegenheit über die Gegner des Landes die Füße des Pharaos, wenn er diesen Thronsessel in seiner Eigenschaft als oberster Priester Ägyptens benutzte. Dargestellt sind auf dem Schemel Typen der Völker, die zu den traditionellen Feinden Ägyptens rechneten: Mit spitzem Bart, den Haarschopf im Nacken gerade abgeschnitten, mit einem Seitenzopf an der Schläfe sehen wir unten links einen Libyer. Es folgen als zweite und als vierte Figur zwei Neger: Die stumpfe Nase, aufgeworfene Lippen, glattrasiertes Gesicht sowie wolliges Haar und Ohrringe sind ihre besonderen Merkmale. In der Mitte mit langem Haupthaar, das durch ein Stirnband gehalten wird, sowie einem vollen Kinnbart ein Syrier.

«Und man setzte Fronvögte über sie, die sie mit schweren
Diensten drücken sollten . . . Und die Ägypter zwangen die Kinder
Israel zum Dienst mit Unbarmherzigkeit . . . und mit allerlei
Frönen auf dem Felde und mit allerlei Arbeit, die sie ihnen
auflegten mit Unbarmherzigkeit.» (2. Mose 11–14)
Angetrieben von einem Aufseher, sind mit Lendenschurzen
bekleidete Männer in Gruppen zu je fünf dabei, den von der Sonne
steinhart getrockneten Boden Ägyptens aufzulockern.

«. . . und machten ihnen ihr Leben sauer mit schwerer Arbeit in Ton und
Ziegeln . . .» (2. Mose 1, 14)

Semiten zusammen mit dunkelhäutigen Sklaven beim Ziegelstreichen und
Ziegelbau an einem Speicher zeigt diese Wandmalerei eines thebanischen
Grabes. Aus einem von Bäumen umstandenen Teich in der oberen Reihe links
schöpfen zwei Sklaven gerade Wasser; der eine steht bis zum Bauch im Naß, der
andere bückt sich hinab. Nachdem der Nilschlamm angefeuchtet ist, wird er mit
Hacken losgeschlagen und in Körben zu den Arbeitern weiter im Hintergrund
getragen, die den Lehm in hölzernen, mit einem Handgriff versehenen Kästen
formen. Reihenweise werden die noch feuchten Rohziegel alsdann zum
Trocknen an der Sonne aufgeschichtet (links oben). In Bändern an einem auf der
Schulter balancierten Stock hängen die fertigen Ziegel, die ein Sklave rechts
wegträgt. Ein Aufseher mit Stock treibt die Gruppe zu eifriger Arbeit an. In der
unteren Reihe schleppen Arbeiter Ziegel herbei, die zum Bau einer Rampe
dienen. Zugleich wird Nilschlamm gebracht, der als «Mörtel» gebraucht wurde.
Der eine Aufseher dieser Gruppe hält eine große Peitsche in der Hand.

«Zu den Zeiten, da Mose groß geworden war, ging er aus zu seinen Brüdern und sah ihre Last und ward gewahr, daß ein Ägypter schlug seiner Brüder, der Hebräischen, einen ... Und er ... erschlug ... den Ägypter und scharrte ihn in den Sand.» (2. Mose 2, 11.12) Das Schlagen von Sklaven und zur Arbeit befohlenen Arbeitern war – wie hier das Verprügeln eines Bauern, der seine Abgaben nicht geleistet hatte – nichts allzu Ungewöhnliches in Ägypten.

«*Aber Mose floh vor Pharao und blieb im Lande Midian* . . .» (2. Mose 2, 15) Das Land der Midianiter, die von einem Sohn Abrahams und seiner Magd Ketura (1. Mose 25, 2) abstammen sollten, lag östlich vom Golf von Akaba. Arabische Geographen kannten in jener Gegend sogar noch eine Stadt namens Midian. Die Midianiter waren Nomaden, ähnlich denen, die noch in unserer Zeit mit ihren schwarzen Zelten zu Füßen der schroffen Felshänge dieses Gebietes umherziehen.

«*Lange Zeit darnach starb der König in Ägypten. Und die Kinder
Israel seufzten über ihre Arbeit und schrieen.*» (2. Mose 2, 23)
Nach dem Dahinscheiden von Sethos I. im Jahre 1301 v. Chr.
folgte ihm sein Sohn Ramses II. auf dem Thron am Nil. In diesem
Herrscher vermuten viele Gelehrte heute den Pharao des Auszugs
der Kinder Israel aus Ägypten. Von Ramses II., der von einem
ehrgeizigen Bauwillen besessen war, blieb außer zahlreichen
anderen Baudenkmälern dieser mächtige Felsentempel von Abu
Simbel in Unternubien erhalten. Aus dem Stein gehauen ragen vor
der Fassade vier 20 Meter hohe Sitzbilder des Pharao Ramses II. am
linken Nilufer auf.

«Darum befahl Pharao desselben Tages den Vögten des Volks und ihren Amtleuten und sprach: Ihr sollt dem Volk (Israel) nicht mehr Stroh sammeln und geben, daß sie Ziegel machen wie bisher; laßt sie selbst hingehen und Stroh zusammenlesen; und die Zahl der Ziegel, die sie bisher gemacht haben, sollt ihr ihnen gleichwohl auflegen und nichts mindern . . .» (2. Mose 5, 6–8)

Wie bis ins Detail genau die Bibel oft genug auch im Hinblick auf Dinge berichtet, die ganz unwesentlich erscheinen mögen, vermag uns dieser stumme Zeuge zu beweisen. Es ist ein Ziegel, hergestellt aus Nilschlamm, in den Strohstücke hineingeknetet sind – genau wie es die Kinder Israel in ihrer Fronarbeit machen mußten. Ein Stempelaufdruck läßt obendrein keine Zweifel über die Zeit, zu der dieser ägyptische Ziegel hergestellt worden ist, noch darüber, in wessen Auftrag das geschah – er zeigt nämlich das Hoheitszeichen des Pharao Ramses II.!

«Darum führte er das Volk um auf die Straße durch die Wüste am Schilfmeer.» (2. Mose 13, 18)

Zwischen dem Gestade des Mittelmeeres und dem Golf von Suez am Roten Meer – heute durch den Suezkanal verbunden – liegt eine Reihe von Binnenwässern, die zur Zeit der Ramessiden eine künstliche Verbindung zum Roten Meer besaßen: die Bitterseen und der weiter nördlich gelegene Timsah-See, der Krokodil-See. In jenen Gegenden muß vermutlich auch das biblische «Schilfmeer» gelegen haben. Wasserflächen mit von hohem Rohr bestandenen Ufern haben bis in unsere Tage das Aussehen eines solchen Schilfmeers bewahrt.

«*Und nahm sechshundert auserlesene
Wagen und was sonst an Wagen in
Ägypten war und die Hauptleute über
all sein Heer.*» (2. Mose 14, 7)
In voller Karriere jagen ägyptische
Streitwagen durch eine blumenübersäte
Landschaft. Seit die Hyksos-Herrscher
um 1700 v. Chr. das Pferd im Nilland
eingeführt hatten, gewann der leichte,
zweirädrige Kampfwagen eine große
Bedeutung im ägyptischen
Kriegswesen. Die Streitwagentruppe
entwickelte sich zu einer
entscheidenden Waffe, die in
Abteilungen zu je 25 Wagen operierte.
Der leichte Wagen war mit dem Fahrer
und dem Kämpfer bemannt, der Bogen,
Speer und Schild als Waffen trug. Am
Wagenkasten außen wurden die Köcher
befestigt (siehe Bild).
Streitwageneinheiten wie auf diesem
ägyptischen Bild jagten der biblischen
Aussage zufolge auch den Kindern
Israel nach.

«*Und die Ägypter jagten ihnen nach und ereilten sie . . . mit Rossen und Wagen
und Reitern und allem Heer des Pharao . . .*» (2. Mose 14, 9)
Vierzig Soldaten in vier Zehnerreihen auf dem Marsch. Jeder von ihnen hält in
der Rechten eine mannshohe Lanze, die Linke trägt den mit Leder bespannten
Schild (links). Ebenfalls in vier Zehnerreihen, im Holzmodell naturgetreu
nachgebildet, marschiert daneben eine nubische Schützeneinheit (rechts). Jeder
Schütze trägt links den entspannten Bogen und rechts ein Bündel Pfeile. Das war
das «Heer des Pharao».

«Und Mirjam, die Prophetin, Aarons Schwester, nahm eine Pauke in ihre Hand, und alle Weiber folgten ihr nach hinaus mit Pauken im Reigen. Und Mirjam sang ihnen vor: Laßt uns dem Herrn singen; denn er hat eine herrliche Tat getan, Roß und Mann hat er ins Meer gestürzt.» (2. Mose 15, 20.21)

Die Pauke oder Handtrommel, die hier von ägyptischen Musikantinnen mit der Hand geschlagen wird, war eine Art Tamburin, das aus einem mit Fell bespannten Holzrahmen bestand. Sie diente als rhythmisches Begleitinstrument für den Reigentanz, der von der Prophetin Mirjam als Ausdruck der Freude und des Dankes für die wundersame Errettung des Volkes Israel vor der Vernichtung durch die ägyptische Streitmacht angestimmt wurde. Auch Saul wird später nach der Philisterschlacht auf diese Weise jubelnd begrüßt: «. . . daß die Weiber aus allen Städten Israels waren gegangen dem König Saul entgegen, mit Pauken . . .» (1. Saumuel 18, 6).

«Mose ließ die Kinder Israel ziehen vom Schilfmeer hinaus zu der Wüste Sur.
Und sie wanderten drei Tage in der Wüste, daß sie kein Wasser fanden. Da
kamen sie gen Mara; aber sie konnten das Wasser zu Mara nicht rinken, denn es
war sehr bitter. Daher hieß man den Ort Mara.» (2. Mose 15, 22.23)

Pilger wie Gelehrte haben sich seit langem darum bemüht, die in der Bibel
genannten Raststätten auf der Wanderung der Kinder Israel von Ägypten nach
Kanaan zu identifizieren. Die erste dieser Lagerstätten – das biblische Mara –
glaubt man in Ain Hawara, fünfundsiebzig Kilometer südlich von Suez an der
Ostküste des Golfes und nur wenige Kilometer landeinwärts, mit großer
Wahrscheinlichkeit gefunden zu haben. Nur eine kleine Gruppe von
Dattelpalmen kündet heute noch von der dürftigen Quelle, die der Wüstenwind
völlig verschüttet hat.

«Und sie kamen nach Elim, da waren zwölf Wasserbrunnen und siebzig Palmen; und sie lagerten sich daselbst ans Wasser. Von Elim zogen sie aus; und die ganze Gemeinde der Kinder Israel kam in die Wüste Sin . . .» (2. Mose 15, 27; 16, 1)
Blick auf die Oase im heutigen Wadi Garandel an der Westküste der Sinaihalbinsel. Sie liegt einen Tagesmarsch von Ain Hawara entfernt und hat üppige Vegetation. In ihr ward das biblische Elim, der zweite Lagerplatz der Kinder Israel, vermutet.

«Und es murrte die ganze Gemeinde der Kinder Israel wider Mose und Aaron in der Wüste und sprachen: Wollte Gott, wir wären in Ägypten gestorben durch des Herrn Hand, da wir bei den Fleischtöpfen saßen und hatten die Fülle Brot zu essen; denn ihr habt uns darum ausgeführt in die Wüste, daß ihr diese ganze Gemeinde Hungers sterben laßt.» (2. Mose 16, 2.3)

Der Blick in einen ägyptischen Schlachthof mit seinen üppigen Fleischvorräten, nach denen sich die Kinder Israel in der Wüste so sehr sehnen, ist uns über die Jahrtausende mit diesem in naturgetreuen Farben angestrichenen Holzmodell aus dem Grab eines Vornehmen bewahrt geblieben.

Holzmodell einer ägyptischen Bäckerei. Links hinten der Tisch, auf dem die Brote geformt wurden. Rechts zwei Backöfen, davor fertige Laibe großer Brote, wie sie auch die Kinder Israel von Ägypten her kannten. Brot war eine wichtige Nahrung im Nilland. Ein Verzeichnis aus dem Neuen Reich zählt vierzig verschiedene Brot- und Kuchensorten auf.

97

«Und der Herr sprach zu Mose: Ich habe der Kinder Israel Murren gehört. Sage ihnen: Gegen Abend sollt ihr Fleisch zu essen haben . . . Und am Abend kamen Wachteln herauf und bedeckten das Heer.» (2. Mose 16, 11–13)
Wachteln kommen sowohl in Europa als seit alters auch – wie oftmals bekundet – in Ägypten und Arabien vor. Als Zugvögel überqueren sie auf dem Fluge zur Sinaihalbinsel alljährlich im Frühjahr in Schwärmen auch das Rote Meer und lassen sich dann erschöpft nahe der Küste nieder, wo sie leicht gefangen werden können. Genauso beschreibt es auch der biblische Bericht, denn die Wachtelschwärme – sie werden während der Wüstenwanderung der Kinder Israel zweimal erwähnt: 2. Mose 16, 13 und 4. Mose 11, 31 – befanden sich auf dem Flug nach Norden: «. . . und hieß Wachteln kommen vom Meer.» Daß der Wachtelfang im Nilland etwas durchaus Alltägliches war und wie er vor sich ging, schildert uns eine Wandmalerei aus einem thebanischen Grab: vier Männer schreiten durch ein Kornfeld und halten ein viereckiges, feinmaschiges Netz waagerecht gespannt. Sobald die Wachtel auffliegt, verwickelt sie sich in den Maschen und kann von den Jägern leicht gegriffen werden.

«Im dritten Monat nach dem Ausgang der Kinder Israel aus
Ägyptenland kamen sie dieses Tages in die Wüste Sinai . . . und
lagerten sich in der Wüste daselbst gegenüber dem Berge.»
(2. Mose 19, 1.2)

Nach einem langen Weg durch Wüste und sonnendurchglühte
Schluchten, den die Kinder Israel zogen, öffnet sich der Blick mit
einemmal auf eine ausgedehnte, mit kargem Strauchwerk
bewachsene Ebene. An ihrem Ende steigt aus rotem Granit
geformt das erhabene Gebirge himmelan, das seit den ersten
christlichen Jahrhunderten als der Berg angesehen wird, den die
Bibel Sinai oder Horeb nennt. Die Spitze links neben dem
dreigipfligen Massiv ist der 2244 Meter hohe Dschebel Musa – der
Moseberg.

«. . . und Mose stieg hinauf . . . Und Gott redete alle diese Worte: Ich bin der Herr, dein Gott . . .» (2. Mose 19, 20 ; 20, 1.2)

Blick vom einsam-stillen Gipfel des Dschebel Musa auf das majestätisch-gewaltige Gebirgsmassiv des Sinai.

101

«Da aber das Volk sah, daß Mose verzog von dem Berge zu kommen . . . da riß
alles Volk seine goldenen Ohrringe von ihren Ohren und brachten sie zu Aaron.
Und er nahm sie von ihren Händen und entwarf's mit einem Griffel und machte
ein gegossenes Kalb. Und sie sprachen: Das sind deine Götter, Israel, die dich
aus Ägyptenland geführt haben.» (2. Mose 32, 1–4)

Bronzeplastik des als göttlich verehrten Apisstieres von Memphis. Er trägt die
Sonnenscheibe mit Schildviper zwischen den Hörnern, auf der Stirn das
bezeichnende weiße Dreieck der heiligen Stiere und um den Hals ein Band. Eine
Decke ist über den Rücken gebreitet. Die Vorstellung dieses ägyptischen
Stiergottes, den das Volk Israel neben anderen Stierkulten in Ägypten
kennengelernt hatte, mag bei der Errichtung des goldenen Kalbes mitgewirkt
haben. Nur noch ein einziges Mal ist von einer Wiederholung dieses
Bilderdienstes in der Bibel die Rede: als König Jerobeam von Juda zwei goldene
Stierbilder aufstellen ließ (1. Könige 12, 28.29).

«Das Pöbelvolk aber unter ihnen war lüstern geworden, und sie saßen und weinten samt den Kindern Israel und sprachen: Wer will uns Fleisch zu essen geben? Wir gedenken der Fische, die wir in Ägypten umsonst aßen, und der Kürbisse, der Melonen, des Lauchs, der Zwiebeln und des Knoblauchs.» (4. Mose 11, 4.5)

Fische gehörten in Ägypten zur Nahrung, die es am reichlichsten gab. Ihr Fang war ein sehr beliebtes Motiv bei Darstellungen in Grabmälern.
Auf diesem bemalten Relief aus Sakkara entleeren an Bord eines Schilfbootes links zwei Fischerleute gerade den Inhalt einer Reuse in ein Gefäß. Zwei weitere Reusen liegen neben einer Lotusblüte noch im Wasser. In zwei anderen Booten weiter rechts sind vier Männer damit beschäftigt, kescherförmige Handnetze, die brechend voll mit Fischen gefüllt sind, aus dem Wasser zu ziehen.

Frauen, die vom Markt kommen. In großen geflochtenen Körben, die sie auf den Köpfen tragen, bringen sie in reichen Mengen Früchte und Gemüse heim, darunter Melonen und Kürbisse.

«*Da sie nun Mose sandte das Land
Kanaan zu erkunden, sprach er zu
ihnen: Ziehet hinauf ins
Mittagsland und geht auf das
Gebirge und besehet das Land, wie
es ist, und das Volk, das darin
wohnet . . . Und sie kehrten um, als
sie das Land erkundet hatten,
. . . und sprachen: Wir sind in das
Land gekommen, . . . darin Milch
und Honig fließt . . . Nur, daß
starkes Volk darin wohnet und sehr
große und feste Städte sind . . .*»
(4. Mose 13, 17.18.25.27.28)
Wie die stark befestigten Städte
Kanaans einst ausgeschaut haben,
die die Kundschafter als erste zu
Gesicht bekamen und die ihnen
solchen Schrecken einflößten, ist
uns eindrucksvoll durch
zeitgenössische ägyptische
Darstellungen überliefert. Sie
glichen, wie uns dieses Relief aus
Medinet Habu vor Augen führt,
schwer bewaffneten Trutzburgen:
aus vier Wallrampen mit
Brustwehren umgeben bestehen die
Burgmauern, deren oberste
außerdem von drei Türmen gekrönt
ist. An einem Mast, hängt, leicht im
Wind gebläht, die dreieckige
Stadtflagge herab. Die Türme und
Wälle der Festung, mit
halbkreisförmigen Zinnen zum
Schmuck und Schutze der
Verteidiger versehen, sind dicht
gedrängt mit wurfbereiten
Lanzenwerfern bemannt. Den
Kampfhandlungen scheint gerade
Einhalt geboten worden zu sein,
denn auf einem der Türme über dem
Tor ist links der Gebieter der Stadt
herausgetreten und hält einem
unsichtbaren Feind in seiner
Rechten ein Räucherfaß entgegen:
«*. . . und hatte ein Räucherfaß in der
Hand*» (2. Chronik 26, 19).

«Da zogen wir aus von Horeb und wandelten durch die ganze Wüste, die groß und grausam ist . . . und kamen bis Kades-Barnea.» (5. Mose 1, 19)

In den Oasen von Ain-Kedes, das den alten Namen bis heute bewahrt hat, und von Ain Qudeirat – unser Bild –, acht Kilometer nordwestlich davon, glaubt man das Kades-Barnea der Bibel wiedergefunden zu haben. Das im Herzen der Wüste im Süden Palästinas liegende Brunnengebiet, in dem wie vor undenklichen Zeiten Quellwasser sprudeln und inmitten der Einöde eine mit Olivenbäumen und Buschwerk bestandene grüne Vegetationsinsel schaffen, wurde zu einer der Hauptstationen auf dem Zug des Volkes der Kinder Israel ins Gelobte Land. Hier rebellierte die «Wüstengeneration» gegen Moses Gebot und weigerte sich, zur Eroberung Kanaans aufzubrechen. «Also bliebet ihr in Kades eine lange Zeit» (5. Mose 1, 46).

«Und Mose sandte Botschafter aus Kades zu dem König der Edomiter . . .: Laß uns durch dein Land ziehen. Wir wollen nicht durch Äcker noch Weinberge gehen, auch nicht Wasser aus den Brunnen trinken; die Landstraße wollen wir ziehen, weder zur Rechten noch zur Linken weichen, bis wir durch deine Grenze kommen. Edom aber sprach zu ihnen: Du sollst nicht durch mich ziehen . . . Und Israel wich von ihnen . . . da zogen sie und lagerten sich am Bach Sered.» (4. Mose 20, 14.17.18.21 ; 21, 12)

Bodenforschungen und Luftaufnahmen ergaben in jüngster Zeit in einzigartiger Weise, wie genau die biblische Erzählung aus der Zeit des Wüstenzuges Tatsachen festgehalten hat: Als dunkle Linie deutlich aus größerer Höhe sichtbar, zieht sich die «Landstraße» hin. Sie verläuft hier in nördlicher Richtung, um weiter im Hintergrund den «Bach Sered» zu überqueren, an dem das Volk Israel rastete. Diese uralte Straße durch Transjordanien, die auch «Königsweg» genannt wird – zu Abrahams Zeiten kamen auf ihr die vier Könige gen Sodom gezogen (1. Mose 14) –, war zur Zeit des Exodus – das ergaben Bodenuntersuchungen einwandfrei – tatsächlich, wie die Bibel es schildert, von bestellten Feldern umgeben.

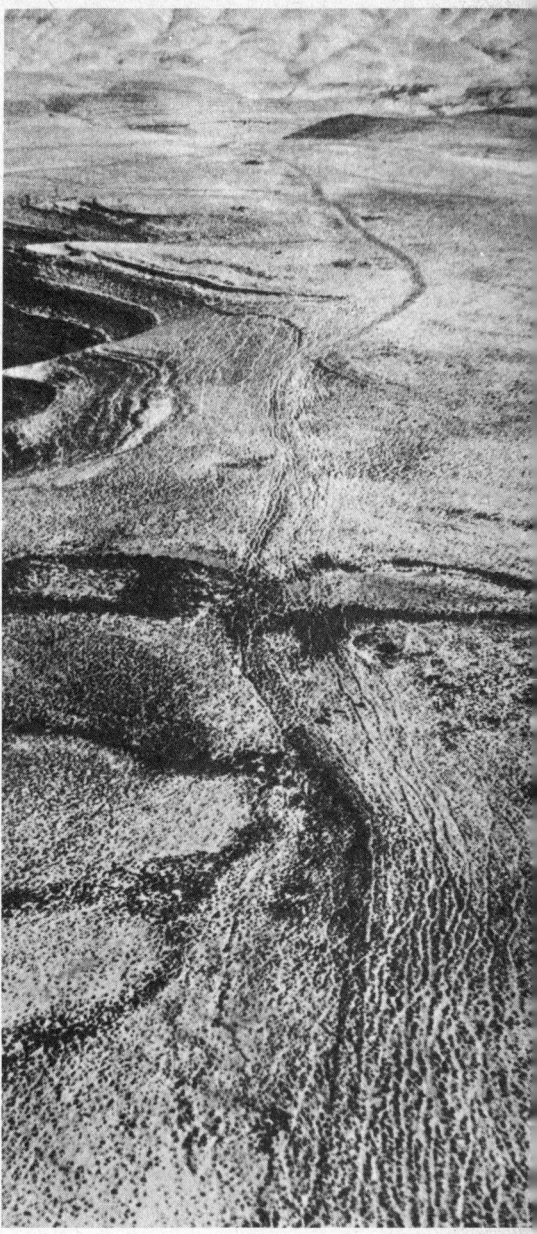

« Von da (Bach Sered) zogen sie und lagerten diesseits am Arnon, der in der Wüste ist und herauskommt von der Grenze der Amoriter. Denn der Arnon ist die Grenze Moabs zwischen Moab und den Amoritern.» (4. Mose 21, 13)

Eingefressen in eine tiefe Schlucht, die das Hochland östlich des Toten Meeres durchschneidet, fließen die Wasser des Arnon dahin. Sein Flußbett liegt 500 Meter unter den Gebirgsrändern. Einsam und verfallen liegen die Mauerreste einer Grenzfeste der Moabiter (oben) im angrenzenden Hochland, ein stummer Zeuge, der an jene Zeiten erinnert, da Israel auf seinem Wege zum Gelobten Land im Ostjordanland gesagt wurde: «Macht euch auf und ziehet aus und gehet über den Bach Arnon» (5. Mose 2, 24).

*«Also nahmen wir zu der Zeit das Land aus der Hand der zwei
König e der Amoriter, jenseit des Jordans, von dem Bach Arnon an
bis an den Berg Hermon.»* (5. Mose 3, 8)
Statuen zweier Könige aus dem biblischen Rabath-Ammon, heute
Amman, der Hauptstadt Jordaniens. Die «Könige der Amoriter»
tragen beide über ihren langen Gewändern breite Bänder
geschlungen.

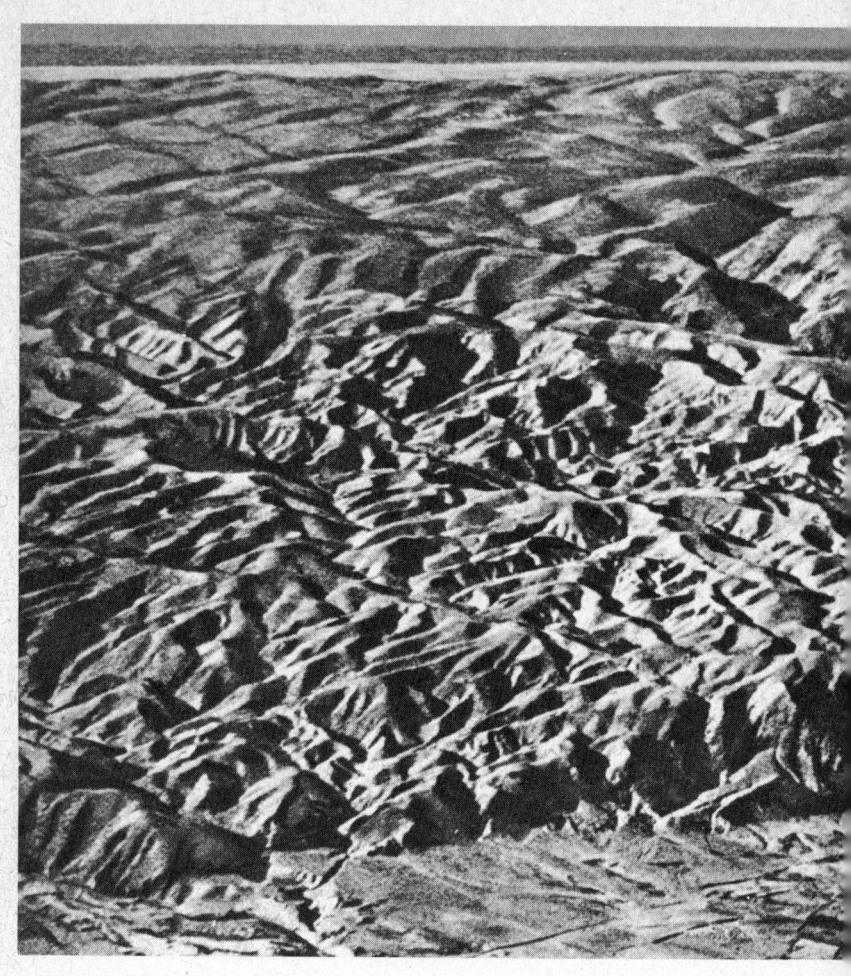

«*Darnach zogen die Kinder Israel und lagerten sich in das Gefilde Moab,
jenseit des Jordans, gegenüber Jericho.*» (4. Mose 22, 1)
Blick auf das Bergland von Palästina vom Ostjordanland, von wo aus der
Vorstoß der Kinder Israel zur Landnahme ansetzen sollte. Im Vordergrund
liegt der westliche Rand des Jordantales, mitten davor das Häuser- und
Gassengewirr des heutigen Jericho. Hinter den steilen Bergrändern beginnt

die «Wüste Juda». In der Ferne taucht als dunkler Streifen die Küstenebene
auf, das Mittelländische Meer mit den davorgelagerten, hell leuchtenden
Dünen – so wie es Mose vor seinem Tode vom Berg Nebo aus hatte schauen
dürfen: «Und der Herr zeigte ihm das ganze Land . . . bis an das Meer gegen
Abend . . .» (5. Mose 34, 1.2)

V Ins·Gelobte Land

«Und du demütigtest vor ihnen die Einwohner des Landes, die Kananiter, und gabst sie in ihre Hände.» (Nehemia 9, 24)

Im Kampf um Kanaan

(Josua, Richter – 1. Samuel 7)

«... und brachtest sie in das Land, das du ihren Vätern
verheißen hattest, daß sie einziehen und es
einnehmen sollten. Und die Kinder (Israel) zogen
hinein und nahmen das Land ein ... Und sie
gewannen feste Städte und ein fettes Land und
nahmen Häuser ein voll allerlei Güter ...» (Nehemia 9, 23–25)

Als die Kinder Israel unter der Führung von Josua in das Westjordanland eindringen, sind die politischen Verhältnisse einem solchen Vorhaben recht günstig. Die ägyptische Oberherrschaft über Palästina ist so schwach geworden wie kaum je zuvor. Die einheimische Bevölkerung ist in eine große Anzahl von Stadtfürstentümern geteilt ohne festen Zusammenhang.

Über Jericho als Brückenkopf setzt die Eroberung des westlichen Palästina um 1250–1225 v. Chr. ein. Die archäologischen Ausgrabungen neuester Zeit haben die biblischen Berichte über den Zug Josuas im wesentlichen bestätigen können. Nach einem Zeitraum von 3000 Jahren haben die Trümmer von Bethel, Lachis, Debir und Hazor den Beweis dafür geliefert, daß die Zerstörung dieser Städte unzweifelhaft in jene Zeit fällt. Nur der Fall von Jericho bereitet den Historikern immer noch Kopfschmerzen. Denn den bis heute vorliegenden Grabungsergebnissen zufolge müßte die Stadt bereits ein Jahrhundert vor Josua zerstört worden sein. Für die Tatsache der Landnahme in Kanaan gibt es zudem ein zeitgenössisches außerbiblisches Zeugnis. Es stammt von dem dreizehnten Sohn und Nachfolger des nach 67jähriger Regierungszeit in hohem Alter verstorbenen Ramses II. Dieser Pharao namens Merenptah oder Merneptah (1235–1227 v. Chr.) hinterließ in Theben eine Basaltstele, deren um 1230 v. Chr. verfaßter Text Israel als einen in Palästina ansässigen Volksstamm erwähnt.

Nachdem die Kinder Israel den Südteil des Landes und den Norden besetzt haben, wird das unter Josuas Führung eingenommene Gebiet unter die zwölf Stämme verteilt.

Als Josua stirbt, sind die Kinder Israel durchaus nicht Herr des ganzen Landes; noch befinden sich eine Reihe der befestigten Städte – Jerusalem darunter und Megiddo – sowie die Ebene am Meer und die Jesreel-Ebene in der Hand der Feinde. Die Kanaanäer waren nicht verdrängt, beide Völker lebten nebeneinander. Als Neubürger, die noch nie in Städten gelebt hatten, lassen sich die Kinder Israel nun in den zerstörten Städten Palästinas nieder, die sie wiederaufbauen und herrichten. Sie gehen jetzt auch völlig zum Ackerbau über.

Groß sind die Versuchungen durch die Kulte der kanaanäischen Fruchtbarkeitsgottheiten Baal und Astarte, denen die Kinder Israel nicht zu widerstehen vermögen. Auf den Abfall von dem einen Gott, der durch Mose zu ihnen gesprochen hatte, folgen die Zeiten der Strafe, in denen das Volk von Feinden hart bedrängt, bekriegt und geknechtet wird. In dieser Zeit äußerster Not erstehen als Retter die Richter, standhafte Führer des Volkes.

Die glänzendste Tat ist der siegreiche Kampf der Prophetin Debora und des von ihr angefeuerten Barak. An der Spitze der nördlichen Stämme erfechten sie in der Jesreel-Ebene einen glänzenden Sieg über die Kanaanäer mit ihren gefürchteten «eisernen Wagen». Den Midianitern, Angehörigen eines räuberischen Nomadenvolkes, die Jahr um Jahr auf schnellen Reitkamelen über den Jordan hereinbrechen und das Westjordanland mit ihren verheerenden Raubzügen heimsuchen, bringt der Richter Gideon vom Stamm Manasse eine vernichtende Niederlage bei. Der gefährlichste Feind erwächst den Kindern Israel jedoch schließlich in den Philistern, Angehörigen von Seevölkern, deren Ansturm auf Ägypten Pharao Ramses III. Anfang des 12. Jahrhunderts v. Chr. in zwei Schlachten vernichtend abgeschlagen hatte. Nach ihrer Niederlage hatten sich die Philister in der Küstenebene Palästinas angesiedelt und einen Fünf-Städte-Bund gebildet, der Gaza, Askalon, Asdod, Ekron und Gath umfaßte.

«Und Josua machte sich früh auf, und sie zogen aus von Sittim
und kamen an den Jordan, er und alle Kinder Israel, und blieben
daselbst über Nacht, ehe sie hinüberzogen.» (Josua 3, 1)
Von ihrer letzten Lagerstätte in den «Steppen Moabs» führt der
Weg der Kinder Israel über dieses «Gefilde» (5. Mose 1, 7) oder
«Blachfeld» (5. Mose 4, 49), wie die Gegend nördlich des Toten
Meeres zu beiden Seiten des Jordan in der Bibel genannt wird. Sie
bildet eine öde Kalksteinebene, in die der Jordan ein einen
Kilometer breites Hochwasserbett gegraben hat. Im Hintergrund
erhebt sich im Westen der Senke das über Jericho aufsteigende
Gebirge Juda. Hier «im Felde bei Jericho» fingen später die
Babylonier auch den aus Jerusalem geflohenen König von Juda,
Zedekia (Jeremia 39, 5).

«*Also ging das Volk hinüber, Jericho gegenüber . . . Und ganz Israel ging trocken durch, bis das ganze Volk alles über den Jordan kam.*» (Josua 3, 16.17)

Bis zu sechs Meter tief ist der Fluß bei Jericho, eingerahmt von einem schmalen, halb tropischen Waldstreifen, der «Pracht des Jordan», der früher sogar Löwen beherbergte (Sacharia 11, 3). Es ist beurkundet, daß durch abstürzende Mergelmassen das Flußbett bei Hochwasser mehrmals vorübergehend versperrt worden ist. Nach dem arabischen Geschichtsschreiber Nowairi war unweit der Jabbok-Mündung am 8. Dezember 1266 der Fluß zehn Stunden lang völlig abgedämmt, was auffallend an obige Bibelaussage erinnert. Ähnliches ist auch in neuerer Zeit vorgekommen, zum letztenmal im Oktober 1914, als der Jordan in der Nähe der Jerichobrücke vierundzwanzig Stunden lang verstopft war.

117

«*Da machte sich Josua steinerne Messer und beschnitt die Kinder Israel auf dem Hügel Araloth . . . Denn alles Volk, das auszog, war beschnitten; aber alles Volk, das in der Wüste geboren war, auf dem Wege, da sie aus Ägypten zogen, das war nicht beschnitten.*» (Josua 5, 3.5)

Mit einer Art von Feuersteinmesser wird auf dem Relief eines Grabes aus Sakkara an jungen Ägyptern die Beschneidung vorgenommen.

«*Und der Herr sprach zu Josua: Siehe da, ich habe Jericho . . . in deine Hand gegeben . . . Also gewannen sie die Stadt.*» (Josua 6, 2.20)

Diesen tiefen Schacht haben die Archäologen durch den nördlich des heutigen Jericho gelegenen Schutthügel, den Tell es-Sultan, gezogen. In ihm schlummern über Schichten, die bis in die Steinzeit und zu den ersten seßhaft gewordenen Menschen zurückgehen, auch die Überreste der biblischen Feste aus den Tagen, da die Kinder Israel ihren Einzug ins Gelobte Land hielten und Jericho als erste Stadt eroberten. Im Hintergrund erhebt sich der «Berg der Versuchung» (Matthäus 4, 8).

119

«Die Gegend der Ebene Jerichos, der Palmenstadt», wie sie im
5. Buch Mose 34, 3, genannt wird, hat bis in unsere Tage einen
Rest ihres einst typischen Aussehens und Bewuchses bewahrt: Am
Rande der vegetationslosen Jordansenke mit ihrem tropischen
Klima wachsen nahe der Quelle «Ain es Sultan», die von alters her
ununterbrochen sprudelt, auch heute noch Dattelpalmen.

«Kommt herzu und setzt eure Füße auf die Hälse dieser Könige. Und sie kamen
herzu und setzten ihre Füße auf ihre Hälse . . . Und Josua sprach zu ihnen:
Fürchtet euch nicht und erschreckt nicht, seid getrost und unverzagt; denn also
wird der Herr allen euren Feinden tun . . .» (Josua 10, 24.25)
Wie Josua nach seinem wunderbaren Sieg – «Sonne, stehe still zu Gibeon, und
Mond, im Tal Ajalon!» – mit den fünf gefangenen Amoriterkönigen verfahren
ließ, entsprach einem oft geübten Brauch im Alten Orient. Zur Bekräftigung
eines Sieges setzte man dem Unterworfenen den Fuß auf den Hals oder – wie auf
unserem Relief links dargestellt – auf den Rücken. Die gleiche Geste fand sich
symbolhaft auch als Zeichen der Macht und Überlegenheit. Der spätere Pharao
Amenophis II. – auf dem Schoß seiner Amme sitzend – ist bereits im voraus als
der mächtige König verherrlicht: sein Fußschemel besteht aus den Köpfen
besiegter Feinde.

«Da tat ihnen Josua, wie der Herr ihm gesagt hatte, und lähmte die Rosse und verbrannte ihre Wagen. Und kehrte um zu derselben Zeit, und gewann Hazor und schlug seinen König mit dem Schwert; denn Hazor war vormals die Hauptstadt aller dieser Königreiche . . . . und er ließ nichts übrigbleiben, das Odem hatte, und verbrannte Hazor mit Feuer.» (Josua 11, 9–11)
In Hazor, der unweit vom See Genezareth jüngst ausgegrabenen großen biblischen Stätte, kamen aus der auf Josuas Eroberung zurückgehenden Zerstörungsschicht auch die Überreste eines kanaanitischen Tempels wieder ans Tageslicht. In einem kleinen «Schrein» stand noch, inmitten anderer, diese Stele: Zwei ausgestreckte Hände erheben sich zur aufsteigenden Sichel des kanaanitischen Mondgottes. Daneben hockte die steinerne Statue. In die Vertiefungen zwischen ihren angewinkelten Armen wurden Opfergetränke gegossen.

«. . . *darnach kommt sie von des Berges Spitze zu dem Wasserbrunnen
Nephthoa . . .*», heißt es im Buch Josua 15, 9, bei der Beschreibung der Grenzen
des Stammes Juda. Drei Kilometer nordwestlich von Jerusalem befinden sich
noch heute an der beschriebenen Stelle eine Quelle sowie ein großer gemauerter
Brunnen. In dem Namen Nephthoa – der Ort heißt heute neuhebräisch Mei
Neftoah – hat sich wahrscheinlich der Name eines Pharao erhalten, dem wir die
erste außerbiblische dokumentarische Erwähnung des Namens Israel aus der
Zeit der Landnahme in Kanaan verdanken: des von 1235–1227 v. Chr.
regierenden Merneptah. Auf dem Standbild trägt der ägyptische Herrscher das
berühmte Königskopftuch. Sein Name steht über der rechten Achsel in dem
Königsring geschrieben.

«Israelstele» wurde dieser Gedenkstein des Pharao Merneptah getauft, weil er das bisher einzige Schriftdokument ist, auf dem uns der Name des Volkes Israel in zeitgenössischen ägyptischen Texten begegnet. Das Relief über der Inschrift ist in zwei sich fast völlig gleichende Szenen geteilt: Unter der geflügelten Sonnenscheibe steht in der Mitte zweimal der Gott Amon, der dem Merneptah mit der Rechten das Sichelschwert reicht, während er in der Linken das Götterzepter hält. Der Pharao ist mit dem Kriegshelm geschmückt, über ihm schwebt eine Sonnenscheibe, von der Schildvipern herabhängen. Während er mit der einen Hand das ihm von Gott Amon dargebotene Schwert ergreift, hält er in der anderen den Krummstab. Hinter Merneptah steht rechts im Bild der falkenköpfige Gott Horus, ganz links die Gemahlin des Amon und Göttin von Theben, Mut. Horus wie Mut haben die eine Hand grüßend erhoben, in der anderen ruht das Kerbholz. Die Inschrift der Stele ist vom dritten Tag des dritten Sommermonats im fünften Jahre des Pharao datiert – das ist etwa 1230 v. Chr.:

Aus dem Siegeslied auf Pharao Merneptah
«Große Freude ist in Ägypten entstanden,
Jauchzen dringt aus den Städten . . .
Man spricht von den Siegen, die Merneptah gewonnen hat . . .
Die Fürsten sind hingestreckt und sagen: ‹Friede!›
Keiner erhebt sein Haupt . . .
Verwüstet ist Libyen, Hethitien in Frieden.
Erobert ist Kanaan mit allem Schlechten.
Gefangen geführt ist Askalon, gepackt Gezer,
Jeonam vernichtet.
Israel ist verwüstet und hat keinen Samen.
Palästina ist zur Witwe geworden . . .»

Das Wort «Israel» in Hieroglyphen. Auszug aus der Stele, vorletzte Zeile, links unten.

«*So wisset, daß der Herr, euer Gott, wird nicht mehr alle diese Völker vor euch
hertreiben, sondern sie werden euch zum Strick und Netz . . . werden . . .*»
mahnte Josua, «*nun alt und wohlbetagt*» geworden, als «*er das ganze Israel*»
berief (Josua 23, 13.1.2).
Das Netz – sei es als Fisch-, sei es als Jagdnetz, aber auch als Symbol für Gericht,
Unglück und Nachstellungen der Feinde – wird wiederholt in der Bibel als
dichterisches Bild verwendet, so vor allem in den Psalmen (9, 16; 10, 9 etc.). Auf
der berühmten «Geierstele», einem Siegesbericht der Sumerer aus dem dritten
Jahrtausend v. Chr., hält die Gottheit Ningirsu in ihrer Linken in einem
weitmaschigen Netz die gefangenen Feinde fest. Mit der Rechten schickt sie sich
an, die Gefangenen mit einer Steinkeule zu zerschmettern.

«Da nun Josua . . . gestorben war . . . da auch alle, die zu der Zeit gelebt hatten,
zu ihren Vätern versammelt wurden, kam nach ihnen ein anderes Geschlecht
auf, das den Herrn nicht kannte noch die Werke, die er an Israel getan hatte. Da
taten die Kinder Israel übel vor dem Herrn . . . und dienten Baal und den
Astharoth.» (Richter 2, 8–13)
Solche Tonfigürchen nackter Göttinnen der Fruchtbarkeit, zu denen die in der
Bibel wiederholt genannte Astharoth (Astarte) gehörte, kamen bei allen
Ausgrabungen in Palästina zutage. Ihre Häufigkeit gerade in den israelitischen
Schichten bezeugt die Richtigkeit der biblischen Aussagen über die gefahrvolle
Verbreitung des Götzendienstes in ganz Israel. Die auffallende Betonung der
geschlechtlichen Merkmale läßt nicht nur klar erkennen, welcher Art die
kanaanitischen Kulte waren, sie macht auch begreiflich, warum die Propheten
mit der ganzen Gewalt ihrer Stimme dagegen gewettert und sie angeprangert
haben. Das Wiederauffinden gerade dieser Statuetten trägt auch dazu bei, viele
allzu oft mißverstandene Zitate aus dem Alten Testament richtig verstehen zu
lernen. Rechts: Figur des Baal, dessen Verehrung zu den verbotenen Kulten
gehörte.

«Nach dem Tode Josuas . . . gewann Juda . . . Askalon mit seinem Zugehör . . .» (Richter 1, 1.18)

Nur für kurze Zeit vermochte der Stamm Juda Askalon zu halten. Denn wenig später nur, bereits zur Zeit Simsons, gewannen die Philister die Hafenstadt am Mittelmeer, die von da ab zu ihren fünf Hauptstädten zählen sollte. Die letzten Augenblicke vor der Übergabe Askalons nach einem heftigen Kampf erleben wir auf dem Relief, das die Einnahme der Stadt wenige Jahrzehnte vor dem biblischen Ereignis durch Pharao Ramses II. im Jahre 1280 v. Chr. in aller Lebendigkeit festgehalten hat. Es wird kaum anders zugegangen sein, als Juda «Askalon gewann». Die Festung ist, wie es der Wirklichkeit entsprach, auf einem Hügel liegend dargestellt, an dessen Hängen die Schlacht tobte. Das Feld rechts im Vordergrund bedeckten Tote und Verwundete der Kanaaniter. Die Stadt ist mit einer doppelten Mauer umgeben. An der äußeren Umwallung sind Sturmleitern angestellt, die Krieger – den Schild zum Schutz auf dem Rücken – gerade ersteigen. Eines der beiden Tore, über denen sich drei offene Fenster befinden, beginnt ein Soldat mit einem Beil zu zertrümmern. In der zweiten Mauer, die sich dahinter mit Zinnen und Türmen erhebt, sieht man zwei andere Fenster, von denen das rechte vergittert, das linke offen ist. Alle Wehrgänge sind dicht gedrängt mit Kanaanitern besetzt. Die Männer tragen zum Teil Hemden mit halblangen Ärmeln (auf dem obersten Wehrgang), zum Teil Schulterkragen (in der Reihe darunter). Die Gesichtszüge mit der großen Nase sind typisch semitisch. Ihre sehr charakteristische Barttracht bezeichnet man kurz als «Fräse». Sie besteht aus Backenbart, Spitzbart und glattrasierter Oberlippe. Das Haupthaar fällt, von einem Stirnband zusammengefaßt, in langen Strähnen auf die Schulter herab. Sie alle haben die Hände erhoben und erbitten Gnade von dem Sieger. Der ganz oben rechts stehende Kanaaniter hält daher auch ein brennendes Räucherfaß – als Zeichen der Unterwerfung – über die Brüstung. Der Mann vor ihm läßt sein Kind, ein anderer – oben links – seine Frau an den Händen gefaßt von der Mauer herab. Zwischen den Männern oben hocken Frauen. Ihre Haare, in der Stirn glatt abgeschnitten, fallen in langen Flechten auf die Schultern herab. So also sahen die Kanaaniter aus, mit denen auch die Kinder Israel zu kämpfen hatten.

«Desgleichen zogen auch die Kinder Joseph hinauf gen Beth-El,
und der Herr war mit ihnen . . . Und die Wächter sahen einen
Mann aus der Stadt gehen . . . Und da er ihnen zeigte, wo sie in die
Stadt kämen, schlugen sie die Stadt mit der Schärfe des
Schwerts . . .» (Richter 1, 22–25)

Zur Patriarchenzeit taucht zum erstenmal der Name dieses
sechzehn Kilometer von Jerusalem auf dem Gebirge Ephraim
gelegenen Ortes in der Bibel auf: Jakob richtete, als er auf seinem
Wege nach Haran von der Himmelsleiter geträumt hatte, einen
Stein auf und «hieß die Stätte Beth-El» (1. Mose 28, 19).
Ausgrabungen in dem heutigen Betin brachten tatsächlich die
Zerstörungsschicht als Zeugnis der im Buch der Richter erwähnten
Eroberung wieder zutage. Inmitten der Ruinen konnten die
Überreste eines großen Hauses zu Beth-El freigelegt werden, das
in der Zeit der Richter erbaut sein könnte.

«*Aber die Kinder Israel taten fürder übel vor dem Herrn . . . Und
der Herr verkaufte sie in die Hand Jabins, des Königs der
Kananiter, der zu Hazor saß; und sein Feldhauptmann war
Sisera . . . Und die Kinder Israel schrien zum Herrn; denn er hatte
neunhundert eiserne Wagen . . .*» (Richter 4, 1–3)
Die mit Eisen beschlagenen Streitwagen waren die von den
Kindern Israel gefürchtete, überlegene Waffe der Kanaaniter. Die
Wagentruppe bildete, wie Urkunden aus Ugarit – dem Hügel Ras
Schamra im heutigen Syrien – bezeugen, den Kern der
bewaffneten kanaanitischen Einheiten. Diese Wagen, die zumeist
zweispännig gefahren wurden, benutzte man auch zur Jagd. In
einer Jagdszene auf einer goldenen Platte aus Ugarit ist uns das
Bild eines solchen Streitwagens erhalten geblieben.

«. . . Richterin in Israel, die Prophetin Debora . . . ließ rufen
Barak . . . und ließ ihm sagen . . .: Gehe hin und zieh auf den Berg
Thabor und nimm zehntausend Mann mit dir . . . Denn ich will
Sisera, den Feldhauptmann Jabins . . . mit seinen Wagen und mit
seiner Menge . . . in deine Hände geben.» (Richter 4, 4–7)
Neun Kilometer von Nazareth entfernt erhebt sich im
nordöstlichen Teil der Ebene von Jesreel der abgestumpfte Buckel
des vierhundert Meter hohen Berges Tabor. Auf ihm
versammelten sich die Männer von Naphthali und Sebulon, die
mit Debora und Barak gegen die Kanaaniter unter Sisera
herabzogen.

«. . . da stritten die Könige der Kananiter zu Thaanach am Wasser Megiddos; aber sie brachten keinen Gewinn davon. Vom Himmel ward wider sie gestritten; die Sterne in ihren Bahnen stritten wider Sisera.» (Richter 5, 19.20)

Nach mehr als dreitausend Jahren konnte aus der Erde beim biblischen Megiddo, wo die Schlacht zwischen den Kindern Israel und den ihnen durch ihre «eisernen Wagen» überlegenen Kanaanitern geschlagen wurde, mit dieser Elfenbeinschnitzerei ein einzigartiges zeitgenössisches Bilddokument geborgen werden. Es zeigt Szenen der Siegesfeier eines kanaanitischen Königs jener Zeit: Der Herrscher hat auf seinem Thron, dessen Seite eine Sphinx ziert, Platz genommen und setzt gerade zum Trunke aus einer Schale an. Sein mit Bordüren besetztes Gewand reicht bis zu den Knöcheln der Füße, die auf einem Schemel ruhen. Eine Art eng anliegender Kappe oder ein Helm bildet die Kopfbedeckung. Die Barthaare sind zur «Fräse» gestutzt. Eine gekrönte Frau reicht dem König eine Lotusblüte und den Zipfel ihres Schals. Dazu spielt eine Musikantin auf einer neunsaitigen Leier. Es folgt ein mit Speer und Rundschild bewaffneter Krieger, der am Strick zwei nackte und beschnittene Gefangene herbeiführt, deren Hände auf dem Rücken gefesselt sind. Der König selbst erscheint noch einmal rechts in dem mit zwei Pferden bespannten Wagen. Das mit Köcher, Pfeil und Speer ausgerüstete Gefährt illustriert, was den Kindern Israel in jener Zeit zum größten Schrecken wurde: «. . . es sind eiserne Wagen bei allen Kananitern» (Josua 17, 16.18; Richter 1, 19; 4, 3.13).

«Und da die Kinder Israel übel taten vor dem Herrn, gab sie der Herr unter die
Hand der Midianiter sieben Jahre . . . Sie kamen herauf mit ihrem Vieh und
Hütten wie eine große Menge Heuschrecken, daß weder sie noch ihre Kamele zu
zählen waren, und fielen ins Land, daß sie es verderbten.» (Richter 6, 1.5)
Berittene Kamelnomaden wurden zur jahrelangen Geißel, bis Gideon eines
Tages dem Heer Israels verkünden konnte: «Macht euch auf, denn der Herr hat
das Heer der Midianiter in eure Hände gegeben» (Richter 7, 15). Assyrische
Künstler haben die Turbulenz einer Schlacht mit arabischen Kamelreitern in
ihren verschiedenen Phasen auf einem Relief so lebensnah und packend zu
gestalten vermocht, daß wir sie fast wie Augenzeugen zu betrachten vermögen.
Vor ihren assyrischen Verfolgern – einem mit Bogen und Speer bewaffneten
Fußvolk, sowie Reitern und Streitwagenkämpfern – haben die
Wüstenbewohner, von denen bereits viele Tote das Feld bedecken, die Flucht
ergriffen. In weitausholenden Sprüngen jagen die Reitkamele davon. Während
(untere Reihe links) einer der beiden Kamelreiter rückwärts gewendet noch den
Pfeil abschießt, ist (unten rechts) ein Kamel gerade zusammengebrochen, und
sein Reiter stürzt ab. Ähnliche Szenen – allerdings ohne Reiterei und
Streitwagen – müssen sich auch bei den Kämpfen Israels gegen die räuberischen
Midianiter abgespielt haben.

«So will ich ein Fell mit der Wolle auf die Tenne legen. Wird der Tau auf dem Fell allein sein und die ganze Erde umher trocken, so will ich merken, daß du Israel erlösen wirst durch meine Hand, wie du geredet hast . . . Und da er des andern Morgens früh aufstand, drückte er den Tau aus vom Fell und füllte eine Schale voll des Wassers.» (Richter 6, 37.38)

Was sich bei Gideon, dem Richter Israels, ereignete, haben Gelehrte im neuen Staat Israel in unseren Tagen erneut erleben können. Als sie sich bei Forschungen über Niederschläge und Feuchtigkeitswerte an den biblischen Bericht erinnerten, beschlossen sie, die Probe aufs Exempel zu machen: auf der Dreschtenne eines Dorfes ließen sie in der Erntezeit über Nacht ein Vlies ausgebreitet liegen. Am nächsten Morgen hatte sich so viel Tau in dem Fell niedergeschlagen, daß man eine volle Schale Wassers herauspressen konnte. Das Wissen um die lebenspendenden Kräfte des Taus klingt bereits aus dem Segen Isaaks, wenn er sagt: «Gott gebe dir vom Tau des Himmels und von der Fettigkeit der Erde und Korn und Wein die Fülle» (1. Mose 27, 28).

«Und die Kinder Israel taten fürder übel vor dem Herrn; und der Herr gab sie in
die Hände der Philister vierzig Jahre.» (Richter 13, 1)
«Die Philister aus Kaphthor» – so sahen sie aus: ihre Gesichter waren bartlos, ihr
Profil «griechisch», die gerade Nase setzt die Stirnlinie ohne merkliche
Einsattlung fort. Ein Federhelm, der an einem mit Perlenschnur oder mit
Zickzackbändern verzierten Stirnreifen befestigt war, schmückte ihren Kopf.
Von der Rückseite des Helmes hing ein gefalteter Nackenschutz herab, und eine
Art Sturmband lief von den Ohren bis zum Kinn. Körperpanzer findet man nur

vereinzelt auf ihren Abbildungen. Die hier dargestellten Philister sind mit einem von Borsten gesäumten Schurz, den ein Leibgurt hält, bekleidet. Ein Ägypter führt die gefangenen Philister gefesselt ab. Nach den «peleset», wie sie in der Hieroglyphensprache hießen, sollte später das ganze Land, «Palästina» nämlich, benannt werden. «Du Kanaan, der Philister Land» (Zephanja 2, 5).

Da «gedachte er das Königreich Ägypten an sich zu bringen . . . Und zog nach Ägypten . . . mit Wagen . . . Reisigen und vielen Schiffen.» So wie es von Antiochus III. im 1. Buch der Makkabäer 1, 17 und 18 geschildert ist, hatten es auch die Philister – zusammen mit ihren Verbündeten in der Großen Koalition der «Seevölker» – um 1200 v. Chr. mit dem Nilland vor. Doch ihr kühnes Unternehmen mißlang: In dem Mündungsdelta des Nils tobte unter Ramses III. die erbitterte Seeschlacht der Ägypter gegen die Eindringlinge, unter ihnen die Philister, die auf diesem Relief im Tempel von Medinet Habu verewigt worden ist. Als Bogenschütze greift der Pharao zusammen mit Schützeneinheiten vom Land aus in den Kampf ein, unter seinen Füßen schon die Köpfe erschlagener Feinde: «Ich will sie zerschmettern; sie sollen mir nicht widerstehen und müssen unter meine Füße fallen» (Psalm 18, 39; Josua 10, 24; 1. Könige 5, 17). Die Geiergöttin Nechbet, die Reichsgöttin Oberägyptens, mit einem Wedel in ihren Krallen, schwebt siegverheißend über seinem Kopf. In drei Reihen sind Schiffe in erbitterte Bord-an-Bord-Kämpfe verwickelt. Gerade ist Windstille eingetreten, alle Segel sind gerefft – was den Ägyptern zum Vorteil gereicht, denn sie besitzen auch Ruderer. Der Vordersteven der ägyptischen Boote läuft in einen

Löwen aus, der Achtersteven in einen Stachel. Neben den tiefsitzenden Ruderern stehen die Krieger, meist Bogenschützen; nur vereinzelt sieht man bei den Ägyptern Lanze und Dolch. Die Schiffe der Seevölker endigen in steil aufsteigende Steven. Sie können nur gesegelt werden. Eines ihrer Schiffe ist bereits gekentert. Als Angriffswaffen dienen den Philistern und ihren Verbündeten Dolche und Lanzen; Bogen und Pfeile fehlen. Sie sind also nur für den Nahkampf gerüstet. Als Schutz tragen sie Hörnerhelme oder Federkronen und den Rundschild. Die Mastkörbe der Schiffe beider Parteien sind mit Männern besetzt, die die Schlacht leiten. In den Schiffen der Seevölker sind diese Männer alle als tödlich getroffen dargestellt. Die von rechts anfliegende breite Reihe ägyptischer Pfeile deutet an, daß diese Waffe das Verderben der Feinde wurde. Schon werden in der untersten Reihe Philister gefangen abgeführt.

Unten: Ausschnitt aus umseitiger Reliefzeichnung im Original.

«Und die Philister riefen ihre
Priester . . . Sie aber sprachen: . . . So
nehmet nun und machet einen neuen
Wagen und zwei junge, säugende
Kühe, auf die nie ein Joch gekommen
ist, und spannet sie an den Wagen . . .
und nehmet die Lade des Herrn und
legt sie auf den Wagen . . . und sendet
sie hin und laßt sie gehen . . . Die
Leute taten also . . . Und die Kühe
gingen geradeswegs auf Beth-Semes
zu, auf einer Straße, und gingen und
blökten und wichen nicht, weder zur
Rechten noch zur Linken . . .»
(1. Samuel 6, 2.4. 7–12)

Ägyptische Darstellungen der
Landschlacht gegen die Seevölker
zeigen uns die sehr charakteristischen
zweirädrigen Wagen der Philister mit
ihren großen Scheibenrädern.
Ähnlich haben wir uns wohl den
Wagen vorzustellen, mit dem die
Philister auf Anraten ihrer Priester die
Bundeslade an Israel zurückschickten,
von der wir nach «einer sehr großen
Schlacht» hörten: «Und die Lade
Gottes ward gekommen» (1. Samuel
4, 10.11).

«Und ich nahm den Becher . . . und
schenkte . . . allen Königen in der
Philister Lande, samt Askalon, Gaza,
Ekron und den übrigen zu Asdod»,
heißt es von dem Zornesbecher für alle
Völker in Jeremia 25, 17 und 20.
Wundervolle, bemalte Tongefäße
konnten aus den Schutthalden der
fünf biblischen Philisterstädte am
Meer geborgen werden, ein weiterer
Beweis dafür, daß die argen Feinde des
Volkes Israel tatsächlich einst in der
Küstenebene gewohnt haben. Zu den
typischen Bemalungen gehört bei der
Philister-Keramik die stilisierte
Darstellung von Schwänen.

VI   Im Glanz der großen Könige

«. . . es soll ein König über uns sein . . .» (1. Samuel 8, 19)

Das goldene Zeitalter

(1. Samuel 8 – 1. Könige 11)
(1. Chronik 10 – 2. Chronik 9)

«Und von da an baten sie um einen König;
und Gott gab ihnen Saul, den Sohn des Kis . . .»
(Apostelgeschichte 13, 21)

In den Jahrzehnten unmittelbar vor und nach der Jahrtausendwende
v. Chr. erlebte Israel seine größte und glanzvollste Zeit. Es waren das die
Tage Sauls, Davids und Salomos, großartiger und umstrittener Gestalten, die einen starken Staat aufbauten und aus Israel in wenigen Jahrzehnten ein Volk von nicht zu übersehendem Rang in der damaligen
Welt machten. Innerhalb von zwei Generationen wurde aus dem religiös
begründeten Bund der zwölf Stämme ein monarchisch geführter Staat,
in dem ein ungeahnter wirtschaftlicher Aufschwung begann. Den kon-
kreten Anlaß zum Zusammenschluß der Stämme unter einem König gab
die bedrohliche Expansion der Philister, die von der Küstenebene aus in
das Bergland vorgedrungen waren. Nicht ohne Einfluß war auch das
Beispiel der verwandten Stämme Edom, Moab und Ammon, die bereits
von Königen regiert wurden.

Das größte Verdienst des ersten Königs Saul (um 1020–1004 v. Chr.)
bestand in der Vertreibung der Philister aus dem Bergland. David (um
1004–965 v. Chr.) blieb es dann vorbehalten, ihre Macht und ihr Terri-
torium so zu beschneiden, daß sie nie wieder zu ernsten Gegnern werden
konnten. Mit der Unterwerfung der Philister und später der Edomiter,
der Moabiter, der Ammoniter und der Syrer wuchs das Staatsgebiet
Israels bedeutend und wurde zu einem Großreich, zu einem Reich, das
auch fremde Völker umfaßte. Mit der Schaffung der neuen Hauptstadt
Jerusalem in der eroberten Jebusiterfeste wurde jedoch das Eigenleben
der Stämme zerbrochen, und schwere Lasten bedrückten das Volk (1.
Samuel 8, 10 ff.).

Mit Salomo (965–926 v. Chr.) als Nachfolger des kriegerischen David
kommt ein glänzender Friedensfürst auf den Thron. Von seinem Vater
erbte er dessen Geschick und verstand es, dessen vereitelte Pläne durch-
zuführen. Im Lande, jetzt in zwölf Verwaltungsbezirke unterteilt, trie-

ben königliche Beamte hohe Steuern zur Ausführung prächtiger Bauvorhaben ein. Mit dem neuen Tempel, den Salomo – dem Plan seines
Vaters David gemäß – errichtete, dem Königspalast und den Regierungs-
gebäuden wurde Jerusalem zu einer Sehenswürdigkeit. Für seine Bauten
zog Salomo König Hiram von Tyrus zu Hilfe, der kostbare Libanonhöl-
zer und Steine von phönizischen Arbeitern und Künstlern herbeischaf-
fen und bearbeiten ließ. Glanzvolle Städte entstanden als Garnisonen für
die 'neuen Streitwagentruppen des Königs. Die Mittel zu all dem Auf-
wand und der Prachtentfaltung verschaffte neben den Tributen ein
lebhafter Außenhandel mit Ägypten, Kleinasien und über das Rote Meer
mit Ophier. Durch Auswertung der Kupfervorkommen im Süden des
Landes baute Salomo zudem noch eine regelrechte Großindustrie bei
Ezeon-Geber am Roten Meer auf.

*«Da nun Samuel alle Stämme Israels herzubrachte, ward getroffen . . . Saul,
der Sohn des Kis . . . Da jauchzte alles Volk und sprach: Glück zu dem
König! . . . Und Saul ging heim . . . Und Saul saß zu Gibea.»* (1. Samuel 10,
20–24; 22, 6)
Im Tell el-Ful, dem «Bohnenberg», fünf Kilometer nördlich von Jerusalem,
vermochten Ausgrabungen die Angabe der Bibel zu bestätigen: «Gibea liegt in
Benjamin» (Richter 20, 4). Dort konnten die Überreste der Residenz Sauls
freigelegt werden: ein trutziger Bau aus grob behauenem Gestein, nicht größer
als vierzig mal fünfundzwanzig Meter, das war die erste Königsburg Israels.
Verlassen auf der sanften Anhöhe – erneut dem Verfall preisgegeben – liegt das
Gemäuer, wo einst nach der Bibel «sich der König gesetzt hatte an seinen Ort,
wie er gewohnt, an der Wand» (1. Samuel 20, 25).

«Da versammelten sich die Philister zu streiten mit Israel . . . so viel wie Sand am Rand des Meers, und zogen herauf und lagerten sich zu Michmas . . . und eine Wache der Philister zog heraus an den engen Weg von Michmas.» (1. Samuel 13, 5.23)

Blick auf den Platz des etwa zwölf Kilometer nördlich von Jerusalem gelegenen Michmas. Jenseits des tiefeingeschnittenen Tales lag auf dem Felsberg der Lagerplatz der Philister. An dem Hang davor führt noch heute ein Paßweg bergan zu der Stelle, wo «auf einer halben Hufe Acker» Jonathan und sein Waffenträger in der Nacht die Philisterwache überrumpelten. Wie genau bis in kleinste Einzelheiten die Bibel jene Begebenheiten im Kampf Israels gegen die Philister aufgezeichnet hat, sollte sich während des Ersten Weltkriegs erweisen: Nach den Hinweisen im 1. Buch Samuel ahmte bei Michmas eine britische Truppe die Taktik Sauls und Jonathans nach und erreichte, daß die dort lagernden türkischen Verbände die Flucht ergriffen.

«Sie schlugen aber die Philister des Tages von Michmas bis gen Ajalon.» (1. Samuel 14, 31)
Eine Gruppe gefangener Philister wird in Fesseln abgeführt. Ähnlich, wie es der ägyptische Künstler in Medinet Habu festgehalten hat, wird es sich nach dem Überrumplungssieg bei Michmas wiederholt abgespielt haben, denn «es war ein harter Streich wider die Philister, solange Saul lebte» (1. Samuel 14, 52).

«*Da sprach Saul zu seinen Knechten: Sehet nach einem Mann, der des
Saitenspiels kundig ist, und bringet ihn zu mir . . . Also kam David zu Saul
und . . . ward sein Waffenträger . . . Wenn nun . . . David die Harfe . . . spielte
mit seiner Hand, so erquickte sich Saul, und es ward besser mit ihm, und der
böse Geist wich von ihm.*» (1. Samuel 16, 17.21.23)
Ein Musikant aus Altbabylon beim Spiel auf einer Harfe. Ein solches Instrument
benutzte auch David! «Ein Psalm Davids, vorzusingen auf Saitenspiel» oder auch
«auf acht Saiten» ist in den Psalmen wiederholt vermerkt (Psalm 4, 1 ; 6, 1 ; 12, 1
etc.). Diese Saiteninstrumente wurden aus Zypressen- oder Sandelholz gefertigt
(1. Könige 10, 12). Die Saiten waren meist aus Schafsdärmen.

«*David aber sprach zu Saul: Dein Knecht hütete die Schafe seines Vaters, und es
kam ein Löwe . . . und trug ein Schaf weg von der Herde. Und ich lief ihm nach
und schlug ihn und errettete es aus seinem Maule. Und da er sich über mich
machte, ergriff ich ihn bei seinem Bart und schlug ihn und tötete ihn.*»
(1. Samuel 17, 34.35)
Das mächtige Raubtier war zu biblischer Zeit in Palästina allgemein verbreitet,
nicht nur im Jordanurwald (Jeremia 49, 19), sondern auch in Samaria (2. Könige
17, 25), in Moab (Jesaja 15, 9) und, wie bei David, auf dem Gebirge Juda. Die
Könige des Alten Orients scheinen eine besondere Vorliebe für die
nervenaufpeitschende und von Gefahren begleitete Löwenjagd gehabt zu haben,
vor allem die Assyrer. Unter den vielen Reliefs verblüfft eines aus Ninive, das
den Assyrerkönig Assurbanipal in einer ungewöhnlichen, ebenso höchsten Mut
erfordernden wie absolut lebensgefährlichen Situation zeigt: Auge in Auge steht
der Herrscher dem bereits mit Pfeilen durchbohrten und weidwund
geschossenen Raubtier zu Fuß gegenüber. Während Assurbanipal – genau wie es
die Bibel bei der Heldentat des jungen David beschreibt – mit der einen Hand die
Mähne des Löwen gepackt hält, versetzt er ihm mit dem Schwert in der anderen
Hand den Todesstreich.

«Aber Saul und die Männer Israels kamen zusammen und lagerten sich im Eichgrunde und rüsteten sich zum Streit gegen die Philister. Und die Philister standen auf einem Berge jenseits, und die Israeliten auf einem Berge diesseits, daß ein Tal zwischen ihnen war.» (1. Samuel 17, 2.3)

Mit dem Eichgrund oder «Tal der Terebinthen» ist das Wadi es-Sumt, ein breites, fruchtbares Tal mit Baumwuchs und Äckern gemeint. Als einziges offenes Tal an der Westgrenze Judas zur Küstenebene hin bildete es das von der Natur geschaffene Einfallstor für die Philister. Hier liegt der Schauplatz, auf dem der Zweikampf zwischen David und Goliath stattfand. Auf dem gegenüberliegenden Berge (Mitte), wo sich die Israeliten versammelt hatten, baute später Salomos Sohn, König Rehabeam, Aseka zur Feste aus (2. Chronik 11, 9) – den Ort, den dann Babylonierkönig Nebukadnezar auf seinem Feldzug im Jahre 589/87 v. Chr. als eine der letzten Städte Judas belagern und erobern wird (Jeremia 34, 7).

«*Und David . . . nahm seinen Stab in seine Hand und erwählte fünf glatte Steine aus dem Bach und tat sie in die Hirtentasche, die er hatte, und in den Sack und nahm die Schleuder in seine Hand und machte sich zu dem Philister.*» (1. Samuel 17, 39.40)

Nicht anders können die von David aufgelesenen Schleudersteine ausgesehen haben: vom Wasser glattgeschliffene Steine, wie sie bei Ausgrabungen aus israelitischer Zeit geborgen wurden – unser Bild –, und wie man sie heute noch im trockenen Flußbett des Eichgrund-Tals findet, wo David mit Goliath kämpfte. Solche Schleudersteine verwendeten die Hirten als Waffe gegen wilde Tiere (Hiob 41, 20); sie wurden jedoch auch als Kriegswaffe gebraucht (Richter 20, 16; 2. Könige 3, 25).

«*Da sich nun der Philister aufmachte und daher ging . . . eilte David . . . dem Philister entgegen. Und David tat seine Hand in die Tasche und nahm einen Stein daraus und schleuderte . . .*» (1. Samuel 17, 48.49)

Was sich in diesem Augenblick ereignete, ist uns – wie in diesem Relief eines Schleuderers aus Tell Halaf – in lebendigen Darstellungen überliefert. Die gewöhnlich aus Wolle hergestellte Schleuderschnur war so geflochten, daß sie in der Mitte ein breiteres, besonders verstärktes Stück besaß, in das der Stein gelegt wurde.

«Da trat hervor aus den Lagern der Philister ein Riese, mit Namen
Goliath . . . Und er hatte einen ehernen Helm auf seinem Haupt
und einen schuppichten Panzer . . . Und David . . . traf den
Philister an seine Stirn, daß . . . er zur Erde fiel auf sein Angesicht.
Also überwand David den Philister mit der Schleuder und mit dem
Stein und schlug ihn und tötete ihn.» (1. Samuel 17, 4.5.49.50)
Mit erloschenen Augen, die Arme von sich gestreckt, liegt in
vollem Kriegsschmuck – wie Goliath nach dem tödlichen
Schleuderschuß Davids – ein im Kampf gefallener Philister auf der
Erde dahingestreckt. Sein Brustpanzer ist an den Achseln weit
ausgeschnitten und vom Brustkorb abwärts mit einer Reihe von
Streifen besetzt, die von der Körpermitte aus rippenförmig nach
beiden Seiten herablaufen. Den Federhelm hält ein mit
Zickzackstreifen verzierter Stirnreif fest auf dem Kopf.

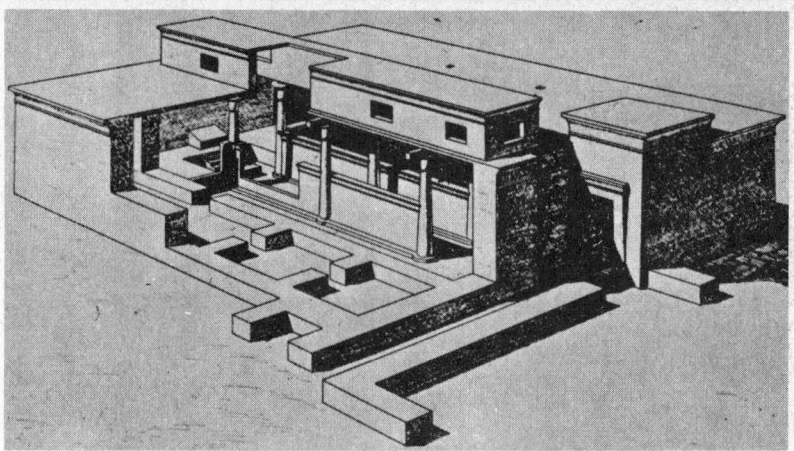

«Da nahm Saul das Schwert und fiel hinein . . . Des andern Tages kamen die
Philister . . . und fanden Saul . . . und legten seine Rüstung in das Haus der
Astharoth . . . seinen Leichnam hingen sie auf die Mauer zu Beth-Sean . . .
seinen Schädel hefteten sie ans Haus Dagons.» (1. Samuel 31, 4–10; 1. Chronik
10, 10)

Das blieb von der Stadt übrig, deren Mauern einst mitangesehen haben müssen,
was die Philister nach ihrem Sieg dem toten König Saul antaten. Am Rande der
Ebene von Jesreel, in Richtung zum Jordantal hin, wurden aus den Geröllmassen
des Tell el-Husn – der Stätte des biblischen Beth-Sean – die Überreste (oben) von
vier Tempelgebäuden freigeschaufelt. Kultgegenstände zwischen den
Trümmern in einem der Tempel, vor allem eine Stele mit der Aufschrift
«. . . Herrscherin des Himmels und Führerin aller Götter» deuten darauf hin,
daß dieses Gebäude der Astarte, der Göttin der Fruchtbarkeit in Kanaan, geweiht
war. In einem anderen Tempel – siehe Rekonstruktion – vermutet man das
«Haus Dagons», einer von den Philistern verehrten Gottheit.

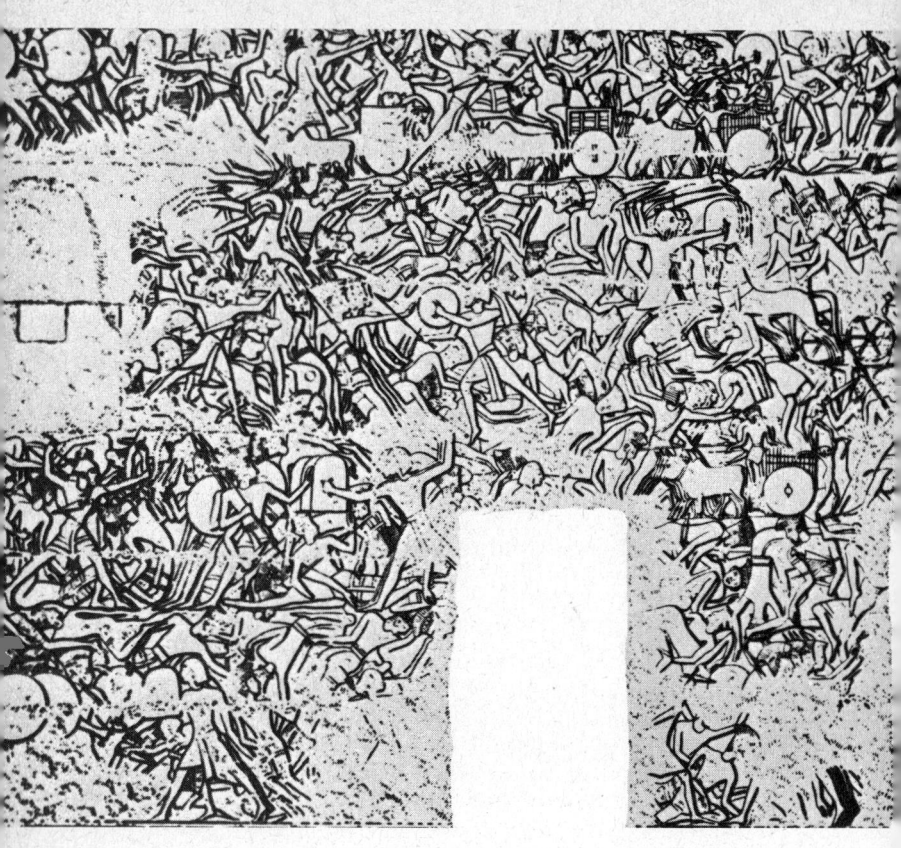

*«Der Herr sprach zu David: Zieh hinauf, ich will die Philister in deine Hände
geben . . . David tat, wie der Herr ihm geboten hatte, und schlug die Philister
von Geba an, bis man kommt gen Geser . . . und schwächte sie und nahm den
Dienstzaum aus der Philister Hand.»* (2. Samuel 5, 19.25 ; 8, 1)
Augenzeuge des blutigen Handgemenges und Gemetzels in einer für die
Philister sehr verlustreichen Schlacht – wie König David sie den harten
Bedrückern des Volkes Israel lieferte – läßt uns dieses dramatisch-bewegte Relief
aus dem Tempel Ramses' III. in Medinet Habu werden, das die Landschlacht, die
der Pharao um 1200 v. Chr. den eindringenden «Seevölkern» lieferte,
festgehalten hat. Es läßt sich ermessen, mit welch einem kampferprobten und
starken Gegner die Kinder Israel ihre Kämpfe auszufechten hatten. Die an ihren
Helmkronen leicht erkenntlichen Philister fallen bereits durch ihre hohen, die
Ägypter überragenden Gestalten auf. Mit Schwertern, Lanzen, Dolchen und

kreisrunden Schilden bewaffnet, kämpfen sie an mehreren Stellen des Schlachtfeldes noch in geschlossenen Gruppen. Einzelne werden gerade gefesselt, andere liegen erschlagen und des Schurzes beraubt am Boden (obere Reihen). Mitten im Kampfgewoge verstreut erblickt man Fahrzeuge der Philister, Karren, die von Rindern gezogen werden. Weiber und Kinder hocken darauf. Der Wagenstuhl ist viereckig aus Holz oder aus einem Geflecht von Ruten. Als Räder dienen große Holzscheiben, die durch einen Pflock auf der Achse gesichert sind. Die Frauen der Philister, die einen langen Zopf tragen, strecken den Feinden – um Erbarmen flehend – ihre Kinder entgegen (oben rechts).

«Und der König (David) zog mit seinen Männern gen Jerusalem . . . Also wohnte David auf der Burg und hieß sie Davids Stadt. Und David baute ringsumher, von Millo an einwärts.» (2. Samuel 5, 6.9)
Nach bald drei Jahrtausende währender Vergessenheit sind im Laufe oft sehr schwieriger Ausgrabungsarbeiten mit diesen spärlichen und unscheinbaren Mauerresten die bisher einzigen stummen Zeugen aus der Zeit wieder ans Tageslicht gekommen, da David Jerusalem in Besitz nahm und sein Sohn Salomo hier oben den Tempel erbaute. An der Ostseite der «Davidsstadt» ruhen dicht nebeneinander die Überbleibsel der Jebusiter-Feste und eines viereckigen Turms aus der salominischen Epoche – ehrwürdige Andenken an die Königszeit Jerusalems.

«*Also war David König über ganz Israel, und er schaffte Recht und
Gerechtigkeit allem Volk . . . Seraja war Schreiber.*» (2. Samuel 8, 15.17)
Als besonderes Hofamt der israelitischen Könige wird von David an neben dem
des Hofmeisters und des Kanzlers das des Schreibers genannt. Er bekleidete
somit eine hervorragende Stellung, die heute etwa der eines Staatssekretärs
entspricht. Sein Name, der als Seraja in der Bibel erscheint, deutet darauf hin,
daß dieser hohe Beamte ein Ägypter war, wie überhaupt Davids
Staatsverwaltung in vielem nach ägyptischem Muster gebildet gewesen zu sein
scheint. Der Aufgabenbereich dieser «Schreib-Minister» war vielseitig: Sie
leiteten die geschäftlichen Unternehmungen des Königs, führten die
Korrespondenz mit den regierenden Häuptern in fremden Ländern und
verfaßten schließlich die staatlichen Protokolle. Schreiber werden später auch in
der Tempel-, Zivil- und Militärverwaltung genannt. Ansonsten waren die
Schreiber Altpalästinas in «Gilden der Schreiber» vereint, so die
«Freundschaften der Schreiber, die zu Jahez wohnten» (1. Chronik 2, 55).

«Wer die Schrift lernen soll, der kann keine andere Arbeit warten; und wen man lehren soll, der muß sonst nichts zu tun haben . . .» (Sirach 38, 25)

Blick in eine ägyptische Schreibstube: drei Schreiber sind emsig bei ihrer Arbeit. Sie benützen zugeschnittene Binsen als Federhalter. Zwei weitere Schreibstifte hat sich jeder von ihnen als Reserve hinter das Ohr gesteckt. Zwei Männer halten in ihrer Linken an einem Band befestigt kleine Paletten für Tinte in Muschelform, die des dritten – ebenfalls mit zwei Farblöchern – ist rechteckig. Über ihren Köpfen ist in der oberen Reihe dreimal die Hieroglyphe für «Schreiber» zu sehen: ein Rohrhalm, dessen Fasern am unteren Ende beschnitten worden sind, daneben – mit einer Schnur verbunden – jeweils ein Behälter für Wasser und ein Tintengefäß. Die schwarze Tinte – meist aus Ruß gewonnen, der mit Wasser oder Essig vermengt wurde – diente zum Beschreiben von Leder, Papyrus – unser Bild – und Tonscherben.

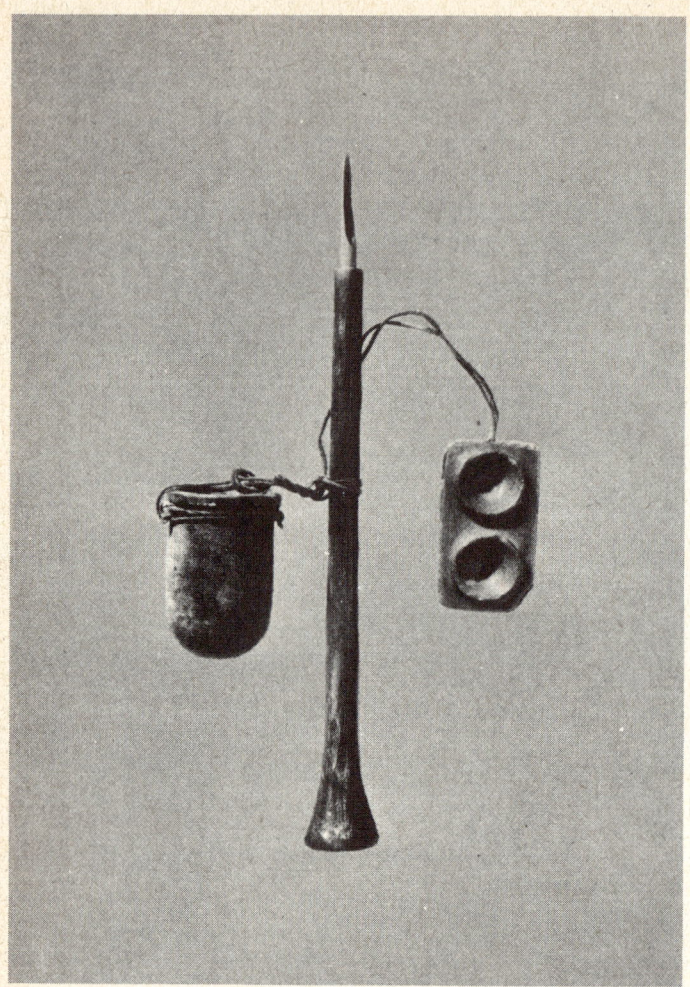

«. . . einer . . . der hatte . . . ein Schreibzeug an seiner Seite.» (Hesekiel 9, 2)
Nach den ägyptischen Quellen und Fundstücken ist es möglich, sich heute ein
ziemlich klares Bild von dem Gerät eines Schreibers in alttestamentlicher Zeit zu
machen. Sein Werkzeug bestand aus drei Dingen: Schreibrohr, Doppelnäpfchen
für verschiedenfarbige Tinten (rechts) und ein Fäßchen für Wasser (links). Diese
drei Geräte zusammen galten den Ägyptern als so typisch, daß ihre Abbildung
sogar eine Hieroglyphe für «sasch» bildete, was «Schreiber, schreiben» bedeutet
(siehe Relief auf der vorigen Seite).

«*Und Salomo verschwägerte sich mit Pharao, dem König in Ägypten, und nahm Pharaos Tochter und brachte sie in die Stadt Davids . . .*» (1. Könige 3, 1)
Bildnis einer ägyptischen Prinzessin, wie sie sich König Salomo nach Jerusalem holte. Ihrer königlichen Herkunft Rechnung tragend, schuf er besondere Gemächer aus «köstlichen Steinen», mit «Zedern» getäfelt: «. . . und machte auch ein Haus, wie die Halle, der Tochter Pharaos, die Salomo zum Weibe genommen hatte» (1. Könige 7, 8).

«*Aber der König Salomo liebte ausländische Weiber* . . .» (1. Könige 11,1)
Wenn eine Prinzessin im Alten Orient in ein fremdes Land verheiratet wurde, so
war es üblich, ihr ein Gefolge Vertrauter aus der Heimat mitzugeben. In der
Begleitung der Tochter des Pharao, die König Salomo zum Weibe nahm, werden
daher die aus dem Nilland mitgebrachten Hofdamen nicht gefehlt haben. Eine
Malerei aus einem Grab in Theben führt uns mitten in eine Damengesellschaft
bei einem Gastschmaus. Die festlich gekleideten und frisierten, mit Hals- und
Ohrenschmuck behängten vornehmen Ägypterinnen lassen sich von einer
nackten Sklavin bedienen.

«. . . und er hatte siebenhundert Weiber zu Frauen und dreihundert
Kebsweiber . . .» (1. Könige 11, 3)

Einen Einblick in das Tun und Treiben eines Haremsgebäudes in einem Palast
von Tell el-Amarna am Nil, das wie Jerusalem Regierungssitz – und zwar des
Pharao Echnaton, des Gemahls der berühmten Nofretete – war, gibt uns diese
Nachzeichnung eines Reliefs: Die Eingänge sind von Türhütern wohl bewacht.
Der untere hält einen Besen für das Fegen des Hofes in der Hand, ruht jedoch im
Augenblick gerade etwas aus. Der obere Wächter lehnt an der Wand, ein Bein als
Stütze erhoben, und plaudert mit einem Besucher. Jedes der beiden Tore hinter
den Aufpassern führt in ein von Säulen getragenes Gemach. In dem oberen wird
in der einen Ecke gerade gegessen (rechts), in der gegenüberliegenden (links)
sind zwei Frauen damit beschäftigt, sich zu frisieren. Mehr dem Vordergrund zu
wird zum Klang einer Schulterharfe getanzt. Die Zöpfe der Mädchen
entsprechen nicht ägyptischer, sondern syrischer Mode. Im Harem sind also
neben den einheimischen wie bei Salomo auch fremdländische Weiber und
Sängerinnen, die überall sehr beliebt waren (Hoheslied 2, 14). Im unteren Raum
wird nur musiziert und getanzt: Das obere Mädchen spielt eine Leier, das untere
links eine Standharfe, das mittlere eine Laute. Auch in den vier Kammern links
neben den Aufenthaltsräumen sind neben Bettstellen viele Musikinstrumente
aufbewahrt: Winkelharfen, Leiern und Lauten mit Bändern. Nach ägyptischer
Sitte hatten die Frauen des Harems auch für die musikalische Unterhaltung des
Pharao zu sorgen.

«*Aber das Volk opferte noch auf den Höhen; denn es war noch
kein Haus gebaut dem Namen des Herrn bis auf die Zeit.*»
(1. Könige 3, 2)
Auch die «Höhen», deren Versuchungen die Kinder Israel trotz
aller Ermahnungen durch die Propheten oft erlagen, gehörten zum
kanaanitischen Götzendienst. Ausgrabungen im biblischen Elam
verdanken wir diese Bronzetafel eines unbekannten Künstlers aus
dem 12. Jahrhundert v. Chr. Auf ihr ist ein heidnischer Kult des
Alten Orients gestaltet, dessen Szenerie und Handlung an vieles
erinnert, wovon auch die Bibel spricht. Vermutlich fand die
Zeremonie bei Aufgang der Sonne statt. Auf einer Erhöhung
kauern zwei unbekleidete Männer und nehmen eine Waschung
vor (2. Chronik 4, 6). Um die Gestalten herum ist alles zum Kult
Gehörige vereint: Da stehen zwei Zikkurat, einst den Gottheiten
Mesopotamiens geweihte riesige Tempeltürme, deren verwitterte,
gewaltige Stümpfe noch heute in den Himmel des
Zweistromlandes ragen. Bäume erinnern an einen Hain, von dem
es heißt: «Und tat Opfer . . . auf den Hügeln und unter allen
grünen Bäumen» (2. Könige 16, 4). Der sehr große Krug im
Rücken des einen Mannes läßt an das «eherne Meer» des Alten
Testaments denken, das später im Vorhof des Salomonischen
Tempels stand: «Und er machte ein gegossenes Meer . . .»
(2. Chronik 4, 2). Außer einem Opfertisch und Schüsseln sind auch
zwei Säulen aufgestellt: «Und zerbrach die Säulen und rottete aus
die Ascherabilder und füllte ihre Stätte mit Menschenknochen»
(2. Könige 23, 14).

«Und also verhielt sich's mit den Fronleuten, die der König
Salomo aushob, zu bauen . . . die Mauer Jerusalems und Hazor
und Megiddo.» (1. Könige 9, 15)
An keinem anderen Ort Palästinas ist die salomonische
Bautätigkeit so gut bezeugt wie in Megiddo, der in der nördlichen
Jesreel-Ebene ausgegrabenen Stadt. Um den Hügel herum wurde
eine neue Mauer angelegt. Sie besaß im Norden die nach den
Fundschichten rekonstruierte, besonders stark befestigte
Toranlage. Wer sich der Stadt von außen (Rekonstr., links)
näherte, mußte zunächst ein doppeltes, aus Gründen der besseren
Verteidigung überdachtes Tor passieren. Von dem Vorhof führte
der Weg dann in einer scharfen Linkswendung erst auf das
eigentliche, gleichfalls gedeckte Haupttor mit seinen gewaltigen
Doppeltüren. Hinter dem Haupttor gruppierten sich drei weitere
Eingänge, von denen jeder einzelne noch durch einen Wachraum
zusätzlich gesichert war. Erstaunlicherweise entspricht der Bau
dieser in Megiddo wiederentdeckten Anlage genau der
Beschreibung des Propheten Hesekiel, die er vom Osttor des
Salomonischen Tempels gibt (Hesekiel 40, 5–16).

«*Also baute Salomo . . . alle Städte der Kornhäuser . . . und alle
Städte der Wagen und die Städte der Reiter, und wozu er Lust
hatte zu bauen . . . und Salomo hatte 40 000 Wagenpferde und
12 000 Reisige.*» (1. Könige 9, 17.19 ; 5, 6)

Heute können die Überreste der imposanten und hochmodern
anmutenden Marställe des großen Königs Salomo, an deren
Existenz so oft Zweifel gehegt wurde, von jedermann besichtigt
werden. Wenige Schritte nur vom Haupttor in Megiddo gelangt
man auf einer gepflasterten Straße nach Südosten, wo die großen
Stallungen lagen. In Doppelreihen standen dort die Pferde, die
Köpfe zum Gang in der Mitte gewendet. Sie waren an Pfeiler
angebunden – die Stümpfe auf unserem Bild –, die zugleich als
Stützen für das Dach dienten. Dazwischen standen die
Steinkrippen für Futter und Tränke. Die Boxen hatten
Kopfsteinpflaster, der Mittelgang dagegen einen Belag, der das
Ausgleiten der Tiere verhindern sollte.

«Und Salomo brachte zuhauf Wagen und Reiter, daß er
hatte 1400 Wagen und 12000 Reiter und legte sie in die
Wagenstädte . . .» (1. Könige 10, 26)
Einer der Riesenmarställe. Den Mauerspuren, den
Gebäuderesten und Pflasterbelägen folgend, war es
möglich, ziemlich genau die einstigen Anlagen zu
rekonstruieren: so hat aller Wahrscheinlichkeit nach der
südliche Teil der Pferdestallung des Königs Salomo in
Megiddo ausgeschaut! Kann man sich eine glänzendere
Illustration für die Großzügigkeit der weltlichen
Bauvorhaben des großen Königs vorstellen, der mit einem
wahrhaft orientalischen Prunk seine Macht zeigen und
zugleich befestigen wollte? Allein Boxen für 450 Pferde
beherbergte der an diesem Platz freigelegene Teil des
Marstalls. Dabei konnten Ruinen weiterer Ställe des Königs
auch an anderen Stätten, so in Thaanach, in der Umgebung
von Megiddo, und in Eglon an der judäischen Grenze
gefunden werden.

«Und Salomo hatte zwölf Amtleute über ganz Israel, die den
König und sein Haus versorgten . . . Und hießen also: Baana, der
Sohn Ahiluds, zu Thaanach und zu Megiddo . . .» (1. Könige 4,
7.8.12)
Hinter den Stallungen führte eine zementierte Straße in den Hof
des Amtsitzes des Bezirksgouverneurs. Unter König Salomo
bekleidete Baana diesen Posten. Seine Residenz, deren
Rekonstruktion das Bild zeigt, war ein starker, wahrscheinlich
zweistöckiger Bau. Ein Turm ermöglichte sogar einen Blick über
die Stadtmauer. Ganz in der Nähe befanden sich weitere Ställe mit
einem großen gepflasterten Hof. «Und die Amtleute» vermerkt
das 1. Buch der Könige 5, 7 zu den Aufgaben dieser Beamten,
«versorgten den König Salomo . . . und ließen nichts fehlen. Auch
Gerste und Stroh für die Rosse und Renner brachten sie . . .»

«Und man brachte dem Salomo Pferde aus Ägypten und allerlei
Ware; und die Kaufleute des Königs kauften die Ware und
brachten's aus Ägypten . . . ein Pferd um hundertfünfzig
(Silberlinge).» (1. Könige 10, 28.29)
Das schöne Fragment eines Pferdekopfes aus Ägypten läßt uns
ahnen, welche edle Rassen in den Gestüten zu alttestamentlicher
Zeit herangezüchtet wurden.

«*Und die Kaufleute des Königs kauften . . . aus Ägypten . . . je einen Wagen um 600 Silberlinge.*»
(1. Könige 10, 28.29)
Dieses Original eines ägyptischen Wagens aus Holz, mit vergoldetem Leder bekleidet, hat in einem Grab im Tal der Könige die Jahrtausende überdauert. Von ähnlicher Bauart dürften auch die Wagen gewesen sein, die König Salomo aus Ägypten importierte, sei es für den eigenen Gebrauch, sei es für den Weiterverkauf nach Syrien und an die Könige der Hethiter.

«*Also brachte man sie auch allen Königen der Hethiter und den Königen von Syrien durch ihre Hand.*» (1. Könige 10, 29)
So haben wir uns die Handelspartner König Salomos im Norden seines Reiches vorzustellen: Mit einem nach assyrischer Mode in Locken gelegten Vollbart präsentiert sich ein Hethiter aus Sendschirli. Bezeichnend ist die überlange, scharf vorspringende Nase In einem fein säuberlich aufgerollten Zopf fällt das Haupthaar im Nacken herab. Die hohe Mütze, an der Spitze ballonartig erweitert, ist am unteren Rand mit einer Borte verziert. Ein enganliegender Leibrock mit halblangen Ärmeln bekleidet den Oberkörper, während ein breiter Gürtel einen ebenfalls mit Borten besetzten Schurz an den Hüften hält. Die Schnabelschuhe sind charakteristisch für die hethitische Fußbekleidung. Als Waffen dienten den Kriegern das im Gürtel steckende Schwert, ein übermannshoher Speer und der «pontische», in der Mitte eingekerbte Schild.

Hethiter-Streitwagen mit eckigem Wagenkasten, in dem hinter
dem Rosselenker, der die Pferde mit einem Peitschenstock
antreibt, der Bogenschütze steht, der hier gerade zum Pfeilschuß
ansetzt. Ein Gefallener zwischen den Füßen der Pferde zeigt, daß
die Szene auf einem Schlachtfeld spielt.

«Und Salomo machte auch Schiffe zu Ezeon-Geber, das bei Eloth liegt, am Ufer des Schilfmeers, im Lande der Edomiter.» (1. Könige 9, 26)
Phönizische Zimmerleute an Stelle der ägyptischen, die wir hier beim Schiffbau sehen, hatte König Salomo für seine Werften angeheuert. Unsere Szene zeigt das Zurichten von hölzernen Schiffsrümpfen. Viele der Männer sind mit dem Schlagen der Zapfenlöcher beschäftigt. Sie benützen dazu – besonders deutlich rechts unten – Schlegel und Stechbeitel. Der Prophet Hesekiel zählt auf, was ein phönizisches Handelsschiff alles an wertvollen Bauteilen brauchte: «Deine Bauleute haben dich aufs allerschönste zugerichtet . . . dein Tafelwerk (Planken) aus Zypressenholz gemacht und die Zedern vom Libanon führen lassen und deine Mastbäume daraus gemacht. Und deine Ruder von Eichen . . . und deine Bänke von Elfenbein, gefaßt in Buchsbaumholz . . . Dein Segel war von gestickter, köstlicher Leinwand aus Ägypten . . .» (Hesekiel 27, 4–7).

«Und Hiram sandte seine Knechte im Schiff, die gute Schiffsleute und auf dem Meere erfahren waren, mit den Knechten Salomos.» (1. Könige 9, 27)
Phönizische Handelsschiffe, die in einem Flußhafen von Ägypten vor Anker gegangen sind, werden entladen. Für den Aufbau einer israelitischen Handelsmarine – der ersten und einzigen, der vorübergehend ein Erfolg beschieden war – standen König Salomo aus dem befreundeten Tyrus die Praxis und die Kenntnisse der erfahrensten Seefahrer und Schiffbauleute der damaligen Welt zur Verfügung. «Und hattest geschickt Leute in Tyrus zu Schiffen», versichert Hesekiel 27, 8. Dem späteren Versuch des judäischen Königs Josaphat, der ebenfalls zu Ezeon-Geber Schiffe ausrüstete, um die Fahrten nach Ophir zu wiederholen, sollte kein Erfolg beschieden sein: «Und die Schiffe wurden zerbrochen und konnten nicht aufs Meer fahren» (2. Chronik 20, 36.37).

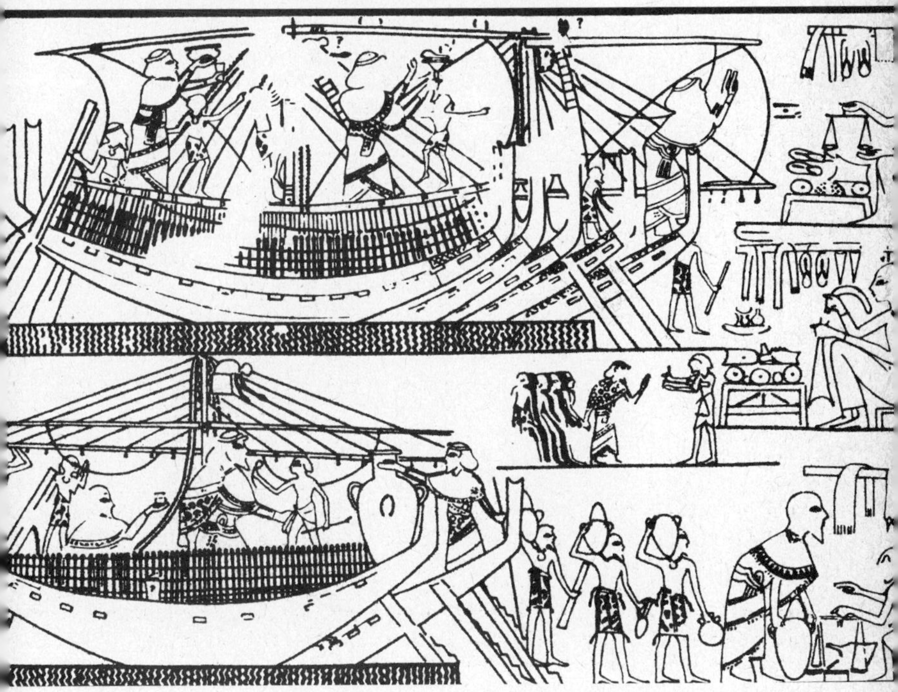

«*Zu Ezeon-Geber, das bei Eloth liegt, am Ufer des Schilfmeers im Lande Edom . . .*» lag der Hafen König Salomos (1. Könige 9, 26).

Am Ufer des Golfes von Akaba, von dessen Hafen Eloth einst die Schiffe nach Ophir ausliefen, ist heute in El Akaba – oben – ein Hafen des Staates Israel entstanden. Nordwestlich davon gelang eine aufsehenerregende Entdeckung: aus dem Tell el-Kheleife – unten – kamen die Überreste der Hafenstadt Ezeon-Geber wieder zutage, wo der König Salomo einst selbst weilte (2. Chronik 8, 17). In den Ruinen wurden auch umfangreiche Kupferverhüttungsanlagen freigelegt. Ezeon-Geber war somit Hafenstadt und bedeutendes Industriezentrum zugleich. Hier wurde das Erz aus den Kupfergruben in der Araba (s. S. 183) verarbeitet.

«Denn die Schiffe des Königs fuhren auf dem Meer mit den Knechten Hirams und kamen in drei Jahren einmal und brachten Gold, Silber, Elfenbein, Affen und Pfauen.»
(2. Chronik 9, 21)

Hatte König Salomo ein altes Außenhandelsgeheimnis der Ägypter in Erfahrung gebracht? Es könnte sein, wenn – was zuweilen vermutet wird – Ophir mit dem in ägyptischen Texten erwähnten «Punt» identisch wäre. Ein Relief zeigt uns ein ägyptisches Seeschiff der berühmten Flottenexpedition, die die Pharaonin Hatschepsut (1504–1483 v. Chr.) nach dem geheimnisvollen «Punt» an der Westküste des Roten Meeres entsandt hatte. Es «gelangte glücklich nach Punt», wie der Hieroglyphentext berichtet, und konnte köstliche Dinge eintauschen: Sandelholz, Ebenholz – und Gold! Auf dem Bild wird eines der «Punt»-Schiffe gerade beladen: Über das Fallreep bringen Lastträger an Stangen aufgehängte Behälter mit Myrrhenbäumen an Bord, andere Myrrhenbäume stehen bereits auf den Planken. Auf dem Schiff klettern auch einige Affen herum.

«Und sie kamen gen Ophir und holten daselbst 420 Zentner Gold und brachten's dem König Salomo.»
(1. Könige 9, 28)

«Gold von Ophir für Beth-Horon . . .» lautet die Übersetzung dieser Inschrift, die im Tell Qasile zutage kam. Die Scherbe bezeugt die Existenz und den Goldreichtum des in der Bibel erwähnten Ophir, dessen genaue Lage bis heute in ein geheimnisvolles Dunkel gehüllt blieb. Man vermutet Ophir, was auch «Lockere Erde» oder «Staub» bedeutet, einerseits in der Landschaft Jemen in Südarabien, die für ihren Reichtum an Gold bekannt ist, andererseits aber auch an der gegenüberliegenden afrikanischen Küste. Wie berühmt Ophir in Palästina wegen seines Goldes gewesen sein muß, lassen die häufigen Erwähnungen in der Bibel noch aus nachsalomonischer Zeit erkennen. Auch der bald zwei Jahrhunderte nach Salomo wirkende Prophet Jesaja nannte es, als er die Zerstörung Babels durch die Meder weissagte: «Und will dem Hochmut der Stolzen ein Ende machen und die Hoffart der Gewaltigen demütigen, daß sein soll . . . ein Mensch werter denn Goldes Stücke aus Ophir» (Jesaja 13, 11.12).

« Und es war Friede zwischen Hiram und Salomo, und sie machten beide einen Bund miteinander. » (1. Könige 5, 26)
Von einem phönizischen König fast gleichen Namens wie Hiram von Tyrus blieb uns eine bildliche Darstellung bewahrt: auf einem mächtigen Sarkophag sehen wir König Ahiram von Byblos – dem Gebal der Bibel (Hesekiel 27, 9) – vor uns. Da die Inschrift des Reliefs auf das 10. Jahrhundert v. Chr. datiert wird, gehen wir kaum fehl, wenn wir uns den großen Freund und Bündnispartner Salomos in Typ und Gewandung ähnlich vorstellen wie diesen Herrscher. König Ahiram hat den Typus des Amoriters; seine Gesichtszüge sind semitisch, er trägt einen Backenbart, und die Oberlippe ist glatt rasiert, das Haupthaar fällt in vollen, langen Strähnen bis auf die Schultern herab. Der König aus dem «Land der Gebaliter» (Josua 13, 5) sitzt auf einem mit zwei Sphinxen geschmückten Thron, die Füße ruhen auf einem Fußschemel. In der Rechten hält er ein Salbgefäß und in der Linken eine Lotusblume. Ein Tisch mit Opfergaben ist vor ihm aufgestellt. Aus dem feierlichen Zug, der sich dem König von rechts nähert, sehen wir die erste Gestalt, einen Mann, der Gaben bringt.

«. . . *Tyrus, die da liegt vorn am Meer* . . .» (Hesekiel 27, 3)
Das, was dieses Luftbild vom heutigen Sur, vierzig Kilometer
nördlich von Akko, zeigt, blieb vom einst mächtigen, an allen
Gestaden des Mittelmeers berühmten Tyrus! Hier lag die
befestigte Inselstadt der Phönizier an der palästinensischen Küste.
Ihre Insellage ging verloren, als Alexander der Große im Jahre 332
v. Chr. vom Festland aus in gewaltigen Belagerungsarbeiten einen
künstlichen Damm durch das Meer zu der Feste hinüber bauen
ließ. Nach siebenmonatiger Belagerung wurde die Stadt damals
zerstört und die Bevölkerung von den Griechen weggeführt.
Damit war die Vorherrschaft von Tyrus für immer zu Ende. Aus
dem künstlichen Meeresdamm bildete sich durch
Sandanschwemmungen der Brandung und Meeresströmungen
eine allmählich immer breiter werdende Landzunge, die die
Seefeste für immer mit dem Festland verband. Ihres stärksten
Schutzes beraubt, war sie nun dem von den Propheten
vorausgesagten Untergang preisgegeben: «Heulet, ihr
Tharsisschiffe; denn sie ist zerstört . . . Die Einwohner der Insel
sind still geworden . . . Wer hätte das gemeint, daß es Tyrus, der
Krone, so gehen sollte . . .» (Jesaja 23, 1.2.8).

«*Tyrus . . . deine Grenzen sind mitten im Meer . . .*» (Hesekiel 27, 3.4)
Von Meereswogen umgeben, so hat der Assyrerkönig Salmanassar III. zur
Erinnerung an einen dort empfangenen Tribut Tyrus in Bronze verewigen
lassen, die mächtige Seefeste, mit der Salomo verbündet war, und an deren
Größe, Glanz und weltweites Getriebe die bildhaften Worte des Propheten
Hesekiel lebendig erinnern: «O Tyrus, du sprichst: Ich bin die Allerschönste.
Deine Grenzen sind mitten im Meer, und deine Bauleute haben dich aufs
allerschönste zugerichtet . . . Alle Schiffe im Meer und ihre Schiffsleute fand
man bei dir; die hatten ihren Handel mit dir. Die aus Persien, Lud und Libyen
waren dein Kriegsvolk, die ihre Schilde und Helme in dir aufhingen und haben
dich so schön geschmückt . . . Tharsis hat mit dir seinen Handel gehabt und
allerlei Ware, Silber, Eisen, Zinn und Blei auf deine Märkte gebracht. Javan,
Thubal und Mesech haben . . . dir leibeigene Leute und Geräte von Erz auf deine
Märkte gebracht. Die von Thogarma haben dir Rosse und Wagenpferde und
Maulesel auf deine Märkte gebracht. Die von Dedan . . . die haben dir Elfenbein
und Ebenholz verkauft. Die Syrer haben bei dir geholt deine Arbeit, was du
gemacht hast, und Rubine, Purpur, Teppiche, feine Leinwand und Korallen und
Kristalle auf deine Märkte gebracht . . . Arabien und alle Fürsten von Kedar
haben mit dir gehandelt . . . Die Kaufleute aus Saba . . . haben . . . allerlei
köstliche Spezerei und Edelsteine und Gold auf deine Märkte gebracht . . . Aber
die Tharsisschiffe sind die vornehmsten auf deinen Märkten gewesen. Also bist
du sehr reich und prächtig geworden mitten im Meer» (Hesekiel 27, 3.4.9–
16.21.22.25).

«*Und Salomo sandte zu Hiram (dem König von Tyrus) und ließ ihm sagen: . . . Siehe, so habe ich gedacht, ein Haus zu bauen dem Namen des Herrn . . . So befiehl nun, daß man mir Zedern aus dem Libanon haue . . .*» (1. Könige 5, 16.19.20)

Bis zu vierzig Meter hoch werden die Zedern des Libanons – Cedrus libani –, die zu den berühmtesten und begehrtesten Bäumen der Alten Welt gehörten und von denen auch in der Bibel so oft die Rede ist. Die Zeder galt als vornehmster Baum (1. Könige 5, 13) und ist ein Bild für Kraft und Macht (Psalm 92, 13), aber auch für Stolz und Überheblichkeit (Jesaja 2, 13). Von den Vorfahren dieser prächtigen Bäume wurden einst die Stämme gehauen, die die Phönizier David für den Bau seines Palastes (2. Samuel 5, 11) und Salomo für den Tempel und den Palast (1. Könige 7, 1–12) lieferten. Ein Gebäude dieser Residenz wurde nach dem reichlich verwendeten Zedernholz sogar «Haus vom Wald Libanon» genannt. Nur noch klägliche Reste erinnern heute auf den Höhen des Libanon an die ausgedehnten Zedernwälder, die hier einst wuchsen, «an den Wald seines Baumgartens», wie Jesaja 37, 24 es beschreibt.

«Da sprach Hiram, der König zu Tyrus, durch Schrift und sandte zu Salomo:
. . . So wollen wir das Holz hauen auf dem Libanon, wieviel es not ist . . .»
(2. Chronik 2, 10.15)
Das Fällen von Zedern auf dem Libanon – wie es auch im Auftrage König
Salomos geschah – hat dieses ägyptische Relief im Bild festgehalten. Die hohen
Stämme der Nadelbäume werden kurz über dem Boden mit Doppelbeilen
abgehauen und dann an Seilen herabgelassen. Als Holzfäller sind nach der rechts
oben stehenden Hieroglyphen-Beischrift «die großen Fürsten vom Libanon»
tätig, also phönizische Herrscher, wie Hiram einer war. Der König von Tyrus
dürfte vermutlich also ähnlich ausgeschaut haben. Sie tragen einen langen
Wickelmantel mit Schulterkragen. Bei den rechts Stehenden fallen die Haare,
durch ein Stirnband gehalten, lose in den Nacken, bei denen ganz links sind sie
durch eine enganliegende Kappe verdeckt.

«Und Hiram sandte zu Salomo und ließ ihm sagen: . . . Meine Knechte sollen
die Stämme vom Libanon hinabbringen ans Meer; und ich will sie in Flöße legen
lassen auf dem Meer . . . und will sie daselbst abbinden . . . und wollen's auf
Flößen bringen im Meer gen Japho; von da magst du es hinauf gen Jerusalem
bringen.» (1. Könige 5, 22.23 ; 2. Chronik 2, 15)
Der Abtransport des kostbaren Bauholzes erfolgte stets über das Mittelmeer.
Auf unserem Bild sind Zedernstämme zu Flößen zusammengesetzt, die der
Assyrerkönig Sargon II. für seinen Palast in Khorsabad bestellt hatte.

«Und der König gebot, daß sie große und köstliche Steine ausbrächen, gehauene Steine zum Grund des Hauses. Und die Bauleute Salomos und die Bauleute Hirams und die Gebaliter hieben aus und bereiteten zu Holz und Steine, zu bauen das Haus.» (1. Könige 5, 31.32)

«Salomos Steinbrüche» heißt bis auf den heutigen Tag zu Jerusalem ein Stück des Burgfelsens, an dem noch deutlich die Spuren von Steinbrucharbeiten zu sehen sind.

«Und Salomo fing an zu bauen das Haus des Herrn zu Jerusalem
auf dem Berge Morija, der David, seinem Vater, gezeigt war . . .
Im vierten Jahr des Königreichs Salomos über Israel . . . ward das
Haus dem Herrn gebaut.» (2. Chronik 3, 1; 1. Könige 6, 1)
So sah mit großer Wahrscheinlichkeit der Salomonische Tempel
einst aus: das Gebäude lag auf einem ungefähr zweiunddreiviertel
Meter hohen Podium (Hesekiel 41, 8). Zehn Stufen führten zum
Eingang empor, vor dem zwei Säulen standen: «Und die er zur
rechten Hand setzte, hieß er Jachin, und die er zur linken Hand
setzte, hieß er Boas. Und es stand also oben auf den Säulen wie
Lilien» (1. Könige 7, 21.22). In der Vorhalle führte der Weg auf
eine Tür mit doppelten Flügeln, die mit geschnitzten Palmen,
Blumen und Cheruben verziert war. Die Schnitzereien glitzerten,
weil sie mit Goldblech eingelegt waren, das sich dem Schnitzwerk
anpaßte (1. Könige 6, 35). Durch die Doppeltür gelangte man in das
«Heilige», in das Licht durch verschiedene Fenster strömte
(1. Könige 6, 4), die oben in die Decke eingelassen waren. Ein
dreistöckiger Bau umzog den Tempel auf drei Seiten. In jedem
Stockwerk befanden sich etwa dreißig sehr kleine Kammern
(Hesekiel 41, 6), die als Schatzkammern wie auch als Ankleide-
und Speisekammern der Priester dienten. Das «Allerheiligste» lag
hinter dem «Heiligen» im fensterlosen Teil des Tempels, in völlige
Dunkelheit gehüllt.

«. . . ein Meister im Erz, voll
Weisheit, Verstand und Kunst, zu
arbeiten allerlei Erzwerk. Da der zum
König Salomo kam, machte er alle
seine Werke.» (1. Könige 7, 14)
Sehr selten, im Gegensatz zu anderen
Handwerken, ist die Tätigkeit der
Metallgießer dargestellt worden. Auf
diesen Grabbildern aus Ägypten
können wir Metallarbeiter beim
Schmelzen und Gießen studieren. Mit
Feuerzangen halten zwei Männer
(ganz oben) einen Schmelztiegel, in
dem sich das flüssige Metall befindet.
Darunter sieht man einen kleinen
Ofen aus Lehm. Um die
Holzkohlenglut richtig zu entfachen,
sind zwei Gesellen dabei, Blasebälge
unter ihren Füßen abwechselnd
niederzutreten. Mit der Schnur wird
der plattgetretene Balg wieder
hochgezogen, damit er sich erneut mit
Luft füllt. Wie man auch den
schwierigen Guß sehr großer Stücke
zu meistern verstand, läßt uns das
Wandbild vom Gießen einer
Bronzetür miterleben (links).
Während oben bereits zwei mit
Zapfen versehene Türen fertig sind,
beginnt unten durch die
Einflußtrichter einer mächtigen Form
ein weiterer Guß. Diese Kunst muß
auch der von König Hiram geschickte
Gießmeister beherrscht haben, der das
«eiserne Meer» und die Schäfte der
Tempelsäulen schuf: «In der Gegend
am Jordan ließ sie der König gießen in
dicker Erde, zwischen Sukkoth und
Zarthan» (1. Könige 7, 46).

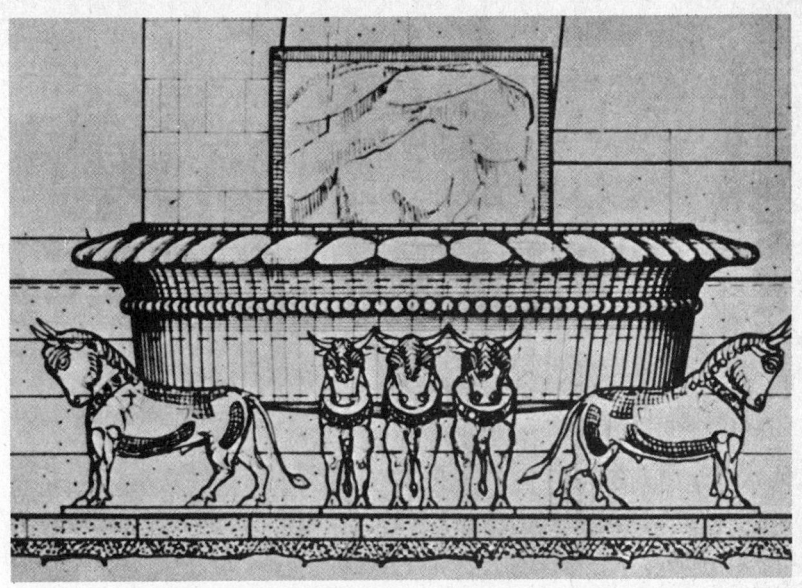

«*Und er machte ein Meer, gegossen, von einem Rand zum anderen zehn Ellen*
weit, rundumher, und fünf Ellen hoch . . . Und es stand auf zwölf Rindern . . .»
(1. Könige 7, 23.25)

Das «eherne Meer», ein großer bronzener Wasserbehälter – hier in einer
Rekonstruktion –, stand dicht beim Brandopferaltar im Vorhof des Tempels. Es
ruhte auf dem Rücken von zwölf Stieren, die, in Dreiergruppen angeordnet, wie
es das 1. Buch der Könige 7, 25 beschreibt, in jede der vier Himmelsrichtungen
blickten. Sein Rand war «wie eines Bechers Rand, wie eine aufgegangene Lilie»
gestaltet (1. Könige 7, 26). Mit einem Durchmesser von ungefähr vier Meter
fünfzig und einer Höhe von ungefähr zwei Meter fünfundzwanzig muß das
mächtige Becken nach unseren Berechnungen zwischen fünfundzwanzig und
dreißig Tonnen gewogen haben. Diese Unmenge an kostbarer Bronze hat
sicherlich dazu beigetragen, sein Schicksal zu besiegeln: Im Jahre 734 v. Chr.
nahm König Ahas die Ochsen unter dem «Meer» heraus, um damit seinen Tribut
an den assyrischen König zu zahlen. «Und das Meer tat er von den ehernen
Ochsen, die darunter waren, und setzte es auf ein steinernes Pflaster» (2. Könige
16, 17). «Das eherne Meer» selbst «zerbrachen die Chaldäer und führten das Erz
gen Babel» (2. Könige 25, 13) – das geschah im Jahre 587 v. Chr. nach der
Einnahme von Jerusalem durch Nebukadnezar.

«Und er machte zehn eherne Kessel . . .» (1. Könige 7, 38)
Ein fahrbarer Kessel, der einer Grabbeigabe auf Zypern entstammt, gibt uns eine
Vorstellung davon, wie die «Gestühle» im Salomonischen Tempel ausgesehen
haben mögen: Auf vier sechsspeichigen, durch zwei Achsen verbundenen
Rädern – «und es waren Räder wie Wagenräder» (1. Könige 7, 33) – ruht ein
quadratischer Kasten mit langen Füßen und Seitenstützen. Auf dem Kasten, in
dessen Feldern geflügelte Sphinxen stehen – «Cherubim, Löwen und
Palmenbäume» waren es laut Vers 36 –, erhebt sich ein kreisrunder Zylinder.
Die fahrbaren Kessel der Bibel standen im Vorhof und dienten zum Waschen der
Opferfleischstücke – «daß sie darin abspülten, was zum Brandopfer gehört»
(2. Chronik 4, 6). Der Gedanke, die Kessel fahrbar zu machen, mußte sich
aufdrängen, weil die schweren, aus Erz gefertigten Geräte nur mit Mühe bewegt
werden konnten.

*«Denn der Herr, dein Gott, führt dich in ein gutes Land . . . ein Land, des Steine
Eisen sind, da du Erz aus den Bergen hauest.»* (5. Mose 8, 7–9)

Das war König Salomos Kupferbergwerk: an der Südgrenze Palästinas zwischen
dem Toten und dem Roten Meer kamen Gelehrte unserer Zeit einer
ausgedehnten Metallindustrie auf die Spur, die Salomo dort ins Leben gerufen
hatte. In einem öden Tal, das den Namen Wadi Timna trägt, ragt dieser bizarr
gestaltete Felsen auf, der die große, überraschende Entdeckung brachte: Die
Löcher in der Steilwand sind die Zugänge zu drei übereinanderliegenden Stollen
in der größten salomonischen Kupfergrube! Hier wurde einst das Erz gebrochen,
in regelrechtem Bergwerksbetrieb, wie Hiob es beschreibt: «Man bricht einen
Schacht . . . man zerwühlt unten die Erde . . . man wehrt dem Strom des
Wassers und bringt, das drinnen verborgen ist, ans Licht» (Hiob 28, 4–11).

VII   Unter dem Joch Assurs

«Darum ließ der Herr über sie kommen die Fürsten
des Heeres des Königs von Assyrien.» (2. Chronik 33, 11)

Reichsteilung und Untergang

(1. Könige 12 – 2. Könige 17)
(2. Chronik 10–28)

«Also fiel Israel ab vom Hause David
bis auf diesen Tag . . . Und folgte
niemand dem Hause David als der Stamm
Juda allein.» (1. Könige 12, 19.20)

Kaum hat der große König Salomo seine Augen für immer geschlossen (926 v. Chr.), da bricht der Bruderzwist aus. Rehabeam, sein Sohn und rechtmäßiger Thronerbe, vermag nicht, die Herrschaft über das ganze Reich anzutreten. Schon über die Wahl kommt es zum Streit. Die zehn nördlichen Stämme fallen ab und wählen Jerobeam zum König, einen aus Ägypten zurückgekehrten Emigranten einfachen Herkommens. Von nun an ist das Land geteilt – in den Staat Israel im Norden, dessen Hauptstadt Samaria wird, und in den Staat Juda im Süden mit Jerusalem. Eine bittere Zeit voll schwerer Prüfungen und harter Rückschläge hebt an, die langsam, aber unaufhaltsam dem Untergang entgegenführen soll: etwa 2000 Jahre nach der Teilung wird das Nordreich Israel für immer ausgelöscht sein.

Ein Bruderkrieg zwischen Nord- und Südreich, von dem die jüngst freigelegte starke Grenzfeste Mizpa noch heute Zeugnis ablegt, ist die erste Folge der Reichsteilung. Um das Unglück voll zu machen, fällt obendrein gegen das Jahr 922 v. Chr. Pharao Scheschonk I., der Sisak der Bibel, mit Truppenmacht ein. Er plündert vor allem Juda und Jerusalem, aber auch das Nordreich Israel bleibt nicht verschont.

In den Wirren der Zeit werden durch Meuchelmord im Nordreich Israel nach Jerobeam I. vier Könige beseitigt. Dann wird um 882 v. Chr. ein Feldhauptmann namens Omri zum Begründer einer neuen Dynastie. Unter ihm setzen die lang andauernden Kämpfe mit den gefährlichen Nachbarn im Norden, mit den syrischen Königen von Damaskus, ein. Unter Omris Sohn, dem König Ahab, erfolgt schon der erste Zusammenprall mit der Großmacht, die schließlich das Schicksal des Landes besiegeln wird: mit Assur. Im Jahre 853 v. Chr. kommt es bei Karkar am Orontes zur Schlacht mit den Truppen Salmanassars III. von Assyrien.

Die Bedeutung der Omri-Dynastie, die wiederholt auch in assyrischen Texten erwähnt wird, konnte durch Ausgrabungen in Samaria, der nördlichen Hauptstadt, bestätigt werden. Im Innern hat die Vermählung Ahabs mit der Königstochter aus Sidon einen schlimmen Glaubensverfall zur Folge: Isebel führt die Baalskulte wieder ein. Unter dem Einfluß der Propheten Elia und Elisa vollzieht ein Armeeführer, Jehu, eines Tages das Gericht: Er vernichtet die Baalsbilder und ihre Priester und rottet die ganze Familie des Ahab aus.

In der ersten Hälfte des achten Jahrhunderts v. Chr. erlebt sowohl das Nordreich unter Jerobeam II. (787–747 v. Chr.) als auch das Südreich unter dem aussätzigen König Usia (785–747 v. Chr.) einen großen wirtschaftlichen Aufschwung. Aber mit dem Wohlstand steigert sich auch der sittliche Verfall. Vergeblich erheben die Propheten Amos und Hosea warnend ihre Stimmen und geißeln den üppigen Luxus und die soziale Ungerechtigkeit der Reichen. Amos war überzeugt davon, daß das Volk im Norden wegen seiner moralischen und religiösen Verkommenheit nicht ungestraft bleiben würde. Der Ablauf der Ereignisse gab ihm recht: Mehr als 100 Jahre früher als über Juda bricht das Schicksal über das Reich Israel herein. Unter Assyrerkönig Tiglatpileser III. (745–727 v. Chr.) – dem Phul der Bibel –, der Palästina im Jahre 733 v. Chr. überfällt und dem Reich Israel Galiläa und das Ostjordanland entreißt, erfolgt die erste Wegführung in die assyrische Gefangenschaft. Ein Jahrzehnt danach stellt Israels letzter König Hosea die Tributleistungen ein, und die Assyrer greifen Samaria an. Als die Stadt im Jahre 721 v. Chr. fällt, verschleppt der Eroberer Sargon II. ein gut Teil der übriggebliebenen Bewohner des Nordreiches, vornehmlich die oberen Schichten, und verstreut sie in die verschiedenen Teile seines Reiches. In Israel werden dafür fremde Kolonisten angesiedelt. Das Schicksal der zehn Stämme des Nordreiches Israel ist besiegelt.

*«Aber im fünften Jahr des Königs Rehabeam zog Sisak, der König
in Ägypten, herauf wider Jerusalem . . .»* (1. Könige 14, 25)
An der Südmauer des großen Tempels zu Karnak hat Pharao
Scheschonk I., den die Bibel Sisak nennt, in einem steinernen
Siegesrelief den im 1. Buch der Könige erwähnten Raubzug nach
Kanaan verewigen lassen. In neun Reihen führen Gott Amon, das
Sichelschwert in der Hand, und unter ihm seine Gemahlin, die
Göttin von Theben dem Pharao an Leinen die eroberten Städte zu.

«Und er (Sisak) gewann die festen Städte, die in Juda waren . . .» (2. Chronik 12, 4)

Als Gefangene mit Stricken aneinandergefesselt hat Sisak jede einzelne der 138 von ihm überfallenen Orte und Städte einmeißeln lassen. Die hier im Auszug gezeigten Besiegten stellen nach den im Schild stehenden Hieroglyphen-Inschriften vier israelitische Orte dar: Rehob, Beth-Sean, Sunem und Thaanach.

«Und es war Streit zwischen Asa und Baesa, dem König Israels, ihr Leben lang . . . König Asa aber bot auf das ganze Juda . . . und baute . . . Mizpa.» (1. Könige 15, 16.22)

Rekonstruktion der gewaltigen Grenzfeste Mizpa zwischen dem Süd- und dem Nordreich, deren Überreste wieder ausgegraben wurden und die den unerbittlichen Bruderkrieg zwischen Juda und Israel versinnbildlicht.

«Da ward Omri König . . . über Israel . . . Er kaufte den Berg
Samaria von Semer um zwei Zentner Silber und baute auf den
Berg und hieß die Stadt . . . Samaria.» (1. Könige 16, 22.23.24)
Auf diesem strategisch glänzend ausgewählten Hügel, der sich
etwa 12 Kilometer nördlich von Sichem an zwei wichtigen
Durchzugstraßen 150 Meter hoch «über einem fetten Tal» erhebt
(Jesaja 28, 4), entstand die neue Hauptstadt des Nordreiches Israel.
Samaria wurde sehr bald zu einer sehr starken Festung ausgebaut:
Nachdem König Omri um 880 v. Chr. eine erste
Umfassungsmauer errichten ließ, umzog sein Sohn, König Ahab,
später die ganze Kuppe mit einer starken Kasemattenmauer. Trotz
aller Befestigungsanlagen sollte die Stadt jedoch ihrem Schicksal,
das die Propheten vorausgesagt hatten, nicht entgehen. Im Jahre
721 v. Chr. fiel Samaria in die Hände der Assyrer und wurde
zerstört. Ihre Einwohner wanderten in die Gefangenschaft. «Weh
denen, die sich auf den Berg Samaria verlassen . . . ich will auch die
Stadt übergeben mit allem, was darin ist . . . und Israel wird aus
seinem Lande gefangen weggeführt werden» (Amos 6, 1.8; 7, 11).

Reste des wieder ausgegrabenen
Mauerwerkes, an dessen
Ausführung phönizische
Bauarbeiter mitgewirkt haben
müssen, lassen erkennen, welche
starken, wohlgefügten
Befestigungsanlagen hier einst
von Omri geschaffen wurden. Sie
trugen dazu bei, daß die Assyrer
fast 160 Jahre später die Stadt erst
nach dreijähriger Belagerung zu
erobern vermochten.

«*Darum siehe, ich will über Euch vom Hause Israel ein Volk erwecken . . . das soll euch ängsten . . .*» (Amos 6, 14)

Mit den Kriegszügen der Assyrer gen Westen unter ihrem König Salmanassar III. (859–824 v. Chr.) – dessen gebieterische Gestalt wir hier sehen – beginnt das Unheil für Israel und Juda heraufzuziehen. «Von Ninive brach ich auf, überschritt den Tigris . . .» fängt der Bericht dieses Herrschers über seinen ersten Feldzug gegen Damaskus an. In den Kämpfen, die im Jahre 853 v. Chr. zur Schlacht bei Karkar führten, stieß König Ahab von Israel, der an der syrischen Koalition gegen Assur beteiligt war, zum erstenmal mit assyrischen Truppen zusammen.

Mitten hinein in ein blutiges
Kampfgeschehen, wie es wenig später
auch über Israel hereinbrechen sollte,
führt uns dieses Relief, das einst die
Bronzetüren im Palast von Salmanassar III.
schmückte: Assyrische Bogenschützen
greifen eine mit doppelter Mauer und
Türmen geschützte syrische Stadt an.
Unter dem Schutz ihres Pfeilregens
beginnt (rechts) über Leitern die
Erstürmung der Zinnen. Zur
Abschreckung für die Belagerten haben
die Assyrer außen (unten) eine Reihe
Gepfählter zur Schau gestellt.

«*Was mehr von Ahab zu sagen ist . . .
und alle Städte, die er gebaut hat . . .*»
(1. Könige 22, 39)
Zu den imponierenden Bauten des Königs
Ahab gehörte diese mit einer großen
Pfeilerhalle versehene starke Zitadelle.
Sie wurde zu Hazor in Obergaliläa
ausgegraben.

«... und das elfenbeinerne Haus, das er baute ...»
(1. Könige 22, 39)
In unmittelbarer Nähe der Ruinen eines Palastes aus der
Zeit König Ahabs – oben – sollte es bei Ausgrabungen in
Samaria zu einem überraschenden Fund kommen: Man
stieß auf die Fragmente köstlicher
Elfenbeinschnitzereien, wie sie einst als Schmuck für
Möbel, aber auch zur Verzierung von Innenräumen
benutzt worden waren. Einige dieser Stücke, zu denen
die schöne Leiste mit Palmen-Motiven – links – gehört,
stammen einwandfrei aus der Zeit der Dynastie Omris.
Damit wurden, so vermuten die Gelehrten, die echten
Zeugen des von der Bibel ausdrücklich
erwähnten«elfenbeinernen Hauses», das Ahab erbaute,
entdeckt.

«. . . und nahm dazu Isebel, die Tochter Ethbaals, des Königs zu Sidon, zum Weibe . . .» erfahren wir über König Ahab im 1. Buch der Könige 16, 31. Ein bemaltes Schnitzwerk hat uns das Aussehen einer Phönizierin jener Tage getreulich bewahrt. Ihre Lippen sind rot gefärbt. Auch Isebel «schminkte . . . ihr Angesicht» (2. Könige 9, 30).

«. . . und richtete Baal einen Altar auf im Hause Baals, das er ihm
baute zu Samaria . . .» (1. Könige 16, 32)
In Phönizien, der Heimat Königin Isebels, wurde diese Stele eines
Baal entdeckt. Er hält eine Lanze mit Blitz in seiner Linken und
trägt eine gehörnte Spitzkappe.

«Und da Jehu gen Jesreel kam und Isebel das erfuhr, schminkte sie ihr Angesicht und schmückte ihr Haupt und guckte zum Fenster hinaus . . . Und er hob sein Angesicht auf zum Fenster und sprach: . . . Stürzet sie herab!» (2. Könige 9, 30.32.33)

Beide Szenen werden durch Fundstücke einzigartig illustriert. Eine kleine Zeichnung aus Ägypten zeigt, wie sich eine Frau damals schminkte: Mit einem Pinsel wird gerade das Lippenrot aufgetragen.

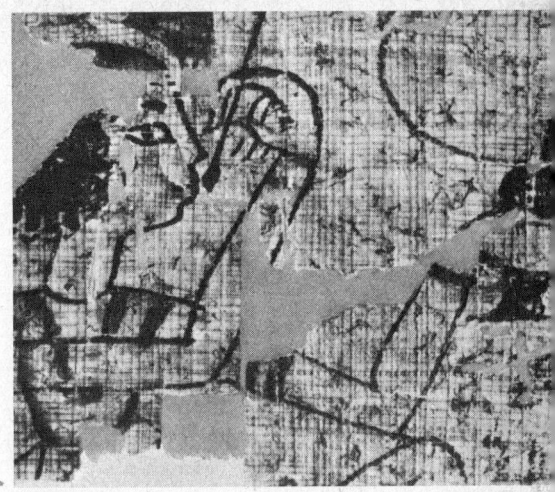

Gegen die Putzsucht der Frauen, die es wie Isebel taten, wetterte später Jesaja: «Darum, daß die Töchter Zions stolz sind und gehen . . . mit geschminkten Angesichtern . . .» (Jesaja 3, 16). Auf einer zu Nimrud wiederentdeckten Elfenbeintafel ist ein niedriges Fenster abgebildet, das sich über einem Balkon, der von Säulen gestützt wird, befindet. Es dient als Umrahmung für den Kopf einer Dame. Ihre Haartracht ist ägyptisch, weshalb man bei dem Fundstück an eine von ägyptischer Kunst beeinflußte phönizische Arbeit denkt, die eines Tages Assyrer erbeutet und mit nach Nimrud genommen haben.

«*Mesa aber, der Moabiter König, hatte viele Schafe und zinste dem König Israels Wolle von 100 000 Lämmern und von 100 000 Widdern.*» (2. Könige 3, 4) «Ich bin Mesa . . . König von Moab . . .» so meldet sich auf dieser Basalt-Stele der biblische König persönlich zu Wort, von dem es im 2. Buch der Könige 3, 5 weiter heißt: «Da aber Ahab tot war, fiel der Moabiter König ab vom König Israels.» Auf dem 1868 im Ostjordanland zufällig wiederentdeckten schwarzen Gedenkstein steht der Bericht vom Feldzug des Königs Mesa von Moab gegen Israel und Juda eingemeißelt, von dem im 2. Buch der Könige als Folge der Tributverweigerung die Rede ist. Um mehr Geld beim Verkauf zu erlösen, sprengten geschäftstüchtige Nomaden das wertvolle Dokument, nachdem es mühsam dem Sand entrissen war, in Stücke (Risse).

«Wie dürft ihr sagen: Wir sind die Helden und die rechten Kriegsleute? So doch Moab muß verstört und ihre Städte erstiegen werden, und ihre beste Mannschaft zur Schlachtbank herabgehen muß . . .» lautet Jeremias Weissagung (48, 14.15) wider Moab wegen seines Hochmuts. Relief eines Kriegers aus Moab, mit dem Israel wiederholt Kriege geführt hat.

«Da eilten sie . . . und
sprachen: Jehu ist König
geworden!» (2. Könige 9,
13)
Von Jehu, der 845 v. Chr.
als Armeeführer zum
König gewählt wurde, blieb
dieses einzigartige Porträt
in einem assyrischen Relief
erhalten. Vergrößerung aus
dem berühmten Schwarzen
Obelisken Salmanassars III.
aus Nimrud (s. S. 203).

«So nehmet die Häupter
von den Männern, eures
Herrn Söhne, und bringet
sie zu mir . . .» befahl der
neuerwählte König Jehu,
um das den Baalskulten
verfallene Haus Ahabs
auszurotten (2. Könige 10,
6–8). Also «nahmen sie des
Königs (Ahab) Söhne und
schlachteten die 70 Mann
und legten ihre Häupter in
Körbe und schickten sie zu
ihm gen Jesreel». Das
Abzählen der Köpfe
erschlagener Feinde auf
einem assyrischen Relief
illustriert drastisch den
grausamen biblischen
Bericht.

«*Und des Herrn Zorn ergrimmte über Israel, und er gab sie unter die Hand Hasaels, des Königs von Syrien, und Benhadads, des Sohnes Hasaels, die ganze Zeit.*» (2. Könige 13, 3)

Bekleidet mit einem kostbaren, fransengeschmückten Wickelrock, die Hände übereinandergelegt, schaut uns aus bärtigem Gesicht der biblische König Hasael von Damaskus an. Das Porträt des großen Zeitgenossen und erbitterten Gegners von König Jehu kam mit dieser herrlichen Schnitzerei aus Elfenbein bei Arslan Tasch in Syrien wieder ans Tageslicht.

«Unseren Herrn Hasael im Jahre des . . .» lautet die Inschrift auf diesem wiederaufgefundenen Elfenbeinplättchen. Als sie niedergeschrieben wurde, muß sich zugetragen haben, wovon das 2. Buch der Könige 10, 32 berichtet: «Zur selben Zeit fing der Herr an Israel zu mindern; denn Hasael schlug sie in allen Grenzen . . .»

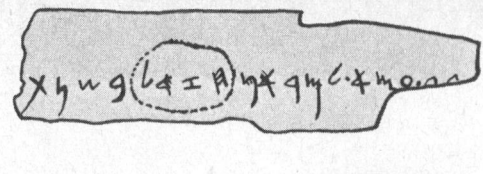

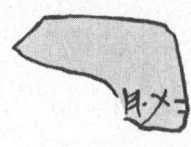

«Hasael ging ihm entgegen und nahm Geschenke mit sich und allerlei Güter zu Damaskus, eine Last für vierzig Kamele.» (2. Könige 8, 9)
«In den Mauern von Damaskus» (Jeremia 49, 27) stand auch der Palast König Hasaels, dessen Räume einst diese wiederausgegrabenen kunstvollen Elfenbeinschnitzereien zierten.

Aus dem Tell Nimrud am Tigris grub der Engländer Henry Layard, einer der ersten und bedeutendsten Assyriologen des 19. Jahrhunderts, 1845 diesen inzwischen weltberühmt gewordenen schwarzen Basalt-Obelisken. Das zwei Meter hohe Siegesdenkmal, das die Feldzüge des 859–824 v. Chr. regierenden Assyrer-Königs Salmanassar III. verherrlicht, enthält in darstellendem Relief – in der zweiten Reihe von oben – und Keilschrifttext hochinteressante Aussagen zur biblischen Überlieferung aus jener Zeit: König Jehu von Israel war dem Assyrer tributpflichtig.

Wie König Jehu an
Salmanassar III. Tribut
lieferte, zeigt die zweite
Reihe des schwarzen
Obelisken in ihrer
Bildfolge: Der König von
Israel liegt im Staub vor
dem Assyrerkönig, der aus
einer Schale der Gottheit
spendet. Hinter
Salmanassar III. stehen
zwei Offiziere, der eine hält
einen Sonnenschirm,
während der andere eine
Keule trägt. Dem Herrscher
gegenüber haben zwei
Kammerherren
Aufstellung genommen,
einer betätigt Wedel und
Räucherlampe, der andere
hingegen, einen Zepterstab
unter dem Arm, hat seine
Hände ehrfurchtsvoll
ineinandergelegt. Ihnen
folgen ein bärtiger Offizier
und ein Diener, die den Zug
von dreizehn mit
kostbarsten Gaben
beladenen Israeliten dem
Assyrerkönig zuführen.
Alle Israeliten sind bärtig,
ihre Häupter mit
Zipfelmütze und Stirnband
bedeckt. Ein langes Hemd
mit Fransen am unteren
Saum und mit einem
Gürtel, ein langer Mantel
mit dem über die Schulter
geschlagenen Ende, das
ebenfalls Fransen zieren,
und die Schnabelschuhe
bilden ihre Tracht.

«*Joas aber nahm wieder die Städte aus der Hand Benhadads, des
Sohnes Hasaels . . .*» (2. Könige 13, 25)
Nur eine Kuh mit Kälbchen, in Elfenbein geschnitzt, erinnern
heute noch an den im 2. Buch der Könige erwähnten Benhadad III.
von Damaskus, unter dessen Regentschaft der Niedergang Syriens
einsetzte, das Israel lange Jahre so schwer bedrückt hatte. Die
Elfenbeinplakette gehörte zu einem Tribut, den der Damaszener
König an Assyrien entrichten mußte.

«Und schlaft auf elfenbeinernen Lagern und pranget auf euren Ruhebetten . . .»
(Amos 6, 4)
Mit Cheruben und fremden religiösen Darstellungen verzierte Elfenbeinplatten,
oft mit Gold und edlen Steinen ausgelegt, die zu Hunderten in Megiddo und in
Samaria wieder zutage kamen, legten Zeugnis ab vom üppigen Leben und dem
Luxus der Vornehmen Israels in der ersten Häfte des 8. Jahrhunderts v. Chr.,
gegen die der Prophet Amos vergeblich seine Stimme erhob.

Da «ward Jerobeam, der Sohn des Joas, König über Israel zu
Samaria einundvierzig Jahre . . .» (2. Könige 14, 23)
Aus der Zeit Jerobeams II., der von 787–747 v. Chr. regierte,
stammt dieses schöne 1904 in Megiddo gefundene Siegel. Über
dem brüllenden Löwen steht: «Dem Schema» und darunter:
«Diener des Jerobeam.»

«*Der Herr plagte aber den König*», heißt es im 2. Buch der Könige 15,5 von Usia aus Juda, «daß er aussätzig war bis an seinen Tod und wohnte in einem besonderen Hause.» Vier Kilometer von Jerusalem entfernt wurden jüngst erst in Ramat Rahel die Überreste der Residenz des leprakranken biblischen Königs Usia freigelegt, von der wir hier einen Teil des Mauerwerks sehen.

«Und Asarja entschlief mit seinen Vätern; und man begrub ihn bei seinen Vätern in der Stadt Davids. Und sein Sohn Jotham ward König an seiner Statt.» (2. Könige 15, 7)
Von dem 747 v. Chr. dahingeschiedenen König Usia, der im 2. Buch der Könige den Namen Asarja trägt, blieb eine schlichte beschriftete Grabtafel und von seinem Sohn Jotham ein verwittertes Siegel erhalten.

«Zu den Zeiten Pekahs, des Königs Israels, kam Thiglath-Pileser, der König von Assyrien . . .» (2. Könige 15, 29)
Grimmig und voll unbändigen Willens, so hat ein assyrischer Künstler Tiglatpileser III. auf einem Relief, das in der einstigen Hauptstadt Nimrud wieder zutage kam, porträtiert. Mit diesem gewaltigen Herrscher, der zum eigentlichen Begründer des assyrischen Weltreiches wurde, begann, als er 745 v. Chr. den Thron bestieg, der erste Akt des Untergangs im Nordreich Israel.

«*Die Zeit der Heimsuchung ist gekommen, die Zeit der
Vergeltung; des wird Israel innewerden.*» (Hosea 9, 7)
Unter den Heeresverbänden Tiglatpilesers III., die nach Syrien
vordrangen, befand sich neben der Infanterie und der
Streitwagentruppe auch eine Waffengattung, die von den
Assyrern zum erstenmal in der Geschichte in größerem Umfang
verwendet wurde: die Reiterei. Unser Relief zeigt berittene
Assyrer im Kampfgemenge mit syrischen Rebellen. Hinter den
Reitern fliegt ein Aasgeier, der die Eingeweide eines Gefallenen
erbeutet hat.

«Uschna, Diener des Ahas», steht auf diesem Karneol-Siegel in Form eines Skarabäen geschnitten, mit dem uns ein außergewöhnliches zeitgenössisches Dokument erhalten blieb. Es gehörte einem Beamten des Königs Ahas von Juda, der die Assyrer ins Land rief; denn «dazumal zogen Rezin, der König von Syrien, und Pekah . . . König in Israel, hinauf gen Jerusalem, zu streiten, und belagerten Ahas . . .» (2. Könige 16, 5.7).

«*Er wird mit Sturmböcken deine Mauern zerstoßen und deine Türme mit seinen Werkzeugen umreißen.*» (Hesekiel 26, 9)

Packend – bis ins Detail genau – lassen uns die uralten Reliefbilder das blutige Kampfgeschehen jener Tage miterleben, da die Assyrer erobernd und plündernd über das Nordreich Israel herfielen. Hinter einem übermannshohen Schild kämpfen ein Offizier in einem langen Rock und ein Soldat. Vor ihnen wird ein mächtiger Sturmbock auf Rädern über einen für den Angriff aufgebauten Erddamm gegen die Mauern gefahren, in die er bereits eine Bresche gerammt hat. Im Hintergrund sind drei Männer gepfählt worden. Links erstürmen Soldaten die Festung über Sturmleitern.

213

«. . . kam Thiglath-Pileser, der König von Assyrien, und . . . nahm Hazor . . .»
(2. Könige 15, 29)
Das Ausmaß der Zerstörung, die die Truppen Tiglatpilesers III. bei der Einnahme
der israelitischen Stadt im Jahre 732 v. Chr. anrichteten, lassen eindringlich
noch heute die wieder freigelegten Ruinen Hazors erkennen. Im Vordergrund
die Überreste der Stadtmauer und Toranlage aus der Zeit König Salomos;
darüber ragt inmitten von Gebäuden des achten vorchristlichen Jahrhunderts die
von König Ahab erbaute Säulenhalle auf.

«. . . und führte sie weg nach Assyrien.» (2. Könige 15, 29)
Während zwei Schreiber vor einer von Tiglatpileser III. eroberten Stadt die
Beute notieren, werden schon Viehherden abgetrieben. Unten setzt sich der Zug
mit Ochsenkarren in Bewegung, auf denen Frauen und Kinder hocken. Der
lange, bittere Weg in eine ferne, ungewisse Verbannung hat begonnen. «. . . die
Gesamtheit seiner Leute, ihren Besitz führte ich weg nach Assyrien», bestätigt
Tiglatpileser in der Chronik über seine «Feldzüge nach dem Westen und gegen
Gaza und Damaskus» (733–732 v. Chr.) die biblische Aussage.

«*Und im neunten Jahr
Hoseas gewann der König
von Assyrien Samaria . . .*»
(2. Könige 17, 6)
Das war Sargon II., der
Eroberer der Hauptstadt des
Nordreiches Israel, dessen
Porträt uns mit diesem
Kalksteinrelief über mehr
als zweieinhalb
Jahrtausende erhalten
blieb.

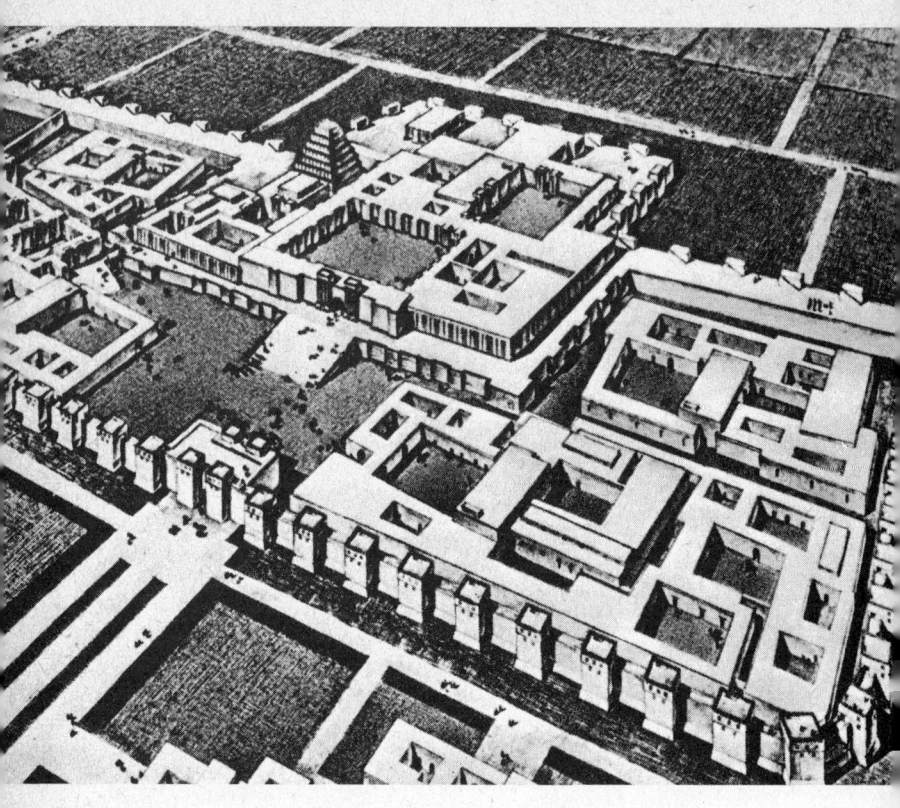

Dur-Scharrukin – «Sargonsburg» – stand in Keilschrift auf Tafeln,
die Emile Bottà, der große französische Ausgräber, im Jahre 1842
nördlich von Ninive bei Khorsabad fand. Sie lagen inmitten des
verfallenen Mauerwerks einer einst gigantischen Residenzanlage.
Ihr Erbauer war der in Jesaja 20, 1 genannte «Sargon, der König
von Assyrien». Die Vorderfront der Stadtmauer mit ihren 20
Türmen – die Toranlage nicht eingerechnet – war allein 630 Meter
lang. Der weiter im Hintergrund sichtbare Palast, mit Stufentürm,
lag auf einer vierzehn Meter hohen künstlichen Plattform.
(Rekonstruktion)

«. . . der König von Assyrien zog über das ganze Land und gen Samaria und belagerte es drei Jahre. Und im neunten Jahr Hoseas gewann der König von Assyrien Samaria und führte Israel weg nach Assyrien . . .»
(2. Könige 17, 5.6)
«Ich belagerte und eroberte Samaria, führte 27 290 Bewohner als Beute fort», lautet wie eine Bestätigung der Bibel-Aussage der assyrische Text im Siegesbericht Sargons II. über seinen Feldzug nach Israel, der im Original erhalten blieb.

« Also ward Israel aus seinem Lande weggeführt nach Assyrien bis auf diesen Tag.» (2. Könige 17, 23)
Gefangene werden mit ihren Schafen und der Habe, die sie in einem Packen auf dem Rücken tragen, von assyrischen Kriegern aus Astarot, einer Stadt östlich vom See Genezareth, fortgetrieben.

« Weh den Stolzen . . . die sich auf den Berg Samarias verlassen . . .» (Amos 6, 1)
Der Assyrer «belagerte es drei Jahre» (2. Könige 17, 5), dann war der letzte Widerstand gebrochen: Samaria fiel im Jahre 721 v. Chr. Noch während die letzten Kampfhandlungen im Gange sind, beginnt auf diesem Relief aus Ninive, das die Einnahme einer Stadt durch die Assyrer veranschaulicht, vor den Stadtmauern der Abtransport der Einwohner in die Gefangenschaft, so wie es auch in Samaria geschah.

VIII Der Weg nach Babylon

«Siehe, es kommt die Zeit, daß alles wird gen Babel weggeführt werden aus deinem Hause.» (2. Könige 20, 17)

Judas letzte Tage

(2. Könige 18–25)
(2. Chronik 29–36)

«Ich will Juda auch von meinem Angesicht tun,
wie ich Israel weggetan habe, und will diese Stadt
verwerfen, die ich erwählt hatte, Jerusalem,
und das Haus, von dem ich gesagt habe: Mein
Name soll daselbst sein.» (2. Könige 23, 27)

Seit dem Fall des Nordreiches war auch Juda ein Tributstaat des mächtigen Assyrien geworden. Das Schicksal Israels noch vor Augen, glaubte zwanzig Jahre nach dem Ende Samarias König Hiskia von Juda trotzdem, die unerträglich schweren Tributforderungen der assyrischen Könige abschütteln zu können. Nachdem er sich zuvor insgeheim mit Babylon – von wo ihn eine Gesandtschaft König Merodachbaladans aufsuchte – und mit Ägypten verbündet hatte, lehnte sich der judäische König gegen die Unterdrücker auf. Wohl voraussehend, daß Jerusalem belagert werden würde, beauftragte er seine Techniker, den Siloahtunnel zu bauen, um die Versorgung der Stadt mit Trinkwasser zu sichern. Im Jahre 701 v. Chr. drang die assyrische Heermacht unter König Sanherib (705–681 v. Chr.) in Palästina ein. Sechsundvierzig Städte wurden erstürmt, Lachis unter ihnen, eine der größten Städte Palästinas zu jener Zeit. Jerusalem entging diesem Schicksal und kam mit einer Tributzahlung davon.

Das vollkommen in assyrische Abhängigkeit geratene Juda regierte in der ersten Hälfte des siebten Jahrhunderts v. Chr. Hiskias Sohn und Nachfolger, König Manasse (696–642 v. Chr.). Seine Ergebenheit gegenüber den Assyrern rettete das Land zwar politisch, zerstörte jedoch beinahe den Glauben. Denn Manasse übernahm den Planeten- und Sternenkult der assyrischen Zwingherren und scheute sich sogar nicht, in den Vorhöfen des Tempels Altäre für heidnische Götter zu errichten. Während seiner Regierung heimsten die Assyrer den größten Triumph ihrer ganzen Geschichte ein: König Assurbanipal (669–626 v. Chr.) eroberte im Jahre 663 v. Chr. Theben, die Hauptstadt Oberägyptens, das No-Amon der Bibel. Fünfzig Jahre, nachdem Assyrien diesen höchsten

Gipfel als Weltmacht erklommen hat, erfolgt indes bereits der Zusammenbruch. Von Medern und Neubabyloniern zugleich angegriffen, fallen seine Hauptstädte: 614 v. Chr. Assur, zwei Jahre darauf auch Ninive.

Die große Hoffnung allerdings, daß mit dem Fall der assyrischen Weltmacht auch für Juda die Freiheitsstunde schlüge, wurde bitter enttäuscht. An die Stelle der drückenden Herrschaft Assurs trat die nicht weniger drückende Babylons, unter dem sehr bald die letzte Stunde des Reiches Juda schlagen sollte.

Trotz des standhaften Verlangens des Propheten Jeremia, Juda der Herrschaft Babylons zu unterstellen, verließ sich der schwächliche König Jojakim auf die nationalistischen Ratschläge der Hofkreise und rebellierte. Er starb indes, bevor aus Babylon die Vergeltung eintraf. Im Jahre 598 v. Chr. erreichten die Truppen König Nebukadnezars Jerusalem und zwangen es zur Übergabe. Jojakims Sohn und Nachfolger, der achtzehnjährige Jojachin, wurde in die Verbannung gebracht. Zusammen mit ihm ging eine große Anzahl der mächtigsten Bürger Judas, unter ihnen der Prophet Hesekiel, nach Babylon ins Exil. Das war das Jahr der ersten Gefangennahme. Elf Jahre später sollte sich das Schicksal des Landes endgültig erfüllen.

Im Jahre 589 v. Chr. verbündete sich Zedekia, ein Onkel des jungen verbannten Königs Jojachin, mit Ägypten und weigerte sich, die Herrschaft Babylons weiter anzuerkennen. Mit Nebukadnezars Heeresmacht nahte kurz darauf das Ende. Im südlichen Juda fiel Stadt auf Stadt und wurde dem Erdboden gleichgemacht. Nach achtzehnmonatigem hoffnungslosem Widerstand wurde im Jahre 587 v. Chr. auch Jerusalem erstürmt und zerstört. Zum zweitenmal gerieten Tausende von Juden nach Babylonien in die Verbannung. Das Königreich Juda hatte aufgehört zu bestehen.

«Im Jahr, da der Tharthan gen Asdod kam, als ihn gesandt hatte, Sargon, der
König von Assyrien, und stritt wider Asdod und gewann es . . .» (Jesaja 20, 1)
Auge in Auge sieht man Sargon, den Besieger von Samaria und Israel, mit dem
Tharthan, seinem Oberbefehlshaber, der ihm in der Audienzhalle Bericht
erstattet. Den Stab in einer Hand, das Schwert in der anderen, verkörpert der
König eine Macht, die keinen Widerstand noch Widerspruch duldet und nur die
Unterwerfung akzeptiert. Niemand wagte es, sich einem solch unbändigen
Willen zu widersetzen.

«Er ist der Hiskia, der die obere Wasserquelle in Gihon zudeckte und leitete sie
hinunter abendwärts von der Stadt Davids; denn Hiskia war glücklich in allen
seinen Werken . . . und was er getan hat . . . und die Wasserleitung, durch die er
Wasser in die Stadt geleitet hat . . . (2. Chronik 33, 30; 2. Könige 20, 20)
Blick in den im Jahre 1880 zufällig wiederentdeckten Wassertunnel, den König
Hiskia, die kommende große Belagerung Jerusalems durch den Assyrerkönig
Sanherib vorausahnend, im Jahre 701 v. Chr. bauen ließ. Der Stollen führt 512
Meter durch die Felsmassen des Stadthügels und leitet das Wasser der Gihon-
Quelle in den Siloah-Teich innerhalb der alten Stadtmauern Jerusalems.

«Zu Ende ist die Durchbohrung», beginnt in althebräischen
Buchstaben die Inschrift auf der Gedenktafel an den berühmten
biblischen Tunnelbau, die König Hiskia einst im Stollen anbringen
ließ. «Und dies war die Geschichte der Durchbohrung: Als noch
die Arbeiter die Hacke erhoben einer zum anderen hin, und als
noch drei Ellen durchbohrt werden mußten, hörte man, wie einer
dem anderen zurief, daß ein Loch im Felsen entstanden sei nach
rechts und nach links. Und am Tage der Durchbohrung schlugen
die Tunnelarbeiter einer dem anderen entgegen. Hacke gegen
Hacke. Da strömten die Wasser aus der Quelle in den Teich an
zwölfhundert Ellen, und hundert Ellen war die Höhe des Felsens
über dem Haupt der Tunnelarbeiter.»

«. . . und werdet das Wasser
des untern Teiches
sammeln . . . und werdet einen
Graben machen zwischen
beiden Mauern vom Wasser
des alten Teichs.» (Jesaja 22,
9.11)
So verläuft der große Siloah-
Tunnel König Hiskias in
Jerusalem. Von der
Gebirgsquelle im Kidron-Tal
östlich von Jerusalem
beschreibt der Stollen im
Felsen einen etwas S-förmigen
Bogen bis zum zehn Meter
tiefer gelegenen Siloah-Teich.
Die Bauarbeiten wurden von
beiden Seiten gleichzeitig
begonnen, wie die Inschrift
besagt. Die merkwürdige
Kurvenlinie begründet eine
alte Vermutung damit, daß
man die Stollen nicht direkt
aufeinander habe zutreiben
können, um königliche
Grabstellen nicht zu berühren.

Kidron-Tal

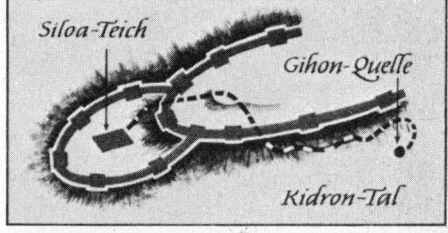

Siloa-Teich

Gihon-Quelle

Kidron-Tal

«Gehe hin zu dem Teich
Siloah . . .» (Johannes 9, 7)
Am Siloah-Teich, den König
Hiskia innerhalb der Mauern
Jerusalems ausheben ließ, um
das lebenswichtige Wasser der
Gihon-Quelle den Bewohnern
der Stadt auch in Zeiten von
Belagerungen zugänglich zu
machen, herrscht heute – wie
in alten Zeiten – geschäftiges
Treiben. Arabische Frauen und
Mädchen benutzen das uralte
Wasserreservoir als
Waschplatz.

«Zu der Zeit sandte Merodach-Baladan, der Sohn Baladans, König zu Babel,
Briefe und Geschenke zu Hiskia; denn er hatte gehört, daß Hiskia krank
gewesen war.» (2. Könige 20, 12)
«Des freute sich Hiskia und zeigte ihnen das Schatzhaus . . . und alle seine
Zeughäuser . . . die er hatte» (Jesaja 39, 2), denn es war ein hochpolitischer
Besuch. Eine geheimnisvolle Figur für alle Bibelleser blieb der Chaldäer
Merodachbaladan (Mardukapaliddin) – der sich vorübergehend zum König von
Babylon machte und sein Leben lang ein erbitterter Erzfeind der Assyrer war –,
bis er mit der Entdeckung dieses Basalt-Reliefs lebendige Gestalt gewann.
Beleibt, in langem gegürtetem und hinten gefälteltem Rock, einen Spitzhelm mit
lang herabfallendem Bande auf dem Haupthaar, sehen wir den heimlichen
großen Bundesgenossen König Hiskias von Juda bei einer feierlichen
Zeremonie: Er belehnt einen Großen seines Landes mit Grundbesitz.

«*Denn Elam fährt daher mit Köcher, Wagen, Leuten und
Reitern . . .*» (Jesaja 22, 6)
Elamiter gehörten zu den berittenen Hilfstruppen, die Sanherib,
der Nachfolger König Sargons II. von Assyrien, mit seiner
Heeresmacht gegen Juda mit heraufführte. Sie durchstreiften in
jenen Tagen das kleine Land «. . . deine Täler werden voll Wagen
sein, und Reiter werden sich lagern vor die Tore . . .» (Jesaja 22, 7).

«. . . kam Sanherib, der König von Assyrien, und zog nach Juda und lagerte sich
vor die festen Städte und gedachte, sie an sich zu reißen.» (2. Chronik 32, 1)
König Sanherib, der erbittertste Gegner Hiskias von Juda, auf dem Thron vor
Lachis, der judäischen Stadt. Ein Schemel steht vor ihm, über die hohe
Rückenlehne hängt ein Teppich herab. Zu einem hohen Kegelhut, der durch zwei
mit Rosetten geschmückte Streifen umwunden ist, trägt der assyrische
Herrscher den lang herabwallenden Feldmantel mit Schulterkragen, der breit
mit Fransen und Borten verziert ist. Die eigentümliche Haltung der Pfeile, deren
Spitzen nach oben weisen, bedeutet: Friede – Gnade! (Ausschnitt aus der
Reliefzeichnung S. 237 im Original)

Als aber «*Sanherib, der König von Assyrien, wider alle festen Städte Judas*» mit seiner Heeresmacht heraufzog, «*da sandte Hiskia, der König Judas, zum König von Assyrien gen Lachis und ließ ihm sagen: Ich habe mich versündigt, kehre um von mir . . .*» (2. Könige 18, 13.14)

Mit voller Wucht zielte der assyrische Vorstoß auf die zweiundvierzig Kilometer südwestlich von Jerusalem am Rande des Judagebirges gelegene mächtige, einst von Josua eroberte (Josua 10, 31–33) kanaanitische Königsstadt Lachis, die Salomos Sohn und Nachfolger Rehabeam noch mals befestigt hatte (2. Chronik 11, 9). Eine doppelte, turmbewehrte Mauerumwallung und eine dreifach gestaffelte Toranlage machten die Festung – wie die nach den aufgefundenen Fundamenten gefertigte Rekonstruktion erkennen läßt – zu einer fast uneinnehmbaren Trutzburg. Dennoch sollte sich über ihr das Gericht erfüllen, das der Prophet Micha angekündigt hatte: «Du Stadt Lachis, spanne Renner an und fahre davon; denn du bist der Tochter Zion der Anfang zur Sünde, und in dir sind gefunden die Übertretungen Israels» (Micha 1, 13).

«Im vierzehnten Jahr aber des Königs Hiskia zog herauf Sanherib, der König von Assyrien, wider alle festen Städte Judas und nahm sie ein.»
(2. Könige 18, 13)
Nach mehr als zweieinhalb Jahrtausenden erleben wir auf dem Relief aus Ninive noch einmal den mit Übermacht und allen Künsten der Militärtechnik geführten Angriff der Streitkräfte Sanheribs auf das biblische Lachis. Auf den Türmen kämpfen, zwischen den Zinnen durch Schilde geschützt, verzweifelt die Verteidiger – «. . . wie der Turm Davids, mit Brustwehr gebaut, daran tausend Schilde hangen und allerlei Waffen der Starken» (Hoheslied 4, 4). Sie schießen Pfeile, werfen Steine mit der Schleuder oder der bloßen Hand und schleudern Brandfackeln hinab. Spitzhelme wie die der Assyrer, oder eng anliegende

Kappen mit Sturmbändern schützen ihren Kopf. Die assyrischen Pioniere haben
eine Reihe von schräg ansteigenden Ziegeldämmen errichtet; auf ihnen werden
die Belagerungsmaschinen den Berg hinauf- und an die Festungsmauer
herangeschoben. Vorn sind die Sturmböcke mit einer langen Rammspitze
ausgerüstet, die dazu diente, Steine aus dem Mauerwerk herauszubrechen. Um
das Zünden der herabfliegenden Brandfackeln zu verhindern, fiel einem Krieger
vorn in der Maschine die Aufgabe zu, hinterrücks aus einer Kelle laufend Wasser
zu schütten. Im Schutz der Rammböcke gehen die Bogenschützen vor. Ihnen
folgen die Lanzenwerfer mit großen Rundschilden. Schon verlassen gefangene
Männer und Frauen die Stadt, vorbei an drei Gepfählten.

«*Der Herr wird ein Volk über dich
schicken von ferne . . . Es . . . wird dich
ängstigen in allen deinen Toren, bis daß
es niederwerfe deine hohen und festen
Mauern, darauf du dich verlässest, in
allem deinem Lande . . .*» (5. Mose 28,
49.52)

Zertrümmerte Steinquader in den
Festungsanlagen der alten Stadt Lachis,
auf die Archäologen bei ihren Grabungen
unverhofft stießen, zeugen bis in unsere
Tage von der Belagerungstechnik der
Sturmtruppen König Sanheribs: Diese
Mauerlöcher wurden einst von
assyrischen Sturmböcken geschlagen
(Hesekiel 26, 9). Rechts: Bild einer
solchen fahrbaren Belagerungsmaschine
(aus Relief S. 213). Aus dem innen mit
Pionieren bemannten Wagenkasten, der
zum Schutz allseitig gepanzert war,
ragten vorn die mit Metallspitzen
versehenen Rammstangen hervor.

«Und da er (Sanherib) hörte von Thirhaka, dem König der Mohren: Siehe, er ist
ausgezogen mit dir zu streiten, sandte er abermals Boten zu Hiskia und ließ ihm
sagen: . . . Laß dich deinen Gott nicht betrügen, auf den du dich verlässest . . .»
(2. Könige 19, 9.10)
«. . . und die Bogenschützen, Wagen und Rosse des Königs zu Äthiopien,
Streitkräfte ohne Zahl, holten sie herbei . . .», so bestätigte Sanherib in seinem
Feldzugsbericht die biblische Aussage. Bronzestatuette Pharao Taharkas, des
biblischen Thirhaka. Sein krauses, kurzes Haar, die starken Backenknochen, wie
auch die aufgeworfenen Lippen, das runde Kinn und der kurze Nacken
kennzeichnen ihn als einen Äthiopier. Auf der enganliegenden Kappe mit zwei
Schildvipern saß die Doppelkrone Ägyptens. Als Taharka sich im Jahre 701
v. Chr. anschickte, König Hiskia Waffenhilfe zu geben, war er allerdings erst
Oberbefehlshaber des ägyptischen Heeres. Seinem Eingreifen blieb der Erfolg
versagt. Er wurde von den Truppen Sanheribs geschlagen und mußte nach
Ägypten umkehren. Im Jahre 689 v. Chr. bestieg Taharka den Pharaonenthron.

«Sanherib, der König der Welt, König von Assyrien, nahm auf seinem Thron Platz und ließ die Beute von Lachis vorbeiziehen», besagt die Inschrift links über dem Herrscher (rechts im Bild). Die Szene spielt in der mit Weinstöcken, Palmen und anderen Bäumen bewachsenen Hügellandschaft von Lachis. Ganz rechts ist, wie der Text darüber wissen läßt, «das Zelt Sanheribs, Königs von Assyrien» aufgeschlagen. Ganz in der Nähe steht der Staatswagen bereit. Vor Sanherib, dem zwei Diener hinter dem Thron mit Wedeln frische Luft zufächeln, steht, von Offizieren umgeben, barhäuptig der Großwesir und erstattet Lagebericht. Zugleich steigen behelmte Krieger mit Schwert und Keule bewaffnet bergan, um zum König zu gelangen. Von links naht der lange Zug der Judäer aus dem besiegten Lachis, die von Kriegern eskortiert den Weg in die Gefangenschaft antreten: Männer, Frauen und Kinder, ihre letzte Habe teils auf dem Rücken,

teils auf Rinderkarren gepackt. Alle gehen barfuß. Die vordersten sind im
Begriff, sich niederzuwerfen. Ihr Vollbart ist kurzgehalten, und die Haupthaare
sind gelockt. Ihre Kleidung bildet ein langer Mantel. Im übrigen sind sie
barhäuptig. Es folgt eine Gruppe mit einem von zwei Buckelrindern gezogenen
zweirädrigen Karren, der mit Kindern besetzt ist. Die Frauen kleidet ein
kurzärmeliges Hemd und ein Mantel, der bis an die Knöchel herabfällt. Die
hinter einem assyrischen Bewacher gehenden Männer haben die Hände flehend
erhoben. Sie tragen einen kurzen Lendenschurz und ein enganliegendes, an der
Seite geknotetes Kopftuch. Von ganz links eilen weitere Krieger herbei und
Streitwagen. In der unteren Reihe folgt links ein beladenes Kamel, in der Mitte
werden zwei nackte Männer von assyrischen Soldaten gepfählt.

«Siehe, es kommt die Zeit, daß alles . . . wird gen Babel gebracht
werden . . .» hatte der Prophet Jesaja schon dem König Hiskia
vorausgesagt (Jesaja 39, 6).
Mit einer Deportation endete auch die Eroberung von Lachis:
«Männer und Weiber, Pferde, Maultiere, Esel, Kamele, Rinder
und Kleinvieh führte ich aus ihm heraus und rechnete dies zur
Beute», vermeldet Sanheribs Feldzugsbericht. Oben: Ausschnitt
aus Reliefzeichnung S. 236 – untere Reihe links – im Original.

«Und Hiskia von Juda, der sich meinem Joche nicht unterworfen hatte, sechsundvierzig seiner festen, ummauerten Städte und die kleinen Städte in ihrer Umgebung ohne Zahl, belagerte ich durch den Sturm über Bohlenbahnen und den Ansturm an Belagerungsmaschinen, durch den Kampf der Fußsoldaten, durch Breschen, Minen und Pionierwerkzeuge, und ich eroberte sie . . . Ihn selbst schloß ich wie einen Käfigvogel in Jerusalem, seiner Residenz, ein. Schanzen warf ich gegen ihn auf, und wer aus seinem Stadttor herauskam, dem vergalt ich seine Untat. Seine Städte, die ich geplündert hatte, trennte ich von seinem Lande ab . . . und verkleinerte sein Land. Zu dem früheren Tribut, ihrer jährlichen Abgabe, fügte ich weitere Abgaben als Geschenk für meine Herrschaft hinzu und legte sie ihm auf . . . Ihn aber, Hiskia, warf die Furcht vor dem Glanze meiner Herrschaft nieder, und die Urbi und seine trefflichsten Soldaten, die er zur Verstärkung seiner Residenz Jerusalem hineingebracht und als Hilfstruppen aufgenommen hatte, verfielen in Schrecken . . .»

Mit diesen Worten hat uns Sanherib eine lebendige und hochinteressante Schilderung der bewegten Ereignisse während seines Feldzuges gegen Palästina im Jahre 701 v. Chr. überliefert. Der Bericht, der die biblische Schilderung anschaulich ergänzt, steht in Keilschrift auf einem sechsseitigen Prisma, dessen Texte die Feldzüge des Assyrerkönigs verherrlichen.

«Da sandte Hiskia, der König Judas, zum König von Assyrien . . . und ließ ihm
sagen: . . . was du mir auferlegst, will ich tragen. Da legte der König von
Assyrien Hiskia, dem König Judas, dreihundert Zentner Silber auf und dreißig
Zentner Gold.» (2. Könige 18, 14)
Der offizielle assyrische Heeresbericht auf dem Prisma Sanheribs nennt – über
die Angaben der Bibel hinaus – noch weitere interessante Einzelheiten des
Tributs, den Hiskia zu entrichten hatte: «Zusammen mit dreißig Talenten
Gold . . . ließ er Sänger und Sängerinnen nach Ninive, meiner Residenzstadt,
hinter mir herbringen . . .» Einen Zug gefangener Musikanten und
Musikantinnen mit Harfen, Doppelflöten, Handtrommeln und Zithern hat der
assyrische Künstler auf diesem Relief aus Ninive dargestellt.

*« Und in derselben Nacht fuhr aus der
Engel des Herrn und schlug im Lager
von Assyrien 185 000 Mann.»*
(2. Könige 19, 35)
Blick in ein assyrisches Feldlager: ein
Offizier in voller Waffenrüstung
betritt gerade ein geräumiges Zelt.
Während einer seiner Burschen ihm
einen Trunk reicht, ist der andere
damit beschäftigt, das Feldbett
herzurichten. In einem benachbarten
Zelt weidet ein Koch ein Stück Wild
für die Mahlzeit aus. Kamele, Schafe
und Ziegen lagern vor den Zelten,
während ein Mann Wasser aus einem
großen faßähnlichen Behälter zu
schöpfen scheint.

*« Und da sie sich des Morgens früh
aufmachten, siehe, da lag's alles eitel
tote Leichname. Also brach Sanherib,
der König von Assyrien, auf und zog
weg und kehrte um und blieb zu
Ninive.»* (2. Könige 19, 35.36)
Diesen erschütternden und im
Hinblick auf den biblischen Bericht im
zweiten Buch der Könige
außerordentlich interessanten Fund
machte im Jahre 1938 der berühmte
englische Ausgräber von Lachis,
James Lesley Starkey: Am Stadtrand
der biblischen Feste legte er ein
unverkennbar in großer Hast mit
nahezu 2000 menschlichen Skeletten
gefülltes Massengrab frei – eine
Entdeckung, die durchaus den Schluß
auf eine unter dem assyrischen Heer
ausgebrochene Epidemie zuläßt – wie
einige Gelehrte heute vermuten.

«*Und da er* (Sanherib) *anbetete im Hause Nisrochs, seines Gottes, erschlugen ihn mit dem Schwert Adrammelech und Sarezer, seine Söhne.*» (2. Könige 19, 37)
Im Jahre 681 v. Chr. wurde König Sanherib ermordet. Diese Männer gehörten zur Palastwache und Leibgarde des großen assyrischen Herrschers. Sie ließen es offensichtlich an Wachsamkeit mangeln.

«*Und sein Sohn Asar-Haddon ward König an seiner Statt*» (2. Könige 19, 37), heißt es knapp und sachlich in der Bibel. Asarhaddon selbst, der Sohn und Thronfolger des ermordeten Sanherib, schildert die turbulenten Tage in Ninive ausführlicher: «Ein ungetreues Trachten bemächtigte sich meiner Brüder . . . sie empörten sich. Um auszuüben die Königsherrschaft, töteten sie Sanherib. Wie ein Löwe wütete ich, es tobte mein Gemüt . . .» Auf dem Denkstein an seine Siege hält der Assyrerkönig Asarhaddon zwei unterworfene Gegner, Usanahuru, den Sohn Taharkas von Ägypten (kniend), und König Abdimilkutti von Sidon, an zwei Stricken, die den beiden Zwergfürsten wie wilden Tieren durch die Lippen gezogen sind. «Weil du denn wider mich tobst . . . will ich dir einen Ring an die Nase legen und ein Gebiß in dein Maul . . .» (Jesaja 37, 29).

«Der große und berühmte Asnaphar» wie – die Bibel diesen
Herrscher nennt (Esra 4, 10)
– das war Assurbanipals Sohn und Nachfolger Asarhaddons, der
von 669–626 v. Chr. regierte. Mit ihm kam die letzte große
assyrische Herrschergestalt auf den Thron. Die Szene auf diesem
Alabasterrelief spielt im königlichen Park, in dem Dattelpalmen,
Nadelbäume und niedriges Buschwerk wachsen. Weinranken, an
Blättern und Trauben erkenntlich, schaffen eine schattige Laube,
in der der König auf einem weich gepolsterten Ruhebett liegt. Er
hat es sich bequem gemacht und seine Waffen – Schwert, Bogen
und Pfeile – abgelegt. Als «Hausmütze» hat er ein Diadem mit
herabhängenden Bändern auf dem Kopf, über seine Beine ist eine
gesäumte, an den Ecken mit Troddeln geschmückte Decke
gebreitet. Mit der Rechten führt er eine Trinkschale zum Mund,
während seine Linke eine Blume hält. Auf einem neben dem
Ruhebett stehenden Tisch sind Speisen angerichtet. Vor
Assurbanipal sitzt seine Gemahlin Assurscharrat in
reichverziertem Gewand auf einem kostbaren Thronsessel mit
Fußschemel. Auch sie trinkt. Diener und Dienerinnen tragen
Speisen herbei oder betätigen Fliegenwedel. Eine Musikantin
spielt, im Hintergrund stehend, auf einer elfsaitigen Harfe. Welch
friedliches Bild! – hinge nicht im Nadelbaum links ein
abgeschlagenes menschliches Haupt! Es könnte dem König von
Elam gehört haben, denn Assurbanipal feiert hier gerade seinen
Sieg über die Elamiter in der vernichtenden Schlacht bei Susa 655
v. Chr. «Da liegt auch Elam mit allem seinem Haufen umher
begraben, die alle erschlagen und durchs Schwert gefallen
sind . . .» (Hesekiel 32, 24).

«Asnaphar», der die «von Persien, von Erech, von Babel, von Susan ... und von Elam und die andern Völker ... herübergebracht ... hat in die Stadt Samaria ...» (Esra 4, 9.10)

Über diesen knappen Hinweis auf seine Umsiedlungspolitik hinaus haben die Grabungsfunde ein hochinteressantes Bild von der Person Assurbanipals ergeben. Der große Assyrerkönig, dessen Liebe der Kunst, Wissenschaft und Literatur gehörte und der zu Ninive eine riesige Bibliothek einrichtete, war ein Herrscher von überlegenen Fähigkeiten auf allen Gebieten und wie viele seiner

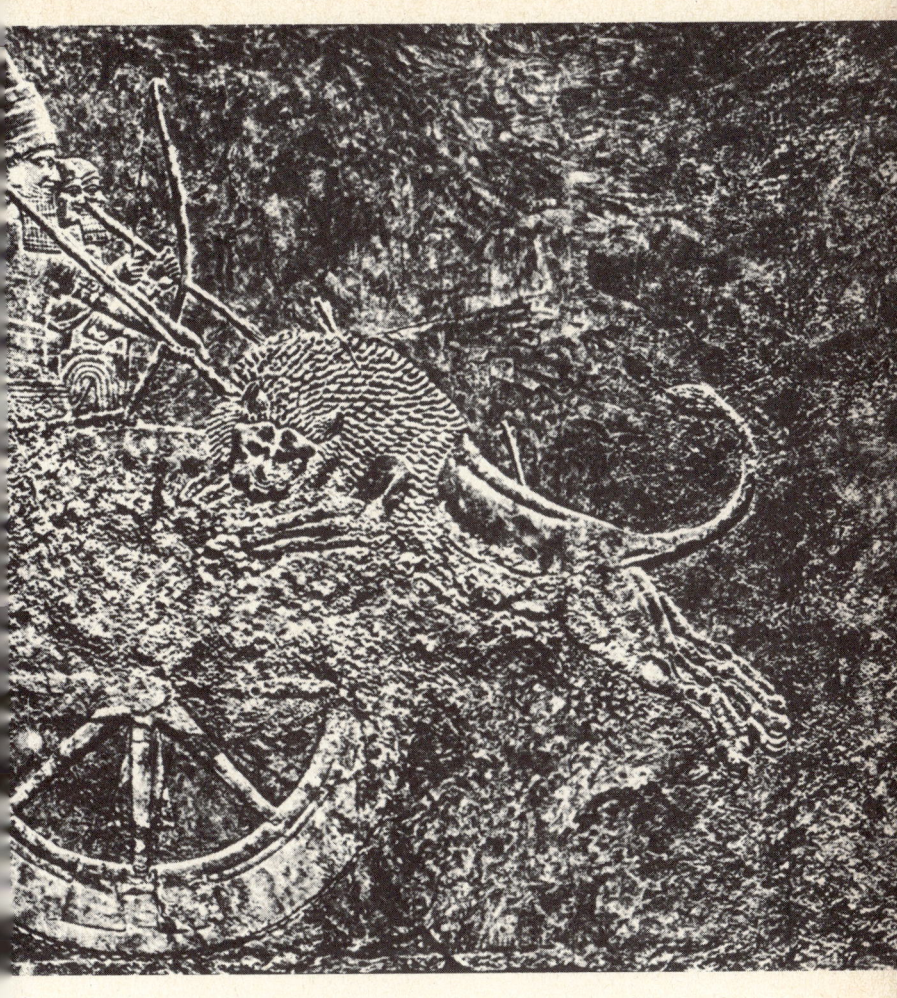

Vorgänger ein großer Jagdliebhaber. Von seiner besonderen Freude am Waidwerk auf Löwen zeugt unser Reliefbild. Die Jagd vom Wagen aus war im Alten Orient ein Privileg der Könige, ein vornehmer Sport. In Israel hingegen wurde die Jagd aus der Not geübt, sich wilder Tiere zu erwehren (Richter 15, 5.6 etc.). Als Jäger aus Leidenschaft nennt die Bibel Nimrod und Esau (1. Mose 10, 8.9; 25, 27). Beide sind nicht Stammväter Israels. Als «Land Nimrods» wird ausdrücklich Assur genannt (1. Mose 10, 11; Micha 5, 5).

«Meinst du, du seist besser denn die Stadt No-Amon, die da lag an
den Wassern . . . Mohren und Ägypter war ihre unzählige
Macht . . . Doch hat sie müssen vertrieben werden und gefangen
wegziehen und sind ihre Kinder auf allen Gassen zerschmettert
worden . . .» (Nahum, 3, 8–10)

Im Jahre 663 v. Chr. heimsten die Assyrer den größten Triumph
ihrer ganzen Geschichte ein: König Assurbanipal eroberte Theben,
die Hauptstadt Oberägyptens, die in der Bibel No-Amon heißt –
ein Ereignis, das in der ganzen Welt des Alten Orients ungeheures
Aufsehen erregte, da die – nach Homer – «hunderttorige» Stadt bis
dahin als uneinnehmbar gegolten hatte. Die Assyrer plünderten
die Metropole, von der wir die große Säulenhalle zu Karnak im
Bild sehen, deren Tempel unermeßliche Schätze bargen. «Die
ganze Stadt eroberte ich», frohlockte Assurbanipal, «. . . Silber,
Gold, Edelsteine, den ganzen Besitz seines Palastes, bunte
Gewänder, Linnen, prachtvolle Pferde, Sklaven und Sklavinnen,
zwei große Obelisken aus glänzender Bronze mit einem Gewicht
von 2500 Talenten, die Tore des Tempels nahm ich von ihrer Stelle
und brachte sie nach Assyrien. Eine ungeheure Beute von
unschätzbarem Werte nahm ich von Theben mit.»

«Also wird der König von Assyrien hintreiben das gefangene
Ägypten und vertriebene Mohrenland, beide, jung und alt, nackt
und barfuß, in schmählicher Blöße, zu Schanden Ägyptens.»
(Jesaja 20,4)
Wie eine Illustration der vorausahnenden Worte des Propheten
Jesaja muten die Szenen auf diesem assyrischen Relief an. Es zeigt
Assurbanipal beim Angriff auf eine mit hohen Mauern befestigte
ägyptische Stadt. Während oben die Kampfhandlungen noch in
vollem Gange sind, hat unten bereits die Wegführung von
Gefangenen begonnen, die teils an den Händen, teils an den Füßen
gefesselt sind. Assurbanipals Triumph über Ägypten war freilich
nicht von langer Dauer. Der von ihm eingesetzte Psammetich
machte sich zum Pharao und vertrieb die Assyrer, deren Macht
ihren Höhepunkt bereits überschritten hatte.

«Denn Gaza muß verlassen und Askalon wüst werden; Asdod
soll am Mittag vertrieben und Ekron ausgewurzelt werden . . .
Des Abends sollen sie sich in den Häusern Askalons
lagern . . .» (Zephanja 2, 4.7)
Plündernd und brandschatzend brachen um diese Zeit aus dem
kaukasischen Raum die Horden eines wilden Reitervolks in
Mesopotamien ein. Über Palästina stießen sie bis zu den
Grenzen Ägyptens vor. Das waren die Skythen. Der Prophet
Zephanja sah schaudernd voraus, was mit ihnen über das Land
Palästina hereinbrechen würde. Galoppierende skythische
Reiter, für die das Über-die-Schulter-Schießen als typisch galt,
schmücken den Deckel eines griechischen Bronzegefäßes.

«Und er wird seine Hand strecken gen Mitternacht und Assur umbringen.» (Zephanja 2, 13)

Die Prophezeiung des Propheten Zephanja sollte sich schon zwölf Jahre nach Assurbanipals Tod erfüllen. Die Chaldäer, deren einer Merodachbaladan, der Bundesgenosse König Hiskias von Juda, gewesen war, hatten nach langem vergeblichem Widerstand gegen ihre assyrischen Todfeinde die Macht über Babylon an sich reißen können und sich mit einem Volk aus dem Iran verbündet, mit den Medern. Ihrem gemeinsamen Ansturm fiel im Jahre 614 v. Chr. als erstes Assur zum Opfer, die am Westufer des Tigris gelegene älteste der großen Städte des assyrischen Reiches. Die Rekonstruktion zeigt die Nordwestseite der imponierenden Metropole mit dem gewaltigen Tempel des Stadtgottes Assur.

«Ninive wird er öde machen, dürr wie eine Wüste, daß darin
sich lagern werden allerlei Tiere bei Haufen . . . und auf der
Schwelle wird Verwüstung sein . . .» (Zephanja 2, 13.14)
Am Ostufer des Tigris verraten nur noch gewaltige
Ruinenhügel den Ort, wo sich einst die Groß- und Hauptstadt
Assyriens erstreckte. Hier standen die prächtigen Paläste
Sanheribs und Asarhaddons, dehnte sich der imponierende
Bibliotheksbau Assurbanipals, umgeben von weiten Parks,
Tiergärten und Ställen für die königlichen Gestüte, von
Magazinen und Verwaltungsgebäuden. Über diese Riesenstadt
kam, wie Zephanja und Nahum es vorausgesagt hatten, die
Vernichtung. Im Jahre 612 v. Chr. wurde Ninive von den
Chaldäern und Medern erobert.

«Dies ist die Last über Ninive . . . Es wird der Zerstreuer wider
dich heraufziehen und die Feste belagern . . . Die Schilde seiner
Starken sind rot, sein Heervolk glänzt wie Purpur, seine Wangen
leuchten wie Feuer, wenn er sich rüstet . . .» (Nahum 1, 1 ; 2, 2.4)
Rot war die Lieblingsfarbe der Meder und der Chaldäer, die vereint
gegen Ninive zogen, es eroberten und zerstörten. Der Kopf eines
Meders mit hoher Rundkappe (links) und eines Chaldäers, der ein
Stirnband im Haar trägt (rechts). «Denn siehe, ich will die
Chaldäer erwecken, ein bitteres, schnelles Volk, welches ziehen
wird, soweit die Erde ist, Wohnungen einzunehmen, die nicht sein
sind, und wird grausam und schrecklich sein . . .»
(Habakuk 1, 6.7).

«Zu der Zeit zogen herauf die Knechte Nebukadnezars, des Königs zu Babel, gen Jerusalem . . .» (2. Könige 24, 10)

Bis in achtzehn Meter Tiefe reichen unter diesem alten Steinwerk an der Südostecke der ehemaligen Tempelmauer Jerusalems die Fundamente, die auf die Anfänge der Königszeit zurückgehen. Sie waren stumme Zeugen der furchtbaren Zerstörung, die mit den Chaldäern bald nach der endgültigen Niederwerfung der Assyrer auch über die Heilige Stadt kam. König Nebukadnezar war der zweite Herrscher des neubabylonischen Reiches.

«Achtzehn Jahre alt war Jojachin, da er König ward, und regierte
drei Monate zu Jerusalem . . . Zu der Zeit zogen herauf die
Knechte Nebukadnezars, des Königs zu Babel, gegen Jerusalem
und kamen an die Stadt mit Bollwerk. Und Nebukadnezar kam
zur Stadt, da seine Knechte sie belagerten. Aber Jojachin, der
König Judas, ging heraus . . . und der König von Babel nahm ihn
gefangen . . . und nahm von dannen heraus alle Schätze im Hause
des Herrn und im Hause des Königs . . . Und führte weg Jojachin
gen Babel . . . Und der König von Babel machte Matthanja,
Jojachins Oheim, zum König an seiner Statt und wandelte seinen
Namen in Zedekia.» (2. Könige 24, 8–17)
Das bisher einzige schriftliche Zeugnis aus Babylon, das sich mit
dem biblischen Geschehen jener Tage befaßt, ist der Keilschrifttext
hier im Bild. Er lautet: «Im siebenten Jahr (Nebukadnezars, 599
v. Chr.) im Monat Chislev (November/Dezember) musterte der
babylonische König seine Truppen, und nachdem er in das Land
Hatti (Syrien-Palästina) gezogen war, belagerte er die Stadt Judas.
Am zweiten Tag des Monats Adara (16. März) eroberte er die Stadt
und nahm den König (Jojachin) gefangen. Er setzte in ihr einen
König (Zedekia) nach seinem Herzen ein, und nachdem er reichen
Tribut empfangen hatte, sandte er (sie) fort nach Babylon.»

«Und führte weg das ganze Jerusalem, alle Obersten, alle
Gewaltigen, 10000 Gefangene, und alle Zimmerleute und alle
Schmiede, und ließ nichts übrig denn geringes Volk des
Landes . . .» (2. Könige 24, 14)
Nach der Einnahme Jerusalems durch König Nebukadnezar im
Jahre 598 v. Chr. erfolgte die erste Wegführung ins babylonische
Exil, die zunächst nur die Reichen, Vornehmen und
Spezialhandwerker betraf. Ein Flachbild aus Ninive läßt uns
Szenen während einer Deportation miterleben, die auch den
Bewohnern Jerusalems als bitteres Los zufiel.

«Und ihm (Jojachin) ward stets ein Unterhalt vom König zu Babel gegeben, wie es ihm verordnet war, sein ganzes Leben lang bis an sein Ende.» (Jeremia 52, 34)

Zwei Bruchstücke von Tontafeln, die in Babylon geborgen werden konnten und ein Verzeichnis von Lebensmittellieferungen an Gefangene in Babylon darstellen. Ihre Keilschrifttexte lauten: «10 (Sila Öl) für . . . Jaukin (Jojachin), König von Juda, 2½ Sila für . . . Söhne des Königs von Juda, 4 Sila für acht Männer von Juda.» – «1½ Sila (Öl) für drei Zimmerleute aus Arvad, je ½ Sila. 11½ für acht dito aus Babylon, je ½ Sila, 3½ Sila für sieben dito, Griechen, je ½ Sila . . . 10 (Sila) für Jakukinu (Jojachin), den Sohn des Königs von Juda, 2½ Sila für die fünf Söhne des Königs von Juda zu Händen des Qanama . . .» Die Tontafeln, die aus dem Jahre 592 v. Chr. datieren, bezeugen, daß der König von Juda sowie seine Söhne und Männer seines Gefolges in Babylon gelebt haben müssen, da ihnen noch sechs Jahre nach dem Fall von Jerusalem und der Deportation Nahrungsmittel zugeteilt wurden. Sie liefern den Beweis für die Richtigkeit des geschichtlichen biblischen Textes.

«Eljakim, dem Haushofmeister des Jojachin gehörend», lautet die Inschrift von drei in Debir und zu Beth-Semes in Juda wieder aufgefundenen Krugstempeln, die die Stellung Jojachins in Babylon aufschlußreich beleuchten. Sie bezeugen, daß ein Mann namens Eljakim zwischen den Jahren 598 und 587 v. Chr. als Verwalter der Krongüter des in babylonischer Gefangenschaft lebenden Jojachin eingesetzt gewesen sein muß. Demnach scheint der Besitz des judäischen Königs von den Chaldäern unangetastet geblieben zu sein.

«. . . da der König (Nebukadnezar) auf der königlichen Burg zu Babel ging, hob er an und sprach: Das ist die große Babel, die ich erbaut habe zum königlichen Hause durch meine große Macht, zu Ehren meiner Herrlichkeit.» (Daniel 4, 26.27) Rekonstruktion der Stadtansicht des alten Babylon zur Zeit Nebukadnezars an Hand von Ausgrabungen. Durch das der Göttin Ischtar geweihte mächtige Tor bewegt sich in feierlichem Zuge gerade eine Prozession. Bis an den Horizont durchschneidet die breite Prozessionsstraße die riesige Metropole. In der Ferne rechts ragt die gewaltige Zikkurat, der «Turm zu Babel» (1. Mose 11, 3.4), auf, mehr im Vordergrund liegen die berühmten palmenbestandenen «Hängenden Gärten». In ihrer Nähe stand auch der königliche Palast, in dem später, nach seiner Begnadigung vermutlich, auch König Jojachin mit seinen Söhnen und seinem engeren Gefolge gelebt haben wird. «Aber im 37. Jahre, nachdem Jojachin, der König zu Juda, weggeführt war . . . erhob Evil-Merodach, der König zu Babel, im Jahr, da er König ward, das Haupt Jojachins, des Königs in Juda, und ließ ihn aus dem Gefängnis . . . und wandelte ihm seines Gefängnisses Kleider, daß er vor ihm aß stets sein Leben lang» (Jeremia 52, 31.33).

«*Und die Wahrsagung wird auf die rechte Seite gen Jerusalem deuten, daß er solle Sturmböcke hinanführen lassen und Löcher machen und mit großem Geschrei sie überfalle und morde, und daß er Böcke führen solle wider die Tore . . .*» (Hesekiel 21, 27)

Neun Jahre nach der ersten Deportation «kam Nebukadnezar, der König zu Babel, mit all seiner Macht wider Jerusalem» (2. Könige 25, 1). 587 v. Chr. – nach zweijähriger Belagerung – muß sich unter dem Einsatz von Rammaschinen der hier im assyrischen Relief wiedergegebene Augenblick abgespielt haben: «Da brach man in die Stadt» (2. Könige 25, 4). Jerusalem fiel und wurde zerstört.

«*Da das Heer des Königs zu Babel schon stritt wider Jerusalem und wider alle übrigen Städte Judas, nämlich wider Lachis und Aseka; denn diese waren noch übrig von den festen Städten Judas.*» (Jeremia 34, 7)

Hinter den Schuttmassen des Tell ed-Duweir in Juda, der das alte Lachis barg (im Bild), fanden die Ausgräber als Spuren des babylonischen Zerstörungswerkes bei der Belagerung und Eroberung der Stadt Lachis meterhohe Aschenschichten. Nebukadnezars Eroberungstechnik bestand im Entfachen von Riesenfeuersbrünsten vor den Mauern der Festung. Damals, in den Jahren 589 bis 587 v. Chr., erreichte Lachis das Gericht, das der Prophet Jeremia angekündigt hatte, als er sagte: «. . . und seine Städte werden verbrannt, daß niemand darin wohnt» (Jeremia 2, 15).

Tönerne «Meldeblöcke» – im Schutt
des Torbaus von Lachis gefunden –
geben Kunde aus den letzten Tagen
vor der Eroberung der Feste durch die
Babylonier. Sie enthalten hastig
hingekritzelte Nachrichten von
Außenforts, von Beobachtungs- und
Stützpunkten judäischer Truppen, die
noch nicht niedergerungen waren.
Auf der hier abgebildeten Tonscherbe
meldet ein Mann namens Hoschaja
dem Jaosch, Kommandeur der
judäischen Streitkräfte in Lachis:
«. . . und lasse meinen Herrn wissen,
daß wir nach den Signalen von Lachis
Ausschau halten gemäß den
Anweisungen, die mein Herr gegeben
hat, denn wir können (die Signale von)
Aseka nicht sehen . . .»

*«Das andere Volk aber, das übrig war in der Stadt, und die zum König von Babel
fielen, und den anderen Haufen, führte Nebusaradan, der Hauptmann, weg.»*
(2. Könige 25, 11)
Nach der Zerstörung Jerusalems im Jahre 587 v. Chr. wurde wiederum ein
Großteil der Überlebenden – diesmal Überläufer, Bürger, Handwerker und auch
viel armes Volk – nach Babylon weggeführt. Assyrische Reliefs haben die
traurigen Märsche ihrer Besiegten in die Verbannung bis in alle Einzelheiten
festgehalten.

«*Also ward Juda weggeführt aus seinem Lande.*» (2. Könige 25, 21)
Auf dem Weg ins Exil: während einer Rastpause werden die Deportierten vom
Wachpersonal verpflegt.

«*Und ich sah . . . darin war es gestaltet wie vier Tiere, und
dieselben waren anzusehen wie Menschen . . . Ihre Angesichter
waren vorn gleich einem Menschen, und zur Rechten gleich einem
Löwen bei allen vieren, und zur Linken gleich einem Ochsen bei
allen vieren, und hinten gleich einem Adler bei allen vieren.*»
(Hesekiel 1, 4.10)
Der aus einer vornehmen Priesterfamilie stammende Prophet
Hesekiel war bereits im Jahre 598 v. Chr. zusammen mit König
Jojachin und allen Vornehmen in die Verbannung geschickt
worden. Auf welchem Weg man die Gefangenen nach Babylon
brachte, verschweigt die Bibel. Unterwegs jedoch, in einer der
großen Städte, wird Hesekiel die schreckerregenden Ungetüme
menschenköpfiger Flügelstiere zu Gesicht bekommen haben, die
die assyrischen Herrscher einst als Hüter vor den Toren ihrer
Paläste aufstellen ließen. Sie vereinten, wie es in der Weissagung
des Propheten angedeutet wird, menschliches Antlitz,
Löwenhaupt, Stierkörper und Adlerflügel in einer Gestalt, wie
dieser von einem Genius begleitete Flügelstier vom Palast Sargons II.
zu Khorsabad.

«*Aber über das übrige Volk im Lande Juda, das Nebukadnezar, der König von Babel übrigließ, setzte er Gedalja, den Sohn Ahikams, des Sohnes Saphans.*» (2. Könige 25, 22)
Ein in den Trümmern von Lachis wieder ans Tageslicht gekommener Siegelabdruck sollte die Bibelaussage auf seine Weise bestätigen, denn seine Inschrift lautet übersetzt: «Gedalja, der über dem Hause ist.» Der hier genannte Gedalja ist zweifellos identisch mit dem Statthalter, den Nebukadnezar nach dem Fall von Jerusalem eingesetzt hatte und der bald danach ermordet worden war: «. . . und sie schlugen Gedalja tot . . . zu Mizpa» (2. Könige 25, 25; Jeremia 41, 2).

Siegel des «Jaazania, Diener des Königs», das bei Mizpa gefunden wurde und uns ebenfalls in die Zeit unmittelbar nach der Eroberung Jerusalems führt. Über einem Haushahn steht der Name jenes judäischen königlichen Beamten, der im 2. Buch von den Königen 25, 23 erwähnt wird: «Da nun alle Hauptleute des Kriegsvolkes und die Männer hörten, daß der König von Babel Gedalja eingesetzt hatte, kamen sie zu Gedalja gen Mizpa, nämlich . . . Jaasanja, der Sohn eines Maachathiters . . .» (ebenso Jeremia 40, 8).

«*An den Wassern zu Babel
saßen wir und weinten, wenn
wir an Zion dachten . . .
Unsere Harfen hingen wir an
die Weiden, die daselbst sind.
Denn dort hießen uns singen,
die uns gefangen hielten und in
unserm Heulen fröhlich sein:
‹Singet uns ein Lied von
Zion!›*»* (Psalm 137, 1–3)
Noch heute existieren einige
mit Gebüsch bestandene
schmale Kanäle, bescheidene
Überbleibsel des einst
weitverzweigten künstlichen
Systems der «Wasser zu Babel»
(oben).

Judäische Gefangene
musizieren auf Handharfen,
bewacht von einem Soldaten
(rechts). Ausschnitt aus einem
assyrischen Relief.

IX   Rückkehr und Wiederaufbau

«. . . bis das Königreich der Perser aufkam.» (2. Chronik 36, 20)

265

Vom Exil zum Makkabäerreich

(Esra, Nehemia, 1. und 2. Makkabäer)

«Israel aber will ich wieder
heim zu seiner Wohnung bringen.»
(Jeremia 50, 19)

Nur für kurze Zeit vermochte das neubabylonische Reich seine politische Vormachtstellung zu behaupten. Bereits dreiundzwanzig Jahre nach dem Tode Nebukadnezars, der die Juden ins Exil geführt hatte, zieht im Jahre 539 v. Chr. mit dem Perserkönig Kyrus II. der Vertreter einer neuen siegreichen Weltmacht in Babylon ein, die von nun an die Geschicke des Alten Orients bestimmen wird. Mit Kyrus schlug für die an den Wassern Babylons in der Verbannung lebenden Juden die sehnsüchtig erwartete Stunde der Heimkehr. Noch ehe ein Jahr vergangen war, erließ der Perser ein Edikt, das den Juden die Rückkehr in ihr Vaterland freistellte mit der ausdrücklichen Weisung, auf Kosten des Königs auch den Tempel wiederherzustellen. In verschiedenen Gruppen begannen die Verbannten in den Jahren nach 538 v. Chr. zurückzukehren. Die erste Gruppe, die unter der Führung des von Kyrus zum Gouverneur ernannten judäischen Prinzen Sesbazar stand, begann sogleich mit den Aufräumungsarbeiten in der Tempelruine. Bald darauf blieben die Arbeiten jedoch liegen, und zwar bis 520 v. Chr. Erst unter König Darius I. (522–486 v. Chr.), dem Nachfolger des Kambyses, wurden die Arbeiten am Tempel wiederaufgenommen. Im Jahre 516 v. Chr. wurde er fertig.

Das Auftreten zweier großer Gestalten fällt in die Restaurationszeit: Esra gab dem Judentum durch die Verkündung des Gesetzes um 430 v. Chr. das endgültige Gepräge. Die großen Verdienste Nehemias liegen mehr auf dem Gebiet des materiellen Aufbaus, wozu die Wiederaufrichtung der Stadtmauern rechnet.

Nach diesen Begebenheiten bleibt das Schicksal des jüdischen Volkes ohne besondere Ereignisse bis zum Aufstand der Makkabäer, der im Jahre 167 v. Chr. ausbricht. Juda gehörte als ein Distrikt der fünften Satrapie zum gewaltigen Perserreich. Dessen Regierung erkannte das kleine Gebiet um Jerusalem als ein heiliges Land an, das von seinen

Priestern nach dem Gesetz Mose regiert wurde.

Als unter dem Angriff Alexanders des Großen das Perserreich zusammenbrach, fügte sich die jüdische Gemeinde ohne Kampf den neuen Herren der Welt. Nach Alexanders Tod im Jahre 323 v. Chr. wurde Palästina Grenzland zwischen der seleukidischen Dynastie in Syrien und den Ptolemäern in Ägypten.

Nachdem es im dritten Jahrhundert v. Chr. und bis 198 v. Chr. Ägypten unterstanden hatte, eroberten die Seleukiden das Land. Sie machten den Versuch, die Bewohner zu hellenisieren; neben griechischer Sprache und Literatur wurden auch griechischer Sport und griechische Kleidung eingeführt. Als Antiochus IV. Epiphanes (175–163 v. Chr.) schließlich Anstalten machte, den jüdischen Glauben auszurotten und den Tempel zu Jerusalem in einen Kultort für Zeus zu verwandeln, da brach der jüdisch-makkabäische Aufstand aus. Er ließ das zweite Jahrhundert v. Chr. für das Land zu einer Zeit blutiger Unruhen werden. Die Periode der jüdischen Unabhängigkeit fand ein Ende, als die Römer im Jahre 63 v. Chr. die Herrschaft über das Land übernahmen.

«Zieh herauf, Elam; belagere sie, Madai; ich will allem Seufzen über sie ein Ende machen.» (Jesaja 21, 2)

In seiner Weissagung über Babel, über das es «wie ein Wetter vom Mittag kommt, das alles umkehrt», sieht der Prophet die Perser – «Elam» – und Meder – «Madai» – siegreich heraufziehen, um der Tyrannei der großen Stadt am Euphrat über die unterjochten Völker ein Ende zu bereiten. Das steinerne Relief zweier Gardesoldaten aus der Ratshalle der persischen Residenz Persepolis führt uns vor Augen, wie jene Krieger aus «Elam» und «Madai» ausgesehen haben: der Meder zur Linken trägt die für sein Volk typische hohe Rundkappe mit einem Band, das hinten über das im Nacken bauschig gelockte Haar herabhängt. Ein kurzer Leibrock, Beinkleider und Stiefel lassen erkennen, daß dieser Gardesoldat der berühmten persischen Reiterei angehört. Ausgerüstet ist er mit einer Lanze, die seine Hände umfaßt halten und deren Schuh (unten) aus einem goldenen oder silbernen Granatapfel besteht. An seiner linken Seite trägt er das – Gorythes genannte – Futteral, das sowohl den Bogen als auch den Köcher mit den Pfeilen enthält. An einer Schlaufe am Gürtel hängt rechts das für alle indo-iranischen Reiter typische Kurzschwert – Akinakes. Der Perser rechts, der zu den Bogenschützen der Leibgarde gehört, hat die typische hohe, mit Falten versehene Kopfbedeckung über dem üppig gelockten Haar. Ein langes, in viele sorgfältig gelegte Falten gerafftes Gewand reicht bis an die Knöchel, darüber ein weiter Umhang. Die Bewaffnung des persischen Gardisten besteht neben der Lanze in dem umgehängten Bogen und Köcher.

«Du führst mit dir Perser . . .» (Hesekiel 38, 5)
Die neuen Herren der damaligen Welt gehörten einem besonders schönen
Menschenschlag an. Köpfe zweier königlicher Diener aus der Residenz
Persepolis. Ihre Bärte sind der persischen Tracht gemäß sorgfältig in gedrehte
Löckchen gelegt.

«*Im ersten Jahr des Kores, des Königs in Persien . . . erweckte der Herr den Geist des Kores, des Königs in Persien . . .*» (Esra 1, 1)

An Kores, wie die Bibel den Begründer des Perserreiches – König Kyrus den Großen – nennt, erinnert dieses mit dem flachen Relief eines vierflügeligen Dämonen geschmückte verfallene Monument. Es gehörte zu einem Wachlokal an einem monumentalen Tor, das einst in den riesigen Wildpark des Herrschers bei Pasargadä führte. Lange Zeit glaubte man, in der Gestalt ein Bildnis des Herrschers gefunden zu haben, trug es doch die Beischrift: «Ich bin Kyrus, der Achämenide.» Jetzt weiß man jedoch, daß es sich bei diesen Worten nur um eine auch sonst mehrfach vorkommende Bauinschrift handelt.

«Als ich in Babylon friedlich einzog, in Jubel und Frohlocken im
Palaste der Fürsten den Wohnsitz der Herrschaft aufschlug,
machte mir Marduk, der große Herr, das weite Herz der
Babylonier geneigt . . . Die Einwohner Babylons . . . befreite ich
von dem Joche, das sich für sie nicht ziemte . . . Ich bin Kyrus, der
König der Gesamtheit, der große König . . . der König der vier
Weltgegenden . . .» – so berichtet in babylonischer Schrift der
Tonzylinder des Herrschers. Die letzten Worte muten fast an, als
hätte der biblische Chronist diesen Text gekannt: «So spricht
Kores, der König in Persien: Der Herr, der Gott des Himmels, hat
mir alle Königreiche der Erde gegeben . . .» (2. Chronik 36, 23).
539 v. Chr. – ein Jahr nachdem Kyrus das Heer des babylonischen
Königs Nabonid geschlagen hatte – erfüllte sich mit der Besetzung
Babylons durch die Perser das Schicksal des letzten großen Reiches
in Mesopotamien. Die Zeit war angebrochen, von der es hieß:
«Wenn zu Babel siebzig Jahre aus sind, so will ich euch
besuchen . . . daß ich euch wieder an diesen Ort bringe» (Jeremia
29, 10).

«*Herunter Jungfrau, du Tochter Babel, setze dich in den Staub,
setze dich auf die Erde; denn die Tochter der Chaldäer hat keinen
Stuhl mehr.*» (Jesaja 47, 1)
Unter den zahllosen Tributbringern taucht im Relief der
«Apadana», des «Hundert-Säulensaals» in Persepolis, auch eine
Abordnung der unterworfenen Babylonier auf: Drei Männer in
langen Gewändern, auf dem Kopf eine Kappe mit langer Troddel,
führen als Tribut ein Buckelrind herbei.

«O Mann, wer immer du bist und wann du auch kommst, denn ich weiß, daß du kommen wirst – ich bin Kyrus, und ich gewann den Persern ihr Weltreich. Mißgönne mir nicht dieses Fleckchen Erde, das meinen Körper bedeckt» – steht auf dem Grabmahl des Befreiers Kyrus, der 530 v. Chr. auf einem Zug nach dem Osten fiel. Vergeblich! Die schmale Steinkammer auf dem Quadersteinpodest, in der ein goldener Sarkophag die sterblichen Überreste des großen Persers umschloß, gähnt heute leer.

« Und die Worte, die sie zu ihm sandten, lauteten also: Dem König Darius allen Frieden!» (Esra 5, 7)

So begann der Brief, in dem der persische Statthalter seinen König um Erlaubnis zum Tempelbau in Jerusalem bat. Diesen Darius I., Sohn des Hystaspis, der im Jahre 522 v. Chr. dem Sohn des Kyrus, Kambyses, auf den Thron folgte, erleben wir auf einem Relief aus dem Schatzhaus in Persepolis bei einer Audienz: Der Herrscher hat auf seinem geschnitzten Thron Platz genommen, die Füße auf einem Schemel. In seiner Rechten ruht das lange Stabzepter, seine Linke hält ein Symbol, das aus einer Lotusblüte mit zwei Knospen besteht. Er trägt einen Schnurrbart und Backenbart, der durch kunstvolle Lockenwickel in mehreren Reihen aufgelöst ist und ihm bis zur Brust reicht. Auf dem ebenfalls gelockten Haupthaar sitzt eine hohe Kopfbedeckung. Vor dem Thron sind zwei Räuchergefäße für Weihrauch aufgestellt. Die rechte Hand in einer Geste des Respekts an den Mund gelegt, in der linken einen Stab, macht der Hazarapeten seine Aufwartung: ein Würdenträger, der in seiner Person die Stellung des Generalstabschefs sowie des Oberkommandierenden der Garde mit der des Premierministers vereinigte. Der hohe Besucher ist mit seiner Rundmütze in medischer Uniform erschienen. Rechts beschließen zwei Diener in persischer Tracht die Szene; einer trägt eine Lanze, der andere einen Kübel, der vermutlich Räucherwerk enthält.

Persepolis = Palaststadt

«*Denn als er gen Persepolis gezogen war und hatte sich da vorgenommen, den Tempel zu plündern und die Stadt einzunehmen, machten sich die Bürger auf . . . und trieben den Antiochus zurück . . .*»

Als der Seleukidenherrscher, von dem im 2. Buch der Makkabäer 9, 1.2 die Rede ist, hier «mit Schanden abziehen mußte», waren mehr als drei Jahrhunderte vergangen, seit Darius I. mit dem Bau seiner Palaststadt, des größten von ihm hinterlassenen Monuments, begonnen hatte. Angelehnt an eine felsige Erhebung, den «Berg des Erbarmens», erstreckt sich Persepolis inmitten einer weiten Ebene. Umgeben von seinen engsten Verwandten und in nächster Nähe seiner militärischen Gefolgschaft wollte Darius hier leben, wo sich die Landschaft vorzüglich zum Reiten, Jagen und Kampfspiel eignet. Noch heute vermitteln die Ruinen einen tiefen Eindruck von den gewaltigen Anlagen, für die es nach Planung und Ausführung im Vorderen Orient keine Parallele gibt. Auf den mächtigen Quaderbauten der Terrassenanlagen führen – an monumentalen Toren und gewaltigen Portalen mit riesigen Wächtern vorbei – lange, mit Reliefs übersäte Treppenfluchten zu den großen Gebäudekomplexen: zur Thronhalle, dem Hundert-Säulen-Saal, dem Versammlungsort des Adelsrates, und dem eigentlichen Palastviertel mit dem Wohnpalast und dem Harem des Herrschers sowie den Palästen seiner Familienmitglieder. Darius hat seine Königstadt nicht mehr fertig bauen können. Auch Xerxes I. und dessen Nachfolger haben den Bauten des Darius weitere Paläste hinzugefügt.

Eine breite Treppe führt hinauf zur «Apadana», der
repräsentativen Thronhalle in der Residenz Persepolis, mit deren
Bau König Darius I. begonnen hatte. Von der einst viel
bewunderten Größe und Pracht des berühmten «Hundert-Säulen-
Saales» künden heute nur noch die Fragmente einiger Säulen. In
der Stirnwand der Treppe stehen in Stein gehauen persische und
medische Gardesoldaten, über ihnen ist das Symbol Ahuramazdas,
des höchsten göttlichen Wesens nach der neuen Lehre des
Zarathustra, angebracht, zu dessen Seiten sich rechts und links
Sphinxen gesetzt haben. Hinter den Garden fällt zu beiden Seiten
ein Löwe einen Stier an. Die Innenseite der Treppe rechts
schmücken Reliefdarstellungen von Würdenträgern der
persischen und medischen Feudalität.

Xerxes, Sohn Darius (handwritten)

«Zu den Zeiten Ahasveros, der da König war von Indien bis ans Mohrenland, über hundertundsiebenundzwanzig Länder . . .» (Esther 1, 1)

Das war Xerxes I., der Sohn des großen Darius, dessen steineres Porträt ihn noch als Kronprinz zeigt. Der Herrscher, der 486 v. Chr. den Thron bestieg und bis 465 v. Chr. regierte, mit hoher Kopfbedeckung und dem langen, gelockten Bart, hat die rechte Hand ausgestreckt. In der Linken hält er ein lotusähnliches Symbol. Über einem langen, seitlich mit Falten versehenen Gewand trägt er ein weitärmliges, ebenfalls reich gefälteltes Oberkleid, dazu hochhackige Schuhe. Hinter Xerxes I. steht ein Magier mit einer Wickelkapuze; ihm folgt ein Waffenträger, der einer Abteilung der leichten Reiterei der königlichen Garden angehört: seine Ausrüstung besteht aus der Streitaxt, dem zusammengesetzten Bogen im Futteral und dem Kurzschwert. Zwei mit hohen Lanzen bewaffnete Gardisten beschließen links die Szene.

«Daß er sehen ließe den herrlichen Reichtum seines Königreichs
und die köstliche Pracht seiner Majestät viele Tage lang . . .»
(Esther 1, 4)
Dieser ungeheure Stier zierte das Kapitell einer Säule in einer
großen Palasthalle. Auf seinem Nacken trug das Tier einst die
mächtigen hölzernen Deckenbalken. Das Kunstwerk aus grauem
Marmor wurde an der Stätte des alten Susa gefunden. Einst die
Hauptstadt des Reiches Elam (Daniel 8, 2), wurde Susa unter den
Persern zur Winterresidenz der Könige. «Da ich war zu Susan auf
dem Schloß» beginnt das Buch des Nehemia. In Susa spielt auch
die Geschichte des Buches Esther.

«Im dritten Jahr seines Königreichs machte er bei sich ein Mahl allen seinen Fürsten und Knechten, den Gewaltigen in Persien und Medien, den Landpflegern und Obersten in seinen Ländern . . .» (Esther 1, 3)

In der Fassade des Thronsaals, der berühmten Apadana in Persepolis, konnten die Ausgräber ein einzigartiges Relief wieder freilegen, das wie eine zeitgenössische Illustration zu den Worten im Buch Esther anmutet. Zwei lange Reihen persischer und medischer Würdenträger schreiten in feierlichem Zug in einer Prozession zum Neujahrsfest. Von den Medern – mit den hohen Rundkappen – tragen einige, mit knielanger Tunika und engen Beinkleidern, die Reiteruniform der königlichen Garden, während andere ein langes, mit Ärmeln versehenes Übergewand über die Schulter geworfen haben. Ein Teil der Perser – mit den hohen geriffelten Kopfbedeckungen – hat ein Kurzschwert über dem gefältelten Rock im Gürtel stecken, andere tragen, wie auch einige der Meder, das Bogen-Köcher-Futteral an der Seite. Oben führen Diener Rosse und einen Streitwagen des Königs vor. Das große Gastmahl, das Xerxes I., der biblische «Ahasveros», im dritten Jahr seines Königreiches seinen Fürsten, Knechten und Obersten dem biblischen Bericht zufolge gab, könnte möglicherweise der äußere Anlaß für eine geheime Generalstabsbesprechung gewesen sein, denn damals, 482 v. Chr., wurden in Persien bereits die Vorbereitungen für den berühmten Feldzug Xerxes' I. nach Griechenland (480 v. Chr.) getroffen, der zwar zur Eroberung von Athen führte, in der Seeschlacht bei Salamis jedoch mit der Vernichtung der persischen Flotte endete.

«Gefällt es dem König, und ist dein Knecht
angenehm vor dir, so wollest du mich senden
nach Juda zu der Stadt des Begräbnisses
meiner Väter . . .»
(Nehemia 2, 5)
Im Jahre 445 v. Chr. wurde Nehemia, ein
judäischer Laie, unter König Artaxerxes I.
Longimanus, den die Bibel Arthahsastha
nennt (Nehemia 2, 1) als persischer
Statthalter nach Jerusalem gesandt. Es gelang
ihm, dort die Stadtmauer in zweiundfünfzig
Tagen wieder herzustellen (Nehemia 3–5).
Aus dieser Zeit, in der die Provinz Juda den
Status eines halbautonomen, priesterlichen
Gemeinwesens erhielt, stammen einige
Siegelabdrücke auf Krughenkeln, auf denen
in althebräischer Schrift das Wort Jehud – die
offizielle aramäische Schreibweise für «Juda»
– auftaucht (oben) und die Buchstaben für
«Jerusalem» (unten).

Münzen der Provinz Juda aus der Zeit der
persischen Herrschaft: oben eine
Nachahmung der griechischen Tetra-
Drachme mit der Eule Athens und den
Buchstaben JHD (Jehuda). Unten eine
hebräische Münze, ebenfalls mit den
Schriftzügen JHD, die über einem Gott
stehen, der, einen Falken auf der Hand, in
einem Wagen sitzt. Beide Münzen stammen
aus der ersten Hälfte des vierten
vorchristlichen Jahrhunderts, der Zeit etwa,
in der Esra in Jerusalem dem «Gesetz» wieder
zu neuer Geltung verhalf.

Alexander I

«*Alexander, der Sohn des Philippus, König von Mazedonien, der erste Monarch in Griechenland, ist ausgezogen aus dem Lande Chittim und hat große Kriege geführt, viele feste Städte erobert . . .*» (1. Makkabäer 1, 1)
Mit dieser Erinnerung an die siegreichen Feldzüge Alexanders des Großen beginnt – geschichtlich weit ausholend – das 1. Buch der Makkabäer. Porträt Alexanders auf einer Goldmünze mit dem Horn als göttlichem Zeichen. «So kommt ein Ziegenbock von Abend her», heißt es bei Daniel 8, 5.21. «Der Ziegenbock aber ist der König in Griechenland. Das große Horn zwischen seinen Augen ist der erste König.»

«*Alexander . . . hat . . . der Perser und Meder König Darius geschlagen.*»
(1. Makkabäer 1, 1)

336 v. Chr. bestieg Darius III. Codomanus den persischen Thron. Er wurde
zweimal – im Jahre 333 bei Issus und 331 v. Chr. bei Gaugamela – durch
Alexander den Großen besiegt, der dadurch der Herrschaft der Achämeniden
und dem persischen Weltreich ein Ende bereitete. Das berühmte Mosaik, das
unter dem Aschenregen des Vesuv in Pompeji erhalten blieb, vermittelt einen
Eindruck der Schlacht bei Issus in einer Darstellung aus der Zeit um 100 v. Chr.
Links der Kopf Alexanders, rechts Darius III. im Kampf.

«Hernach ist Alexander gestorben . . .
Nach seinem Tod ist das Reich auf seine
Fürsten gekommen . . . und machten sich
alle zu Königen, und sie und ihre
Nachkommen regierten lange Zeit. Und
große Kriege sind zwischen ihnen
gewesen . . .» (1. Makkabäer 1, 8–10)
Mit der Zerstückelung des Imperiums
nach Alexanders Tod im Jahre 323 v. Chr.
fällt der Priesterstaat Juda zunächst an das
dritte der drei Nachfolge- oder
Diadochenreiche: das Ptolemäer-Reich in
Ägypten. Sein Begründer und erster
Herrscher, Ptolemäus I., dessen Kopf die
Plastik zeigt, verleibte den Zwergstaat
seinem hellenistischen Machtbereich ein.
Das bedeutete mehr als einen
Herrschaftswechsel. Es war vielmehr ein
erster Schritt auf dem Wege der
Verwirklichung dessen, was die Bibel in
der Genesis bedeutungsvoll umschreibt:
«Gott breite Japheth aus und lasse ihn
wohnen in den Hütten des Sem» (1. Mose
9, 27). In den Nachkommen Japheths –
nach Sem und Ham der dritte Sohn Noahs
– werden als «Chittiter» die Griechen
ausdrücklich genannt.

«*Antiochus der Edle fing an zu regieren im 137. Jahr des griechischen Reichs. Zu dieser Zeit waren in Israel böse Leute; die . . . sprachen: Laßt uns einen Bund machen mit den Heiden umher und ihre Gottesdienste annehmen . . .*»
(1. Makkabäer 1, 11.12)
Antiochus III., der Große genannt – unser Bild –, war der sechste Herrscher der Seleukiden, des größten Diadochen-Reiches mit Antiochia in Syrien als Hauptstadt. Nach seinem Sieg über Ptolemäus V. nahmen von 198 v. Chr. an die Seleukiden Palästina in Besitz. Mit diesem abermaligen Wechsel des Oberherrn wurde das Griechentum in Juda zur ernsten Bedrohung des Glaubens. Da «Jason das Priestertum kriegte, gewöhnte er alsbald seine Leute an der Heiden Sitten» (2. Makkabäer 4, 10).

«Gerade unter der Burg baute er ein Spielhaus und verordnete, daß sich die stärksten jungen Gesellen darin üben sollten. Und das griechische Wesen nahm also überhand durch den gottlosen Hohenpriester Jason, daß die Priester des Opfers und des Tempels nicht mehr achteten, sondern liefen in das Spielhaus und sahen, wie man den Diskus warf und andere Spiele trieb . . .»
(2. Makkabäer 4, 12–14)

Das «Spielhaus» war ein Stadion. Galt die Nacktheit den Strenggläubigen bereits als Herausforderung – siehe im Gegensatz zu den semitischen Boxern mit Kittel (oben) die Kämpfer im griechischen Vasenbild (Mitte) –, so machten sich jüdische Spieler bald eines schweren Vergehens gegen das Gesetz schuldig: sie «Hielten die Beschneidung nicht mehr» (1. Makkabäer 1, 16).

«Antiochus sandte auch Briefe gen Jerusalem und in alle Städte Judas, darin er gebot, daß sie der Heiden Gottesdienst annehmen sollten . . . Und befahl, daß man das Heiligtum . . . entheiligen sollte. Und ließ Altäre, Tempel und Götzen aufrichten und Saufleisch opfern und andere unreine Tiere. Und die Beschneidung verbot er . . .» (1. Makkabäer 1, 46–51)

Diese Untaten, die Antiochus IV. Epiphanes – unser Münzbild – 168 v. Chr. der Tempelplünderung und Entweihung folgen ließ, sollten den Auftakt geben zum Aufstand und zu den Kämpfen unter der Führung der Makkabäer, der drei Brüder Judas, Simon und Jonathan mit dem Beinamen Makkabi, das heißt der Hammer. Das erste Makkabäerbuch berichtet uns die nun folgende Geschichte bis zum Tode des großen Freiheitskämpfers Simon im Jahre 134 v. Chr.

X Da die Zeit erfüllet ward

«... sandte Gott seinen Sohn.» (Galater 4, 4)

Jesu und der Apostel Zeit

(Die Geschichtsbücher des Neuen Testamentes)

«Da Jesus geboren war zu Bethlehem im jüdischen Lande
zur Zeit des Königs Herodes . . .» (Matthäus 2, 1)

Im Evangelium des Lukas wird die Geschichte Jesu vor den Hintergrund
der Zeitereignisse gestellt. Unter Oktavian, dem man den Ehrentitel
Augustus beilegte und der von 31 v. Chr. bis 14 n. Chr. als römischer
Kaiser regierte, wurde Jesus geboren. Zu jener Zeit herrschte Herodes,
den der römische Senat auf Antrag von Mark Antonius und Oktavian
eingesetzt hatte, als König von Judäa. Der Bericht vom Kindermord zu
Bethlehem ist jedoch das einzige, was die Bibel von diesem blutbefleck-
ten Tyrannen erzählt. Als Herodes «der Große» im Jahre 4 v. Chr. starb,
wurden drei seiner Söhne als Nachfolger eingesetzt. Herrscher über
Judäa als «Volksfürst» wurde Archelaos (4 v. Chr.–6 n. Chr.), zu dessen
Zeit Joseph mit dem Jesuskind aus Ägypten nach Nazareth zog. «Vierfürst» über Galiläa, Peräa wurde Herodes Antipas (4 v. Chr.–39 n. Chr.),
der im Evangelium allerdings nur Herodes heißt. Er war der Landesfürst
Jesu (Lukas 23, 7), den Jesus einmal auch mit einem Fuchs vergleicht
(Lukas 13, 32). «Vierfürst» über die nördlichen Gebiete wurde als dritter
Sohn des Königs Herodes schließlich Philippus (4 v. Chr.–34 n. Chr.),
den Lukas 3, 1 erwähnt. Noch durch Kaiser Augustus wurde Archelaos
abgesetzt und sein Landesteil im Jahre 6 n. Chr. einem römischen Landpfleger unterstellt, der in Cäsarea residierte und nur zu Festlichkeiten
und besonderen Anlässen nach Jerusalem kam.

Unter Kaiser Tiberius (14–37 n. Chr.), dem Sohn der dritten Gemahl-
lin Augustus, Livia, aus einer früheren Ehe, ist Johannes der Täufer
aufgetreten, hat Jesus öffentlich zu wirken begonnen und ist er auch
gekreuzigt worden. Von diesem römischen Kaiser war Pontius Pilatus
(26–36 n. Chr.) als Landpfleger eingesetzt worden.

Außer Claudius ist keiner der auf Tiberius folgenden römischen Kaiser des ersten Jahrhunderts n. Chr. im Neuen Testament erwähnt. Ihre
Geschichte ist dennoch, vor allem für die Zeit der Apostel, von Bedeutung. Gaius Caligula (37–41 n. Chr.), der auf Tiberius folgte, war der

Freund und Gönner des in der Apostelgeschichte 12 genannten Königs von Judäa, Herodes Agrippa I. (37–44 n. Chr.). Er hatte ihn als judäischen König auf den Thron erhoben, nachdem er Herodes Antipas, dessen Gattin Herodias Johannes den Täufer ermorden ließ, abgesetzt und in die Verbannung geschickt hatte. Herodes Agrippa I. war es, der Petrus ins Gefängnis werfen ließ, von wo aus dieser nur durch ein Wunder entkam und der Hinrichtung entging (Apostelgeschichte 12, 1–10).

Unter Kaiser Claudius (41–54 n. Chr.) wurde nach dem Tode Herodes' Agrippas I. im Jahre 44 n. Chr. der größte Teil seines Gebietes wieder römischen Landpflegern unterstellt. Zu ihnen zählte der in der Apostelgeschichte 23, 33 erwähnte, von 52–60 amtierende Antonius Felix, zu dem Paulus nach seiner Gefangennahme in Jerusalem nach Cäsarea gebracht wurde. Von Kaiser Claudius, zu dessen Lebzeiten die erste und die zweite Missionsreise des Paulus stattfanden, erfahren wir in der Apostelgeschichte 18, 2 noch, daß er die Juden aus Rom vertrieben habe.

Unter Nero (54–68 n. Chr.), der Claudius als Kaiser folgte, hat Paulus in seinem berühmt gewordenen Brief die römische Gemeinde zum Gehorsam gegen die Obrigkeit ermahnt (Römer 13, 1 ff.). Vor dem von Nero ernannten Prokuratoren Porcius Festus (60–62) berief sich Paulus auf den Kaiser (Apostelgeschichte 25, 11.12) und ward nach Rom gebracht. Zuvor ließ dieser Porcius Festus den gefangenen Paulus sich vor Herodes Agrippa II. – dem Sohn des Herodes Agrippa I. – verantworten (Apostelgeschichte 26). Vom Brand Roms und den Christenverfolgungen unter Nero im Jahre 64 n. Chr. erfahren wir nichts mehr aus der Bibel, ebensowenig davon, daß unter diesem Kaiser im Jahre 66 der jüdische Aufstand ausbrach. Die wirren Zeiten, die dem Tode Neros und dem Ende des ersten Kaiserhauses folgten, klangen erst aus, als der Feldherr Flavius Vespasianus (69–79) den Thron bestieg. Der Name seines Sohnes und späteren Kaisers, Titus, ist für immer mit der Zerstörung Jerusalems im Jahre 70 n. Chr. verbunden, die Jesus vorausgesehen hatte.

«Es begab sich aber zu der Zeit, daß ein Gebot von dem Kaiser Augustus ausging, daß alle Welt geschätzt würde . . . Und jedermann ging, daß er sich schätzen ließe, ein jeglicher in seine Stadt.» (Lukas 2, 1.3)
Das Bild des vom Evangelisten Lukas ausdrücklich genannten Herrschers, unter dem Jesus zu Bethlehem geboren wurde, blieb uns in dieser Statue im Vatikan erhalten. Es war der von 31 v. Chr.–14 n. Chr. regierende erste römische Kaiser Octavianus – ein Großneffe Cäsars –, dem der römische Senat im Jahre 27 v. Chr. den Ehrentitel «Augustus» – «Der Erhabene» – verliehen hatte.

«Da machte sich auch auf Joseph aus Galiläa, aus der Stadt Nazareth, in das jüdische Land zur Stadt Davids, die da heißt Bethlehem . . . auf daß er sich schätzen ließe mit Maria, seinem vertrauten Weibe, die war schwanger. Und als sie daselbst waren, kam die Zeit, daß sie gebären sollte. Und sie gebar ihren ersten Sohn und wickelte ihn in Windeln und legte ihn in eine Krippe; denn sie hatten sonst keinen Raum in der Herberge.» (Lukas 2, 4–7)

Inmitten der Öde der Wüste Juda, deren Hügelhänge sich im Hintergrund bis an die Ufer des Toten Meeres dehnen, liegt südlich von Jerusalem Bethlehem. Der Ort, dessen Name «Brothaus» bedeutet, wird in der Patriarchenzeit zuerst als Grabstätte der Rahel (1. Mose 35, 19) erwähnt und später als Vaterstadt Davids (1. Samuel 16, 1 ff.). Über der vermutlichen Geburtsstätte Jesu – einer Höhle im Kalkfelsen – ließ Kaiser Konstantin im Jahre 330 n. Chr. die Geburtskirche errichten: es ist das auffallende Gebäude in der Bildmitte.

«In dem fünfzehnten Jahr des Kaisertums Kaisers Tiberius, da Pontius Pilatus Landpfleger in Judäa war . . .» (Lukas 3, 1)

Wie schon bei der Geburt Jesu, so macht der Evangelist Lukas erneut nähere Angaben über die weltliche Obrigkeit zu Beginn des dritten Kapitels, in dem die entscheidende Zeit seines Wirkens angekündigt wird. Nach dem Bericht über die Bußpredigt Johannes' des Täufers erfahren wir in Vers 23: «Und Jesus war, da er anfing, ungefähr dreißig Jahre alt.» – Mit einem Schleier über dem Kopf als alternder Mann blickt uns das marmorne Porträt des Kaisers Tiberius an, unter dessen Herrschaft das Wirken Jesu in der Öffentlichkeit begann und auch die Kreuzigung geschah. Von Tiberius, der 14 n. Chr. die Nachfolge des Augustus antrat und 37 n. Chr. starb, wurde im Jahre 26 n. Chr. Pontius Pilatus als Prokurator von Judäa eingesetzt. In seiner Eigenschaft als oberster Verwaltungsbeamter der kaiserlichen Provinz ließ Pontius Pilatus die hier (links) abgebildete Bronzemünze prägen. Sie zeigt drei Kornähren (oben) und auf der anderen Seite ein «simpulum» genanntes römisches Kultgefäß.

Und Joseph «zog in die Örter des galiläischen Landes und kam und wohnte in der Stadt, die da heißt Nazareth.» (Matthäus 2, 23)

Auf einer von Zypressen bestandenen Höhe – unweit der großen Handelsstraße von Damaskus nach Ägypten – liegt am Rande der Jesreel-Ebene der Heimatort Jesu in Galiläa, der Wohnort seiner Eltern (Lukas 1, 26) und seiner Geschwister (Markus 6, 3). Hier lebte Jesus von der Zeit an, da ihn seine Eltern aus Ägypten gebracht hatten, bis zu seinem ersten öffentlichen Auftreten. Hier in dieser lieblichen Landschaft erwuchsen ihm die Gleichnisse vom Säen und Ernten, vom Wachsen und Vergehen der Natur. Indes findet Jesus gerade in Nazareth später keinen Glauben: «Ein Prophet gilt nirgend weniger denn im Vaterland und daheim bei den Seinen» (Markus 6, 4).

«Und er kam gen Nazareth, da er erzogen war, und ging in die Schule nach seiner Gewohnheit am Sabbattage und stand auf und wollte lesen. Da ward ihm das Buch des Propheten Jesaja gereicht.» (Lukas 4, 16.17)
Ein solches Buch hat Jesus in seinen Händen gehalten. In einer Höhle am Toten Meer wurde in jüngster Zeit diese Jesaja-Rolle gefunden – ein Original des prophetischen Buches, das aus einer Zeit mindestens hundert Jahre vor Christi Geburt stammt; an den beiden Rollen sieht man noch deutlich die Spuren eifrigen Gebrauchs. Das Manuskript besteht aus Lederstücken, die zu einer Rolle von 7,35 Meter Länge zusammengenäht sind. In der zweiten Zeile der ganz sichtbaren Kolumne steht: «Es ist eine Stimme eines Predigers in der Wüste . . .» (Jesaja 40, 3) – die Worte also, die anläßlich der Bußpredigt Johannes' des Täufers in Hinblick auf das bevorstehende öffentliche Wirken von Jesus ausdrücklich erwähnt werden (Lukas 3, 4).

«Da nun Jesus hörte, daß Johannes überantwortet war, zog er in das galiläische Land und verließ die Stadt Nazareth, kam und wohnte zu Kapernaum, das da liegt am Meer . . .» (Matthäus 4, 12.13)
Am Nordende des Sees Genezareth träumen unweit einer Bucht die Reste einer einstmals prächtigen Synagoge, die Zeugnis vom alten Kapernaum ablegen. Ihr Bau entstand um 200 n. Chr. auf den Trümmern des Gotteshauses, in dem Jesus oft stand und lehrte (Markus 1, 21). «Seine Stadt» wird der Ort in Matthäus 9, 1 genannt, denn Kapernaum war die Hauptstätte seines Wirkens. Von Kapernaum bricht Jesus, begleitet von seinen zwölf Jüngern, nach Jerusalem auf, wo der Tod am Kreuz seinen Weg über diese Erde beenden wird.

«Da er aber an dem galiläischen Meer ging, sah er Simon und Andreas, seinen Bruder, daß sie ihre Netze ins Meer warfen; denn sie waren Fischer. Und Jesus sprach zu ihnen: Folget mir nach; ich will euch zu Menschenfischern machen.» (Markus 1, 16.17) Von diesen Ufern aus, an denen Kapernaum und das jüngst ausgegrabene Chorazin (Matthäus 11, 21) lagen, hat Jesus sein Wirken begonnen. Der See Genezareth, über den im Westen die Höhen Galiläas mit einem Kranz öder Berge schauen und zu dem von Norden der schneebedeckte Hermon hinuntergrüßt, gilt noch heute als fischreich. So sind wie zu Jesu Zeiten Fischerboote mit Segel und Riemen (Markus 6, 48) keine Seltenheit auf dem See, dessen plötzlich auftretende, durch Fallwinde ausgelöste heftige Böen (Markus 4, 37) den Booten recht gefährlich werden können.

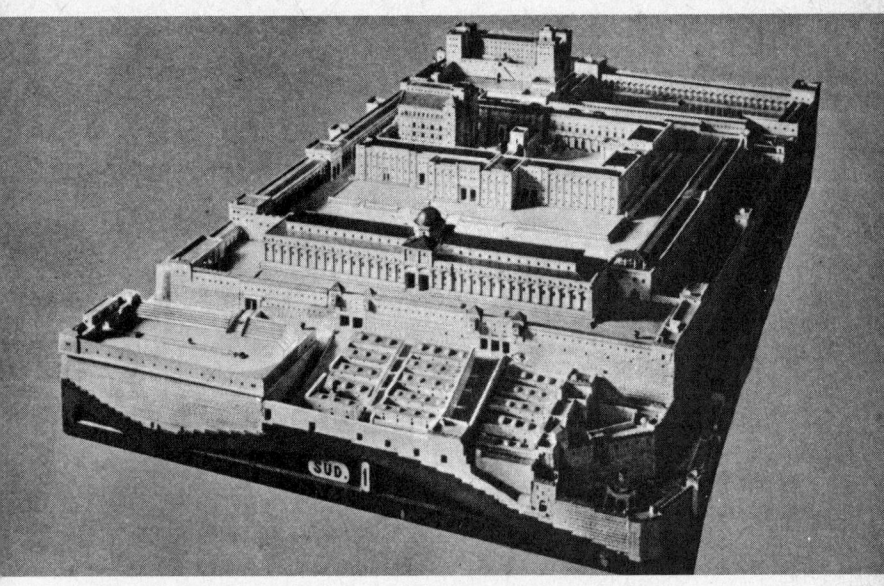

«Und Jesus ging hinweg von dem Tempel, und seine Jünger traten zu ihm, daß sie ihm zeigten des Tempels Gebäude.» (Matthäus 24, 1; Lukas 21, 5)

Modell des Tempels zu Jerusalem, dessen völligen Um- und Neubau in unerhörter Pracht König Herodes begann, um die Juden für sich zu gewinnen. Stück für Stück wurde das Gotteshaus abgebrochen und neu aufgebaut – im Innern nach den alten Maßen, aber von größerer Höhe –, ohne daß der Gottesdienst dadurch gestört wurde. Bei dem Neubau lag ein Vorhof terrassenförmig über dem anderen, und über allen erhob sich das Tempelgebäude. Eine mächtige Mauer, deren Fundamente noch in der Klagemauer erhalten sind, umgab alles. Im Westen (links) stand das Haupteingangstor. Durch dessen Pforten gelangte man zunächst in den äußeren Hof, auch Vorhof der Heiden genannt. Mitten in diesem großen Platz, den Säulengalerien von allen Seiten umgaben, lag der eigentliche erhöhte und von einer niedrigen Mauer umgebene Tempelbezirk. An Säulen waren hier Inschriften angebracht, die jedem Nichtjuden bei Todesstrafe verboten, weiterzugehen (Apostelgeschichte 21, 28) (siehe Abbildung S. 299). Im Osten des Vorhofes war die «Halle Salomos» (Johannes 10, 23; Apostelgeschichte 3, 11; 5, 12), an der Südseite die königliche Halle. In einer dieser Hallen saß der zwölfjährige Jesus unter seinen Lehrern (Lukas 2, 46). Im Nordwesten krönte eine starke Befestigungsanlage den Tempelbezirk: die alte Burg Baris der Makkabäerzeit, die durch König Herodes erneuert, ausgebaut und in «Antonia» nach einem Freund umbenannt wurde. Vom Tempelplatz führten Stufen zur Burg hinauf (Apostelgeschichte 21, 35.40). Vom Vorhof der Heiden leiteten neun Tore weiter ins Innere, vier davon im Norden und vier im Süden. Das im Osten liegende Tor war das prächtigste – die «Schöne Pforte» (Apostelgeschichte

297

3, 2, 10) – und gewährte Zutritt zum Frauenvorhof. Von hier führte eine Treppe weiter in den Vorhof der Israeliten, den eine Brustwehr vom Vorhof der Priester trennte, in dem Brandopferaltar und das «eherne Meer» standen. Nur wenige Jahre nach dem Abschluß der Umbauten, 70 n. Chr., wurde der Tempel von den Römern zerstört. Sie drangen von der Burg Antonia in den Tempelbezirk ein, nachdem die Juden selbst die Hallen angezündet hatten. Ein Römer warf einen Feuerbrand in ein Fenster des nördlichen Umbaus. An den Holzteilen fand das Feuer reichlich Nahrung, der Brand wütete weiter, und der Tempel stürzte zusammen.

«Und da er aus dem Tempel ging, sprach zu ihm seiner Jünger einer: Meister, siehe, welche Steine und welch ein Bau ist das!» (Markus 13, 1)
Am äußeren Westwall des alten Tempelbezirks liegt die «Klagemauer» von Jerusalem, ein Rest der herodianischen Umfassungsmauern. Die Mächtigkeit der behauenen Felsblöcke läßt noch heute etwas von der Größe und Pracht des Gotteshauses ahnen, in dem Jesus einst wandelte. Auch dieser Ort, an dem die Juden die Zerstörung ihres Tempels bis in unsere Tage beweinten, ist ihnen heute nicht mehr zugänglich, da er dem jordanischen Teil der Stadt zugehört.

«. . . dazu hat er (Paulus) auch Griechen in den Tempel geführt und diese heilige Stätte gemein gemacht . . . Sie griffen aber Paulus und zogen ihn zum Tempel hinaus; und alsbald wurden die Türen zugeschlossen.» (Apostelgeschichte 21, 28.30) Paulus war mit seinen griechischen Begleitern an dieser zu Jerusalem wieder aufgefundenen Tafel achtlos vorbeigeschritten. Dabei verbot sie

– im «Vorhof der Heiden» des Tempelbereichs angebracht – jedem Nichtjuden bei Todesstrafe, in den inneren Vorhof weiterzugehen. «Wer dabei angetroffen wird, ist selber verantwortlich für seinen Tod, der darauf folgt», besagen die roten auf weißen Kalksteinblock geschriebenen Buchstaben dieser Inschrift, die noch aus der Zeit Jesu und seiner Apostel stammt.

«Und Salomo fing an zu bauen das Haus des Herrn zu Jerusalem auf dem Berge Morija, der David, seinem Vater, gezeigt war, welchen David zubereitet hatte zum Raum auf der Tenne Ornans, des Jebusiters.» (2. Chronik 3, 1) «Auf dem Felsen der Ebene» (Jeremia 21, 13) – heute Haram esch-Scherif genannt – erhebt sich zu Jerusalem der im 7. Jahrhundert erbaute arabische Felsendom. Er beherbergt den «heiligen Fels», einen Felsblock von 17,94 Meter Länge und 13,19 Meter Breite mit einer Höhle (vorn rechts). Salomo baute hier den Tempel, und auf dem Fels hat wahrscheinlich der Brandopferaltar seinen Platz gehabt (1. Könige 9, 25). An derselben Stelle wurde nach der Rückkehr aus dem babylonischen Exil der neue Tempel gebaut und später von Herodes renoviert.

*«Weiset mir die Zinsmünze! Und sie reichten
ihm (Jesus) einen Groschen dar. Und er sprach
zu ihnen: Wes ist das Bild und die Überschrift?
Sie sprachen zu ihm: Des Kaisers. Da sprach er
zu ihnen: So gebet dem Kaiser, was des Kaisers
ist, und Gott, was Gottes ist!»* (Matthäus 22,
19–21)
So sah das Silberstück aus, das man Jesus reichte
und das Pate stand bei dem so berühmt
gewordenen Gleichnis vom Zinsgroschen. Es
handelte sich um den römischen Denar, die
häufigste Silbermünze, von Luther mit
«Groschen» übersetzt (Matthäus 18, 28; Markus
6, 37; Lukas 7, 41). Er wurde auch als Zins- oder
Steuermünze bezeichnet, weil die jährlich
erhobene römische Kopfsteuer ebenfalls einen
Denar betrug. Seine Vorderseite schmückte zu
Jesu Zeiten das Bild des Kaisers Tiberius (links).

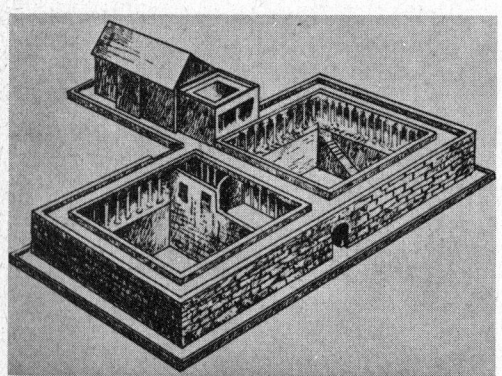

*«Es ist aber zu Jerusalem bei dem Schaftor ein Teich, der heißt auf hebräisch
Bethesda und hat fünf Hallen, in welchen lagen viele Kranke, Blinde, Lahme,
Verdorrte, die warteten, wann sich das Wasser bewegte.»* (Johannes 5, 2.3)
Nördlich des Tempelplatzes wurden Reste eines doppelten Teiches gefunden. Er
lag inmitten von fünf Säulenhallen, von denen je zwei den Teich nach der Länge
und nach der Breite begrenzten. Eine Säulenhalle teilte die Gesamtanlage in zwei
Teile. Die Rekonstruktion (oben) nach den Grabungsergebnissen
veranschaulicht, wie die Anlage einst ausgesehen haben mag. Hier zu Bethesda
heilte Jesus den Mann, der seit achtunddreißig Jahren krank lag: *«Stehe auf,
nimm dein Bett und gehe hin!»* (Johannes 5, 8).

«Und er ging hinaus nach seiner Gewohnheit an den Ölberg. Es folgten ihm aber
seine Jünger . . . Und einer von den Zwölfen, genannt Judas, ging vor ihnen her
und nahte sich zu Jesu, ihn zu küssen.» (Lukas 22, 39.47)
Östlich von Jerusalem erhebt sich als Teil einer rund achthundert Meter hohen
Bergkette der Ölberg. Von Jericho kommend hatte Jesus von der Höhe des
Ölberges die heilige Stadt geschaut, an dieser Stätte – «da er auf dem Ölberge saß
gegenüber dem Tempel» – hatte er über die Endzeit gesprochen (Markus 13,
3 ff.). In dem noch heute von uralten krüppelstämmigen Ölbäumen bestandenen
Garten Gethsemane am Fuße des Ölberges wurde Jesus auch verhaftet.

«Und Joseph nahm den Leib und wickelte ihn in eine reine Leinwand und legte ihn in sein eigenes neues Grab, welches er hatte lassen in einen Fels hauen, und wälzte einen großen Stein vor die Tür des Grabes und ging davon.» (Matthäus 27, 59.60)
Aus der neutestamentlichen Zeit stammt dieses in das natürliche Gestein gehauene Felsengrab, das uns eine Vorstellung von dem Grab des Joseph von Arimathia gibt, in dem Jesus beigesetzt wurde. Es besitzt einen niedrigen Eingang (Johannes 20, 5), der durch einen Rollstein – hier rechts am Eingang – verschlossen werden konnte. «Und sie sahen dahin und wurden gewahr, daß der Stein abgewälzt war; denn er war sehr groß» (Markus 16, 4).

«Es war aber ein Jünger in Damaskus, mit Namen Ananias; zu dem sprach der Herr im Gesicht: . . . Stehe auf und gehe hin in die Gasse, die da heißt «die gerade», und frage in dem Hause des Judas nach einem, namens Saul von Tarsus.» (Apostelgeschichte 9, 10.11)

Noch heute, wie vor bald zwei Jahrtausenden, führt von Ost und West mitten durch Damaskus die «Gerade Straße», in der der Apostel Paulus sich nach seinem aufrüttelnden Erlebnis der Bekehrung zu Jesu Lehre auf dem Weg zur Stadt aufhielt. Die östlich des Hermongebirges am Rande der Wüste gelegene uralte Hauptstadt von Syrien ist von Abrahams Zeiten an mit der biblischen Geschichte verbunden (1. Mose 15, 2).

«Es geschah aber . . . daß Paulus . . . kam gen Ephesus . . .» (Apostelgeschichte
19, 1)
Erhalten blieb in Ephesus, der Stadt in der römischen Provinz Phrygia an der
Westküste Kleinasiens, die Ruine des Theaters, in dem zu Ehren des römischen
Kaisers Spiele abgehalten wurden. Sein Halbrund, das über 24 000 Zuschauern
Platz bot, erlebte die in der Apostelgeschichte 19, 24–29 geschilderte Szene:
«Und die ganze Stadt ward voll Getümmels. Sie stürmten . . . zu dem Schauplatz
und ergriffen . . . des Paulus Gefährten.» Unter meterhohen Schuttmassen
kamen auch die Überreste des Tempels der Artemis wieder zutage, der einst zu
den sieben Weltwundern gehörte. Auf einer Münze aus Ephesus (links) blieb uns
eine Darstellung des Tempels mit dem Standbild der Gottheit erhalten, deren
viele Brüste sie als Fruchtbarkeitsgöttin kennzeichnen. Ihr gilt in der
geschilderten Geschichte der Ruf: «Groß ist die Diana der Epheser!»
(Apostelgeschichte 19, 28.34).

«Danach schied Paulus von
Athen und kam nach
Korinth . . .»
(Apostelgeschichte 18, 1).
Noch stehen einige Säulen
des Apollotempels am
Berghügel zu Korinth, der
Handels- und
Industriestadt am Isthmus,
die der Apostel zweimal für
längere Zeit besuchte
(Apostelgeschichte 18, 1 bis
18; 20, 2). Wiedergefunden
werden konnten auch der
Platz des Gerichtsgebäudes
mit dem Richtstuhl des
Statthalters
(Apostelgeschichte 18, 12)
und die Fleischmarkthallen
(1. Korinther 10, 25), die
nahe dem Marktplatz – der
Agora – lagen. Bei seinem
zweiten Aufenthalt schrieb
Paulus hier seinen
berühmten Brief an die
Römer (Römer 16, 23).

«Saulus, ein Knecht Jesu Christi, berufen zum Apostel . . . allen, die zu Rom sind, den Liebsten Gottes . . .» (Römer 1, 1.7), so beginnt Paulus' Brief an die Römer. Die erste Seite des berühmten Römerbriefes, den Paulus in Korinth schrieb, im Codex Sinaiticus – der im Katharinenkloster auf der Sinai-Halbinsel aufgefundenen griechischen Bibelhandschrift aus dem vierten nachchristlichen Jahrhundert.

«. . . *und kam gen Cäsarea* . . .» (Apostelgeschichte 18, 22)
Einige zerbrochene, von den Wellen des Mittelmeeres umspülte Säulenstümpfe,
fünfzig Kilometer nordnordöstlich von Tel Aviv – das ist alles, was von dem einst
stolzen Cäsarea Palästinä übrigblieb. König Herodes, der sie als prächtige
Residenz des römischen Landpflegers Judäus erbaute und mit einem eigenen
Hafen versah, taufte sie zu Ehren des Kaisers Augustus «Cäsarea». In ihren
Mauern – in denen auch Pontius Pilatus wohnte (Matthäus 27, 11 ff.) – verweilte
Paulus verschiedene Male auf seinen Missionsreisen (Apostelgeschichte 9, 30;
18, 22; 21, 8). Von Cäsarea aus trat der Apostel nach zweijähriger
Gefangenschaft auch seinen Weg nach Rom an. «Da es aber beschlossen war, daß
wir nach Italien schiffen sollten, übergaben sie Paulus und etliche andere
Gefangene dem Unterhauptmann, mit Namen Julius, von der kaiserlichen
Schar» (Apostelgeschichte 27, 1).

«Und also kamen wir gen Rom. Und von dort, da die Brüder von uns hörten, gingen sie aus uns entgegen, bis gen Appifor . . .» (Apostelgeschichte 28, 14.15)

Über die berühmte Via Appia wurde der gefangene Paulus, nachdem er mit dem Schiff bis Puteoli, der Hafenstadt am Golf von Neapel, gelangt und dort eine Woche geblieben war (Apg. 28, 13), weiter nach Rom gebracht. Auf der von der Hauptstadt des Imperiums nach Süden führenden Staatsstraße lag eine Tagesreise – etwa sechzig Kilometer – von Rom entfernt das «Forum Appii», im alten Luthertext die Stadt Appifor genannt. In diesem seiner diebischen Einwohner und seiner Malariaerkrankungen wegen berüchtigten Ort begegneten Paulus die ersten Christen Roms, die dem Apostel entgegengeeilt waren.

«Da wir aber gen Rom kamen . . . ward Paulus erlaubt zu bleiben, wo er wollte, mit einem Kriegsknechte, der ihn hütete . . . Paulus aber blieb zwei Jahre . . . Predigte das Reich Gottes und lehrte von dem Herrn Jesus mit aller Freudigkeit unverboten.» (Apostelgeschichte 28, 16.30.31)

Das Forum Romanum – Herz der alten Tiberstadt und in den Tagen der Apostel zugleich Mittelpunkt der damaligen Welt – sah auch Paulus: Der Tempel des Saturn zur Linken, von dem noch heute acht hohe Säulen künden, stand bereits viele Jahrhunderte, als Paulus als Gefangener nach Rom kam; er war 497 v. Chr. geweiht und gegen 44 v. Chr. restauriert worden. Vor den Bäumen ganz rechts ragen drei Säulen eines Tempels empor, der im Jahre 484 v. Chr. den Zwillingsgottheiten Castor und Pollux geweiht war. Links davon sieht man den 94 n. Chr. zur Erinnerung an die Eroberung Jerusalems erbauten Titus-Triumphbogen. Auch das Colosseum und die anderen Baulichkeiten stammen aus späterer Zeit. Dafür stand, als Paulus hier weilte, vor dem Saturntempel das «Milarium Aureum», eine von Kaiser Augustus errichtete vergoldete Säule, auf der die Namen der wichtigsten Städte des Imperiums und ihre Entfernung von Rom aufgezeichnet waren, darunter Londonium – das alte London – im Westen, wie Jerusalem im Osten. Als Paulus in Rom das Evangelium zu predigen begann, war der erste Abschnitt der Weltmission des Christentums vollendet. Hier schrieb Paulus seine Briefe an die Epheser und Kolosser, vielleicht auch an die Philipper, den zweiten Timotheusbrief und den an Philemon. Wie Paulus so hat auch Petrus in den Mauern Roms geweilt, ebenso Markus und Lukas.

«Ich berufe mich auf den Kaiser», hatte Paulus in Cäsarea vor dem römischen Prokurator Festus nachdrücklich gesagt (Apostelgeschichte 25, 11). Der Kaiser, den der Apostel damit als höchste Berufungsinstanz angerufen hatte, war niemand anders als Nero – hier im Bild. Zwei Jahre lebte Paulus nach seiner Überführung angeklagt und überwacht in Rom. Aus dieser offenbar nicht strengen Haft (Apostelgeschichte 28, 16.30) wurde er noch einmal freigelassen, wie wir aus seinen Briefen an Timotheus und Titus ersehen können. Dann allerdings sollte Paulus ebenso wie Petrus zu Rom unter Kaiser Nero das Schicksal ereilen.

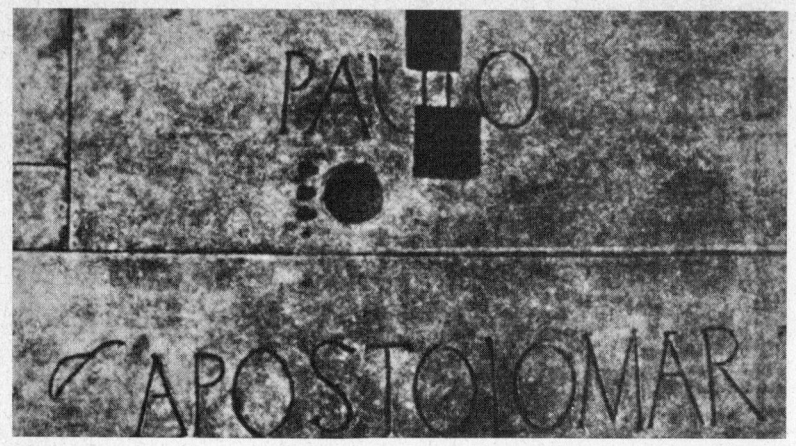

«Paulo Apostolo Martyri» steht in typischen Lettern aus der Zeit des Kaisers Konstantin auf dieser Marmorplatte. Man fand sie unter dem Hochaltar beim Wiederaufbau der im Jahre 1823 durch eine Feuersbrunst zerstörten Kirche «St. Paul vor den Mauern» in Rom. Nach der Tradition soll Kaiser Konstantin an dieser Stelle eine erste Kirche über dem Grab des Apostels Paulus errichtet haben.

«Wenn du aber alt wirst, wirst du deine Hände ausstrecken, und ein anderer wird dich gürten und führen, wohin du nicht willst. Das sagte er aber, zu deuten, mit welchem Tode er Gott preisen würde.» (Johannes 21, 18.19)
Nach der Überlieferung soll der in Johannes 21, 19 von Christus vorausgesagte Märtyrertod des Petrus mit der Kreuzigung des Apostels unter Nero erfolgt sein, und zwar gleichzeitig mit der Hinrichtung des Paulus durch das Schwert. Tief unter der Krypta und dem Hochaltar des Petersdomes zu Rom liegen inmitten heidnischer Mausoleen die hier abgebildeten Überreste einer Gedenkstätte, die wahrscheinlich gegen 160 n. Chr. über dem mutmaßlichen Grabmal des Apostels Petrus errichtet wurde.

«Wahrlich, ich sage euch: Es wird hier nicht ein Stein auf dem anderen bleiben, der nicht zerbrochen werde.» (Matthäus 24, 2)
Die Zerstörung Jerusalems, die Jesus vorausgesagt hatte (Lukas 19, 41–44), wurde von Titus im Jahre 70 n. Chr. vollzogen, den sein 69 n. Chr. zum Kaiser ausgerufener Vater Vespasian zum Oberbefehlshaber des römischen Heeres in Juda eingesetzt hatte. Der mit dem Siegeslorbeer geschmückte Kopf des Titus, der von 79–81 n. Chr. selbst römischer Kaiser war, auf einer Münze.

«Und er wird rauben den Schatz allen köstlichen Gerätes.» (Hosea 13, 15)
Ein letztes in Stein gehauenes Zeugnis von den kostbaren Geräten des Tempels
zu Jerusalem verblieb im Herzen des alten Rom auf dem Forum Romanum: Ein
Relief im Innern des Triumphbogens, der zu Ehren von Titus, dem Eroberer von
Jerusalem, errichtet wurde. Der Titusbogen selbst, durch den der Triumphzug
zieht, ist auf der rechten Seite des Reliefs dargestellt. Nachdem der Feldherr – der
siegreiche Titus – ihn bereits durchschritten hat, folgen lorbeergeschmückte
römische Soldaten in leichter Tunika. Zwischen ihnen schreiten, gefesselt,
gefangene Juden. Die Römer tragen die in Jerusalem errungene Beute auf ihren
Schultern. Vor jeder Gruppe wird eine Tafel getragen, auf der jeweils das
Beutestück genannt ist: (von rechts) zunächst der Schaubrotaltar – «Du sollst
auch einen Tisch machen von Akazienholz» (2. Mose 25, 23). Auf seiner
Tischplatte steht ein Becher – der «Becher Jahwes» –, und über seine Stege sind
zwei silberne Posaunen gekreuzt gelegt: «Mache dir zwei Drommeten von
getriebenem Silber, daß du sie brauchest die Gemeinde zu berufen, und wenn das
Heer aufbrechen soll . . .» (4. Mose 10, 2). Angezeigt durch eine zweite Tafel
folgt dann der siebenarmige Leuchter – «Du sollst auch einen Leuchter von
feinem, getriebenem Golde machen . . . Und sollst sieben Lampen machen oben
auf . . .» (2. Mose 25, 31.37).

«... und Jerusalem wird zertreten werden von den Heiden, bis daß der Heiden
Zeit erfüllt wird.» (Lukas 21, 24)
«Judaea capta» – «Juda erobert» – steht auf der von Rom geprägten
Erinnerungsmünze an den Fall Jerusalems im Jahre 70 n. Chr. Unter einer
Palme, vor der links ein römischer Krieger steht, kauert rechts eine trauernde
Frau – als Symbol für das unterworfene Juda.

Wenn es zutrifft . . .

... was in Lukas 18, Vers 25, steht, sollte jeder, der kein Geld hat, froh darüber sein. Was einem aber geschieht, der kein Geld hat, erfährt man aus den Sprüchen Salomos, Kapitel 22, Vers 27. Recht unangenehme Sache. Und auch Matthäus 5, Vers 26, spendet nicht gerade Trost bei Geldmangel.

Andererseits: Auch der Reiche lebt gefährlich, wie man aus dem 1. Brief an Timotheus, Kapitel 6, Vers 9, weiß. Zwar ist es tröstlich, wenn man sich versorgt fühlt wie jener Wohlhabende in Lukas 12, Vers 19. Aber schon Vers 20 versetzt einen wieder in Unruhe. Was tun? Richtet man sich nach Matthäus 6, Vers 19, ist womöglich bald Matthäi am letzten. Macht man's aber wie jener Knecht in Lukas 19, Vers 16, gerät man vielleicht in die Gefahr des Verses 24 aus dem 18. Lukaskapitel.

Vielleicht sollte man doch auch in einer Bank nachfragen.

Synoptische Zeittafeln
zur biblischen Geschichte

DIE ZEIT DER ERZVÄTER (ca. 2000–1700 v. Chr.)

Zeit	Biblische Ereignisse	Bibelstelle	Alter Orient	
ca. 2000–1700	Wanderungen der Erzväter	1. Mose 11, 31 ff.	Mesopotamien: ca. 2000 v. Chr. Ende der 3. Dynastie von Ur	Ägypten: Mittleres Reich. 12. Dynastie: ca. 2000–1780. Palästina unter ägyptischer Kontrolle
			2000–1700 v. Chr.: Amoriter-Invasion und Gründung amoritischer Dynastien. Mari-Zeitalter. 1. Dynastie von Babylon ca. 1850–1550	
ca. 1700	Zug der Familie des Jakob nach Ägypten	1. Mose 42 ff.	Einbruch von Indo-Ariern und Churritern nach N-Mesopotamien: 18. und 17. Jh.	Ägypten: Hyksos-Zeit: ca. 1720–1550 Palästina: Aufblüte unter Hyksos-Herrschern

DER AUFENTHALT IN ÄGYPTEN (ca. 1700–1300 v. Chr.)

Zeit	Biblische Ereignisse	Bibelstelle	Alter Orient	
	Die Kinder Israel in Ägypten	2. Mose 1, 6.7 2. Mose 12, 40	Klein-Asien: Hethitisches Großreich (1600–1200)	
			N-Mesopotamien: Mitanni (Churriter)-Reich: 1500–1370	Ägypten: Neues Reich: 18. Dynastie: ca. 1546–1319. Ausdehnung über Syrien bis zum Euphrat (Grenze mit Mitanni-Reich)
				Palästina: ägyptische Provinz. 1400–1360: Briefe kanaanitischer Stadtfürsten an ägyptischen Hof (Amarna-Briefe): Amenophis III. (ca. 1413–1377), Amenophis IV. (Echnaton, ca. 1377–1360)

VON ÄGYPTEN BIS KANAAN (ca. 1300–1225 v. Chr.)

Zeit	Biblische Ereignisse	Bibelstelle	Alter Orient
	Fronarbeit in Ägypten	2. Mose 1, 11 ff.	Ägypten: 19. Dynastie: ca. 1319–1200 Zusammenstoß mit Hethitern bei Versuch, Macht in Asien wiederherzustellen
Kurz nach ca. 1300	Auszug Israel Wüstenaufenthalt	2. Mose 12, 37 ff. bis 5. Mose	Pharao Sethos I.: ca. 1319–1301 Pharao Ramses II.: ca. 1301–1234. Schlacht bei Kades gegen Hethiter: ca. 1297. Staatsvertrag mit Hethitern: 1280.
ca. 1250– 1225	Besetzung des Gelobten Landes	Josua	Pharao Merneptah, ca. 1235–1227, erwähnt «Israel» ca. 1230 in Sieges-Stele

DIE ZEIT DER RICHTER (ca. 1225–1020 v. Chr.)

Zeit	Biblische Ereignisse	Bibelstelle	Alter Orient	
ca. 1100	Schlacht gegen Kanaaniter i. Jesreel-Ebene (Debora-Lied)	Richter 4–5	Klein-Asien: ca. 1200: Ende des Hethiter-Reiches	Ägypten: 20. Dynastie: 1200–1085. Angriff der «Seevölker», unter ihnen die bibl. Philister. Siegreiche Abwehr durch Pharao Ramses III. in großer See- und Landschlacht, ca. 1190. Nach ca. 1150: Verfall der Pharaonenmacht, Priesterherrschaft, Verlust der asiatischen Besitzungen.
	Gideon schlägt die Midianiter	Richter 6,1–8,21	Palästina: Philister lassen sich in südlicher Küstenebene nieder: frühes 12. Jh.	
	Erste Kämpfe gegen Philister	Richter 15–16 1. Samuel 4		
ca. 1050	Fall von Silo			

DIE ZEIT DER KÖNIGE (ca. 1000–587 v. Chr.)

Liste der Könige			Zeit	Biblische Ereignisse

1. Das vereinte Königreich (ca. 1000–926 v. Chr.)

Saul ca. 1020–1004				Philisterkämpfe
David ca. 1004– 998	(König von Juda)			Eroberung Jerusalems
ca. 998– 965	(König über ganz Israel)			
Salomo ca. 965– 926				Tempelbau. Bau von Vorrats- und Wagenstädten Schiffsbau z. Ezeon-Geber

2. Das geteilte Königreich: 926–721 v. Chr.

Nordreich Israel:		Südreich Juda:		Zeit	Biblische Ereignisse
Jerobeam I.	926–907	*Rehabeam*	926–910	ca. 926	Teilung des Reiches
				ca. 922	Raubeinfall Sisaks nach Israel und Juda
Nadab	907–906	Abis	910–908		
Baesa	906–883	*Asa*	908–872		
Elah	883–882				
Simri	882				
Omri	882–871			ca. 880	Omri gründet Samaria
Ahab	871–852	Josaphat	872–852		Ahabs Kämpfe gegen Damaskus
Ahasja	852–851	Joram	852–845		
Joram	851–845	Ahasja	845–844		Abfall der Moabiter von Israel
Jehu	845–818	Athalja	845–839		Jehu rottet Haus Ahabs aus
Joahas	818–802	Joas	839–800		
Joas	802–787	Amazja	800–785		
Jerobeam II.	787–747	*Usia* (Asarja)	785–747		
Sacharja	747	*Jotham*			
Sallum	746	(Regent und König)	758–743		
Menahem	746–737	*Ahas*	742–725	734	Tiglat-Pileser (Phul) unterwirft Israel
Pekahja	736–735				
Pekah	734–733			733–732	Tiglat-P. erobert Damaskus, N-Israel, Ostjordanland
Hesea	732–724	*Hiskia*	725–697	732	Tiglat-P. setzt Hosea ein Salmanassar unterwirft Hosea
				724 – Febr. 721	Assyrische Belagerung von Samaria
				721	Fall von Samaria, 27 290 Deportierte

Liste der Könige	Zeit		Biblische Ereignisse
Hiskia	725–697	711	Sargons Tharthan erobert Asdod
		701	Sanherib belagert Hiskia Tribut Jerusalems Heranrücken Thirhakas
Manasse	696–642		Gefangennahme Manasses durch Assyrer
Amon	641–640	663	Asnaphar erobert No-Amon (Theben)
Josia	639–609	612	Fall von Ninive
		609	Josia fällt gegen Pharao Necho
Joahas	609		
Jojakim	608–598	605	Schlacht bei Karkemisch
		605	Nebukadnezar vor Jerusalem
		598	Abfall König Jojakims von Babylon
Jojachin	598	598	Nebukadnezars 1. Eroberung von Jerusalem 1. Wegführung nach Babylon
Zedekia	598–587	589–587	2. Eroberung Jerusalems durch Nebukadnezar
		587	Fall und Zerstörung von Jerusalem 2. Wegführung nach Babylon

Bibelstelle	Alter Orient
1. Samuel 13, 1–14, 46; 17; 31 2. Samuel 5,7 1. Könige 6, 1 ff.	Assyrisches Reich: ca. 1000–612
1. Könige 9, 26	König Hiram von Tyrus
1. Könige 12 1. Könige 14, 25	·Ägypten: Pharao Scheschonk I. (Sisak), Gründer der 22. Dynastie: ab ca. 935
1. Könige 16, 24 1. Könige 20 2. Könige 1, 1; 3, 4 ff. 2. Könige 9–10	Mesopotamien: König Salmanassar III. von Assyrien: 859–824. 853: Einfall in Syrien. Schlacht bei Karkar (Teilnahme Ahabs). Gedenkstele des Königs von Moab. 841: Tribut Jehus an Salmanassar III.
2. Könige 15–16 2. Könige 15–29 2. Könige 15, 30 2. Könige 17, 3 2. Könige 17, 5–18, 9–12	Tiglatpileser III. von Assyrien: 745–727; Begründer des assyrischen Weltreiches. Tiglatpilesers Invasion 733–32: Israel und Juda werden Tributstaaten. König Salmanassar von Assyrien, 727–722: verkleinert Israel nach Rebellion. König Sargon II. von Assyrien, 722–705

Bibelstelle	Alter Orient
Jesaja 20, 1	Mesopotamien: Sargon II. von Assyrien: 722–705; Merodachbaladan von Babylon: 721–709
2. Könige 18, 13–19, 36	Sanherib von Assyrien: 705–681
Jesaja 37, 9 2. Chronik 33, 11	Ägypten: Pharao Taharka: ca. 689–663 (Äthiopische Dynastie) Asarhaddon von Assyrien: 681–669: erobert Unterägypten ca. 670 Assurbanipal von Assyrien: 669–626: erobert Theben 663
Nahum 3, 8–10	Meder und Neubabylonier erobern Assur: 614
Nahum 2, 2 ff. 2. Könige 23, 29	Ende des assyrischen Reiches: 612; Meder und Neubabylonier erobern Ninive Neubabylonisches Reich: 612–539
Jeremia 46, 1–12 Daniel 1, 1.2 2. Könige 24, 1	Ägypten: Pharao Necho II.: 609–597 König Nebukadnezar II. von Babylon: 605–562. Sieg über Necho bei Karkemisch: 605; Nebukadnezar besetzt Syrien, Palästina: Juda wird Tributstaat. 604: Nebukadnezar erobert Askalon
2. Könige 24, 10–13	
2. Könige 24, 14–16	
2. Könige 25, 1–10	
Jeremia 39, 1–14; 52	Babylonische Gefangenschaft: 587–538
2. Könige 25, 11	

Zeit	Biblisches Ereignis	Bibelstelle	Alter Orient
ab 587	Babyl. Exil	Psalm 137	Perser-Reich:
538	Edikt des Kyrus Rückkehr der Juden nach Jerusalem	Esra, Nehemia	Kyrus vereint Meder und Perser: 549, erobert Lydien: 546 und Babylon: 539 (wo Nabonid und Kronprinz Belsazar regieren)
520–516	Wiederaufbau des Tempels unter Zerubabel		Kambyses: 530–522, erobert Ägypten: 525. Darius I.: 522–486, Feldzug gegen Griechenland, Niederlage bei Marathon: 490. Xerxes I.: 486–465, Feldzug gg. Griechenland, Schlacht b. d. Thermopylen, Niederlage bei Salamis: 480
458	Rückkehr Esras		
445	Rückkehr Nehemias		Artaxerxes I.: 465–424
			Hellenistische Zeit: Alexander der Große: 336–323, erobert das persische Weltreich. 332: Palästina wird griechische Provinz.
			Diadochen-Reiche: Palästina unter ägyptischer Herrschaft (Ptolemäer); 198: Palästina wird syrisch (Seleukiden):
168	Unterdrückung des jüdischen Glaubens durch Antiochus	1. u. 2. Makkabäer	Antiochus III, der Große: 223–187 Antiochus IV. Epiphanes: 175–163
167	Aufstand der Makkabäer		
166–160	Judas Makkabäus		
160–142	Jonathan		
142–134	Simon		140: Beginn der Hasmonäer-Dynastie mit Simon
			63: Pompejus erobert Jerusalem, Beginn der Römerherrschaft über Palästina
			48–47: Cäsar in Ägypten
			47: Cäsar setzt den Idumäer Antipater zum Prokurator von Judäa ein

Zeit	Biblisches Ereignis	Bibelstelle	Palästina	Römisches Reich
7 v. Chr.	Geburt Jesu	Die Geschichtsbücher des Neuen Testaments	Herodes der Große, König von Juda: 40–4 v. Chr. 4 v. – 6 n. Chr.: Archelaus (Tetrarch von Judäa, Samaria) 4 v. – 39 n. Chr. Herodes Antipas (Tetrarch von Galiläa, Peräa). Vom Jahr 6 an: römischer Statthalter in Judäa.	Kaiser Augustus 31 v.– 14 n. Chr. Kaiser Tiberius 14–37
28 n. Chr.	Johannes der Täufer Wirken Jesu Kreuzestod Jesu		26–36: Pontius Pilatus, Statthalter in Judäa	
32/33	Paulus' Bekehrung vor Damaskus			37–41: Kaiser Caligula
44	Gefangenschaft des Petrus			41–54: Kaiser Claudius
50–52	Paulus in Griechenland			
52–55	Paulus in Ephesus			54–68: Kaiser Nero
56	Paulus in Jerusalem verhaftet			64: Brand Roms, erste Christenverfolgungen
58–59	Fahrt des Paulus nach Rom Paulus als Gefangener in Rom		66–70: 1. jüdischer Aufstand gegen Rom 70: Titus zerstört Jerusalem und Tempel	69–79: Kaiser Vespasian 79–81: Kaiser Titus
			132–135: 2. jüdischer Aufstand gegen Rom	117–138: Kaiser Hadrian

Bibliographie

Adams, J. M. K., *Ancient Records and the Bible* (1946)
Albright, W. F., *Von der Steinzeit zum Christentum* (1949)
–, *Archaeology and the Religion of Israel* (1953)
–, *Archaeology of Palestine* (1954)
Andrae, W., *Das wiedererstandene Assur* (1938)

Barrois, A. G., *Manuel d'archéologie biblique I/II* (1939/53)
Benzinger, I., *Hebräische Archäologie* (1927)
Bible, Our Living (1962)
Bittel, K., *Die Ruinen von Bogazköy* (1937)
Breasted, J. H., *Ancient Records of Egypt* (1907)
–, *The Dawn of Conscience* (1934)
–, *Geschichte Ägyptens* (1954)
Bruin, P., Giegel, P., *Welteroberer Paulus* (1959)

Cermont-Ganneau C. S., *La Stèle de Mésa* (1887)
Childe, V. G., *New Light on the most Ancient East* (1952)
Contenau, G., *L'Antiquité orientale in Histoire Générale de l'Art I, S. 35–65* (1950)
–, *Manuel d'Archéologie orientale* (1927–47)
Crowfoot, J. W., *The Buildings at Samaria* (1942)

Davis, J. D., *Dictionary of the Bible* (1953)

Finegan, J., *Light from the Ancient Past* (1954)

Glueck, N., *The other Side of the Jordan* (1940)
–, *The River Jordan* (1946)
Götze, A., *Hethiter, Churriter und Assyrer* (1936)
Gressmann, H., *Altorientalische Bilder zum Alten Testament* (1927)
Grollenberg, L. H., *Bildatlas zur Bibel* (1957)

Huyghe, R., (éditeur), *L'art et l'homme, I* (1959)
Israel, Staat der Hoffnung (1960)

Jacob, E., *Ras Shamra-Ugarit et l'Ancient Testament* (in *Cahiers d'Archéologie Biblique* No. 12) (1960)
Jeremias, J., *Die Wiederentdeckung von Bethesda* (1960)
Jirku, A., *Die Welt der Bibel* (1960)

Knaurs Lexikon der ägyptischen Kultur (1959)

Koldewey, R., *Das wiedererstehende Babylon* (1925)
–, *Das Ischtar-Tor in Babylon* (1918)
–, Wetzel, Fr., *Die Königsburg von Babylon* (1931)
Kramer, S. N., *From the Tablets of Sumer* (1956)

Layard, A. H., *Discoveries in the Ruins of Nineveh and Babylon* (1853)
–, *Nineveh and its Remains* (1849)
Lenzen, H., *Die Sumerer* (1948)
Lepsius, C. R., *Denkmäler aus Ägypten und Äthiopien* (1849/56)
Lexikon zur Bibel, Hg. Fr. Rienecker (1960)
Loud, G., *Megiddo Ivories* (1939)
–, *Megiddo II* (1948)
Lüpsen, F., *Palästina* (1961)

Macalister, R. A. S., *A Century of Excavations in Palestine* (1925)
Mader, E., *Mambre* (1957)
Mallowan, M. E. L., *Twenty-five Years of Mesopotamian Discoverty* (1958).
Malraux, A., *Le musée imaginaire de la sculpture mondiale* (1953)
Mati, Fr., *Kreta, Mykene, Troja* (1956)
Metzger, H., *Les routes de Saint Paul* (in *Cahiers d'Archéologie Biblique*) (1956)
Meyer, G. R., *Staatl. Museen zu Berlin. Durch vier Jahrtausende altvorderasiatische Kultur* (1956)
Miller, M. S. and J. L., *Plants of Bible Life* (1944)
–, *Harpers Bible Dictionary* (1952)
Montet, P., *L'Egypte et la Bible* (in *Cahiers d'Archéologie Biblique*) (1960)
Moorgat, A., *Altvorderasiatische Malerei* (1959)

Olmstead, A. T., *A History of Assyria* (1923)
Osten, H. H. v. d., *Die Welt der Perser* (1956)
Otto, E., *Ägypten, Der Weg des Pharaonenreiches* (1953)
Otto, W., (Hg.) *Handbuch der Archäologie I* (1939)

Parrot, A., *Sumer* (1960)
–, *Assur* (1961)
–, *Cahiers d'Archéologie Biblique*, Neuchatel (1955–62): *Déluge et Arche de Noé / La Tour*

de Babel / Ninive et l'Ancient Testament / Le Temple de Jérusalem / Abraham et son temps / Samarie, capitale du Royaume d'Israel / Babylone et l'Ancient Testament / Le musée de Louvre et la Bible

–, Mission Archéologique de Mari I–III, (1956, 58, 59)

Pillis, S. A., The Antiquity of Iraq (1956)

Pritchard, J. B., The Ancient Near East in Pictures (1954)

Ricciotti, G., Storia d'Israele (1949)

Riemenschneider, M., Die Welt der Hethiter (1961)

Rothenberg, B., Die Wüste Gottes (1961)

Rowe, A., The Topography and the History of Beth-Shan (1930)

–, The Four Canaanite Temples of Beth-Shan I (1940)

Rowley, H. H., The Old Testament and Modern Study (1952)

Schaeffer, C. F. A., Ugaritica I–II (1939/1949)

Schmöckel, H., Ur, Assur und Babylon (1957)

Schöne, G., Jerusalem (1961)

Stèves, M.-J., Sur les chemins de la Bible (1961)

Unger, E., Die Reliefs Tiglatpilesars III. aus Nimrud (1917)

–, Assyrische und babylonische Kunst (1927)

Vaux, R. de, Die hebräischen Patriarchen und die modernen Entdeckungen (1961)

Watzinger, C., Denkmäler Palästinas I–II (1933/35)

Die Welt aus der wir kommen (1961)

The Westminster Historical Atlas to the Bible (1953)

Wetzel, Fr., Assur und Babylon (1949)

Wiseman, D. J., Illustrations from Biblical Archaelogy (1958)

Wolf, W., Die Welt der Ägypter (1954)

Woolley, L., Ur of the Chaldees (1929)

–, Excavations at Ur (1954)

–, History unearthed (1958)

Wreszinski, Atlas zur ägyptischen Kulturgeschichte I–III (1923/40)

Wright, G. E., Biblische Archäologie (1959)

–, (Hg.) The Bible and the Ancient Near East (Essays in Honor of W. F. Albright) (1961)

Weitere Literaturhinweise siehe auch Bibliographie in Keller, W., Und die Bibel hat doch recht (1962)

Bibelstellenregister

(Die fettgedruckten Zahlen beziehen sich auf das Quellenverzeichnis)

Quellenverzeichnis der Abbildungen nebst Erläuterungen

13 Tell Nimrud (bibl. Kalach, assyr. Kalchu), e. d. assyr. Hptstädte u. e. d. vier v. Nimrod gebauten Städte (1. Mo. 10, 10), 30 km südöstl. v. Ninive. Engl. Grbg.: Austin Henry Layard, 1845–51; M. E. L. Mallowan; 1949. *(Zeichnung A. H. Layard in Monuments of Nineveh, Fg. 98)*

16 Der Tigris beim Dschebel Chanuke unterhalb Assurs. *(Aus Groeber, Palästina, Arabien und Syrien, 1925)*

16 Rollsiegel-Abdruck: genannt «Die Versuchung». Mesopotamisch. Mitte 3. Jt. v. Chr. British Museum, London. *(Foto: Mit frdl. Erl. d. Trustees d. Brit. Mus.)*

17 Flutschicht bei Ur. Teil der Ausgrabungen Sir Leonard Woolleys 1929. *(Foto: Arthaud-Mikael Audrain)*

18 Ruine der Zikkurat bei Aqar-Ouf (Dur Kurigalzu) westl. von Bagdad. Kassitische Periode: 14./13. Jh. v. Chr. *(Foto: Arthaud-Mikael Audrain)*

19 Rollsiegel-Abdruck: Anbeter vor einer Zikkurat. Assyrisch. Aus Babylon (Babil). Ende 2. Jt. v. Chr. *(Foto: Mit frdl. Erl. d. Staatl. Mus. zu Berlin)*

19 Stele mit Löwenjagd-Darstellung. Mesopotamisch. Warka (alt Uruk). Anfang 3. Jt. Schwarzer Basalt, Höhe 80 cm. *Irak Museum, Bagdad. (Foto: Mit frdl. Erl. Generaldir. d. Altertümer, Irak)*

20 Die Entdeckung eines geflügelten, menschenköpfigen Stieres im Tell Nimrud. *(Zeichnung A. H. Layard in «Nineveh and its Remains», London 1849)*

21 Der «Weiße Tempel» mit Treppenaufgang zu Warka (alt Uruk, sumer. Name für Erech) (1. Mo. 10, 10; Esra 4, 9), 200 km südöstl. v. Babylon a. lk. Euphrat-Ufer, e. d. vier Städte Nimrods. Sumerische Metropole, e. d. ältesten Städte Mesopotamiens, Stadt d. Gilgamesch. Mesopotamisch, 2. Hälfte d. 4. Jt. Dtsch. Grbg.: Jordan 1912–13, 1928–31; Nöldeke, Heinrich 1931–39, Lenzen ab 1954. *(Foto d. Expedition Heinr. Lenzen)*

22 Vase aus Warka (alt Uruk) mit kultischen Darstellungen (religiöse Prozession). Mesopotamisch. 4./3. Jt. v. Chr. Alabaster, H. 1,05 m. Irak Museum, Bagdad. *(Foto: Mit frdl. Erl. d. Generaldir. d. Altertümer, Irak)*

23 Bronzekopf eines Königs, vermutl. Sargons I. von Akkad. (Akkad: Name a) e. Stadt in N-Babylonien – eine d. 4 Städte Nimrods i. Land Sinear (1. Mo. 10, 10), genaue Lage noch nicht gesichert, evtl. Ruine Tell ed-Der bei Sippar. b) e. Dynastie, deren 1. König Sargon (Regierungszeit vielleicht 2467–2412 v. Chr.) war). Aus Ninive. 2. Hälfte 3. Jt. v. Chr. Höhe 30 cm. Irak Museum, Bagdad. *(Foto m. frdl. Erl. d. Generaldir. d. Altertümer, Irak)*

24 Stele des Naram-Sin, Königs d. Dyn. v. Akkad, Enkel Sargons (ca. 2300 v. Chr.). Der König setzt s. Fuß a. s. toten Gegner. Akkadisch. Aus Susa, 2. Hälfte 3. Jt. v. Chr. Rosa Sandstein, Höhe 2 m. Gefunden v. Jacques de Morgan, der 1897 m. d. Erforschg. v. Susa begann. Louvre, Paris. *(Foto: Archives Photographiques)*

25 Ur-Nammu-Stele, Ausschnitt. Neusumerisch. Aus Ur. 22. Jh. v. Chr. Ges. Höhe d. Stele: 3,04 m. Philadelphia University Museum. *(Foto: Mit. frdl. Erl. Philadelphia University Museum)*

27 Statuette eines Mannes mit Opferlamm. Babylonisch. Aus Mari (Tell Hariri a. mittl. Euphrat, rechtes Ufer). Anfang 2. Jt. v. Chr., Gipsstein, Höhe 23 cm. Franz. Grbg. André Parrot, Paris, seit 1933. Aleppo M. *(Foto: m. frdl. Erl. Generaldir. d. Altertümer, N-Syrien)*

29 Unterer Euphrat. *(Foto: Arthaud-Mikael Andrain)*

30 Statuetten aus dem Hortfund des Abu-Tempels. Mesopotamisch. Aus Tell Asmar (alt Eschnunna), Ruine im Gebiet d. Dijala, lk. Nebenfluß d. Tigris, m. vielen Ruinen. 1. Hälfte 3. Jt. USA-Grbg. unt. H. Francfort, 1930–36. Irak Museum, Bagdad; Oriental Institute of the University, Chicago. *(Foto: Mit frdl. Erl. Oriental Institute, Chicago)*

31 Die Zikkurat von Ur mit den ausgegrabenen Stadtruinen (Vordergrund). Erbaut v. Ur-

Nammu, d. Begründer d. 3. Dyn. v. Ur, 22. Jh. v. Chr. Ur: Tell al Muquyyar (arab.: «der mit Bitumen versehene»), heute ca. 15 km westl. v. Euphrat nahe Pers. Golf (s. Karte 1). Anglo-amerik. Grbg. unter Sir Leonard Woolley 1922–34. *(Foto: Mit frdl. Erl. d. Trustees d. Brit. Mus.)*

32 Nomaden mit Herde an altem Brunnen bei Haran am Belich (lk. Nebenfluß d. mittl. Euphrat), ca. 450 km nnöstl. v. Damaskus. In Briefen a. d. Palast z. Mari erwähnt u. i. d. Bibel (s. a. 2. Kö. 19, 12; Hes. 27, 23). Im Hintergrund Ruinen d. mittelalterl. Burg Qal'at (Unter ihr soll der Mondtempel ruhen). *(Foto: Mit frdl. Erl. v. Seton Lloyd)*

33 Statuette mit Inschrift: «Ischtupilum, schakkanaku (Gouverneur) von Mari». Babylonisch. Aus: Palast v. Mari, Hof 65. Anfang 2. Jt. v. Chr. Schwarzer Stein, Höhe: 1,52 m. Aleppo Museum. *(Foto: Mit frdl. Erl. d. Generaldir. d. Altertümer, Nord-Syrien)*

34 Luftbild des Palastes von Mari. Ausgrabg. A. Parrot vom Tell Hariri am mittl. Euphrat. (größte bisher entdeckte orientalische königl. Residenz d. 2. Jt., mehr als zweieinhalb ha). *(Foto: Aviation Française du Levant)*

36 Nomaden mit ihren Herden an einer neuangelegten Tränke im syrisch-arabischen Steppengebiet. *(Foto: C. H. J. Maliepaard O. P., Den Haag)*

37 Am Oberlauf des Jordan. Entspringt a. d. Hermon, «Berg des Schnees» (südl. 2760 m hoher Eckpfeiler d. Antilibanon). *(Foto: Israel Government Tourist Office, London)*

38 Sichem (Tell Balata), 50 km nördl. v. Jerusalem im Herzen d. Landschaft Samaria. Die starken Ruinen des rechtwinkligen Ba'al Berith-Tempels auf dem höchsten Punkt des Hügels. Die Wälle im Vordergrund bildeten e. Teil des Befestigungswalles, der zu Zeiten d. ganze Stadt umgab. Dtsch. Grbg.: E. Sellin, 1913/14. *(Foto: Lee C. Ellenberger, m. frdl. Erl. d. Drew-Mc Cormick Archaeological Expedition)*

39 Bemalte Tonscherbe mit dem Profil eines Kanaaniters. Aus Beth-Sean (Tell el-Husn bei Beisan, ca. 25 km südl. v. See Genezareth). 16./15. Jh. v. Chr. Aleppo Museum. *(Foto: Arthaud-Mikael Audrain)*

40 Landschaft im Negeb (i. S. Palästinas). *(Foto: Hed Wimmer, Karlsruhe)*

42 Ausgezehrter Hirte führt drei Ochsen in einer Prozession von Gabenbringern für Ukh-

hotep. Meir (ca. 50 km südl. v. Tell el-Amarna), Südmauer, Zeit Sesostris I. (1971–1928 v. Chr.), Mittl. Reich. *(Foto: Mit frdl. Erl. Metropolitan Museum of Art, New York)*

42/43 Stufenpyramide des Zoser (Djoser) bei Sakkara, gesehen vom Nildelta. Erster monumentaler Steinbau Ägyptens, erbaut v. ersten Pharao d. 3. Dyn. (Beginn d. Alten Reiches) ca. 2700 v. Chr. Sakkara: Friedhofsstätte v. Memphis, einer der Hauptstädte Unterägyptens 20 km südl. v. Kairo a. lk. Nilufer, heute verschwunden. *(Foto: Mit frdl. Erl. v. L. Grollenberg O. P.)*

45 Semitische Karawane. Gemälde auf Stuck (Nachzeichnung) aus dem Grabe des Fürsten Chnemhotep in Beni Hasan nördl. v. Tell el-Amarna am Nil. Zeit Sesostris II. (ca. 1897–1879 v. Chr.), 12. Dynastie. *(Aus: C. R. Lepsius, Denkmäler aus Ägypten und Äthiopien, 1849–59. Band 2, Tf. 133)*

46 Pharao Sesostris III. (ca. 1878–43 v. Chr.), 12. Dyn. Roter Granit. Museum in Kairo. *(Museumsfoto)*

47 Luftbild vom Tal des Jordan. *(Foto: Paul Popper, London)*

48 Nomaden an einem Brunnen bei Beer-Seba (Ort i. tiefsten Süden Judas i. d. Wüste (1. Mo. 21, 22 ff.), 40 km südwestl. v. Hebron). *(Foto: Hed Wimmer, Karlsruhe)*

49 Tamariske in voller Blüte. *(Foto: Paul Popper, London)*

50 Fragment einer Stele des Untasch-Huban, Königs von Elam (Hochland östl. v. Babylon m. Hptstd. Susa). Ausschnitt. Aus Susa, ca. 1250 v. Chr. Louvre, Paris. *(Foto: Archives Photographiques)*

50 Bronzelöwe mit steinerner Gründungstafel. Stiftung d. frühchurritischen Kleinfürsten Tischari von Urkisch. (Churriter: wahrscheinl. Horiter der Bibel, nach N-Mesopotamien eingewandertes Volk; später Mitanni-Reich (ca. 1500–1370 v. Chr.) mit stark churrit. Charakter.) Akkad. Kunst, 2. Hälfte d. 3. Jt. v. Chr. Höhe 12,2 cm, Seitenlänge d. Steintäfelchens 11 cm. Louvre, Paris *(Foto Museum)*

51 Küste des Toten Meeres mit Halbinsel el-Lisan. *(Foto: Government Press Office, Jerusalem, Israel)*

52 Eigenartige Bildung einer Spitzsäule aus Salzfelsen am hohen Ufer des Toten Meeres, genannt «Lots Weib». *(Foto: Ecole Biblique et Archaeologique Française, Jerusalem)*

53 Salzgewinnung am Toten Meer bei Sodom.

(Aus K. Schubert, Israel, Staat der Hoffnung, 1957)

53 Alte Terebinthe bei Hebron. *(Foto: Palestine Archaeological Fund)*

54 Stätte des alten Mamre. Brunnen Abrahams in der Südwestecke, vorherodianisches Pflaster im Vordergrund. Links ein Loch im Pflaster, wo vermutlich einst eine Terebinthe stand, bezeugt noch bis z. Z. Kaiser Konstantins u. s. Nachfolgers. Grbg. Pater Dr. E. Mader, 1927. *(Aus: E. Mader, Mambre, Abb. 101, 1957)*

54 Landmädchen beim Wasserschöpfen an altem Brunnen mit Verschlußstein. *(Foto: Willem van der Poll, Amsterdam)*

55 Hausidole (Teraphim) von Nuzi (heute Jorghan-Tepe b. Kirkuk). Grbg.: American School of Oriental Research u. Harvard University, unt. Edwar Chiera 1925/28. *(Foto: Mit frdl. Erl. v. Prof. G. E. Wright)*

55 Guffa auf dem Euphrat. Guffa: noch heute zur Überquerung v. Strömen gebrauchtes Fahrzeug a. geflochtenem Weidenkorb, m. Pech abgedichtet. *(Foto: Ewing Galloway, New York)*

56 Assyrisches mit Häuten bespanntes Flußfahrzeug. Detail eines Reliefs a. d. Palast Sanheribs, zu Ninive um 700 v. Chr. British Museum, London. *(Foto: Mit frdl. Erl. d. Trustees d. Brit. Mus.)*

57 Ägyptischer hoher Beamter. Zeit Amenophis' III. (ca. 1413–1377 v. Chr.), 18. Dynastie. Kalkstein. Birmingham Museum. *(Foto: Mit frdl. Erl. Birmingham Museum u. Art Gallery)*

59 Hyksos: Name e. Völkergruppe (vermutl. «Fürsten d. Fremdvölker»), die ca. 1700–1580 i. Ägypten herrschte. Ihre Hauptstadt war Avaris i. NO d. Nildeltas, unt. Ramses II. später Pi-Ramses-Meri-Amon, die bibl. Vorrats- u. Fronstadt Ramses (2. Mo. 1, 11)

60 Syrische Tributbringer mit Geschenken für Pharao Thutmosis IV. (Vorgänger Amenophis' III.). Unt. d. Geschenken: Lederköcher, e. Ölhorn, Becher i. Form e. Greif-Vogelkopfes, goldene Vasen u. e. nacktes Kind. Fragment eines Wandgemäldes aus Theben (bibl. No-Amon, nach Homer «hunderttorige» Hptstd. v. Oberägypten u. seit Vertreibg. d. Hyksos d. ganzen Reiches. Ruinen a. östl. Nilufer b. d. Dörfern Karnak u. Luxor. Totenstadt a. Westufer [u. a. Tal der Könige, Totentempel Deir el-Bahri u. Tem-

pelpalast Medinet Habu]). Grab des Sobekhotep. *(Foto: Mit frdl. Erl. d. Trustees d. Brit. Mus.)*

61 Sphinx und Pyramiden von Giseh. Die Zeit der großen Pyramidenbauten in Ägypten war die des Alten Reiches der 3. bis 6. Dynastien (ca. 2700–2200 v. Chr.). Rechts im Bild: die Chefren-Pyramide (Höhe 143 m, Seitenlänge 215 m). Die größte d. ca. 30 noch erhaltenen Pyramiden, die 147 m hohe Cheops-Pyramide, liegt rechts davon, außerhalb des Bildes. (Chefren: 4. Pharao d. 4. Dyn., um 2620 v. Chr., Sohn u. 2. Nachfolger des Cheops). *(Foto: Ewing Galloway, New York)*

62 Ein Angehöriger der Schardana als Leibwächter des Pharao. In der Schlacht von Kades gegen die Hethiter (ca. 1297 v. Chr.) kämpften die Schardana – vermutlich aus Sardinien stammend – als Söldner auf ägypt. Seite. Typisch ihre Helmkappe mit zwei Hörnern und der Kugel auf e. Stift. Die Schardana gehörten später zu der Koalition der Seevölker gg. Ägypten, die Ramses III. um 1190 v. Chr. i. See- u. Landschlacht siegreich bekämpfte. Ausschnitte a. e. Relief v. d. SW-Wand des Totentempels Ramses' II. (1301–1234 v. Chr.), zu Theben. *(Foto: Mit frdl. Erl. d. Staatl. Museen, Berlin)*

62 Rekonstruktion eines ägyptischen Hauses in Tell el-Amarna, Dorf b. d. Ruinen v. Achetaton am Nil, kurzlebiger Hauptstadt unter Amenophis IV. (Echnaton) (ca. 1377–1360 v. Chr.), 18. Dynastie. *(Aus Seton Lloyd, Art of the Ancient Near East, Abb. 240)*

63 Wandgemälde, eine Gartenanlage mit Teich darstellend. Grab des Nebamon zu Theben, ca. 1400 v. Chr., 18. Dynastie. *(Foto: Eileen Tweedy)*

64 Seitenansicht des Sarkophages der Prinzessin Kawit: Der Prinzessin wird aus einer Flasche Milch in eine Schale gegossen und zum Trunk dargereicht. Detail eines Kalksteinreliefs aus Deir el-Bahri, 11. Dynastie (ca. 2135–2000 v. Chr.). Museum in Kairo. *(Foto: Marburg)*

64 Königliche Bäckerei. Wandmalerei auf Stuck. Aus dem Grab Ramses III. im Tal der Könige in Theben. 20. Dynastie. *(Aus H. Greßmann, Altoriental. Bild. z. AT, Abb. 184)*

65 Pharao Sethos I. (ca. 1319–1301 v. Chr.) verleiht einem Beamten eine Goldkette. Stele des Marmin, Wächters des königl. Ha-

rems. Aus dessen Grab in Sakkara. 19. Dynastie. Louvre, Paris. *(Foto: Archives Photographiques)*

66 Wagenausfahrt Amenophis IV. (Echnaton) zum Tempel. Detail eines Reliefs vom Grab des Merya, Tell el-Amarna. 14. Jh. v. Chr., 18. Dynastie. *(Aus: Davies, Rock Tombs o El-Amarna I 10)*

67 Fürst an einem Opfertisch sitzend und Diener mit Opfergaben. Wandmalerei auf Stuck. Aus einem Grab in Sakkara. Altes Reich. 5. Dynastie (ca. 2500 v. Chr.). *(Aus C. R. Lepsius, Denkmäler, Abth. II, Bl. 67)*

68 Diener mit Gänseherden. Wandgemälde aus einem Grab in Theben. 18. Dynastie, ca. 1400 v. Chr. British Museum, London. *(Foto: Mit frdl. Erl. d. Trustees d. Brit. Mus.)*

68 Vorbereiten von Gänsen zum Einsalzen in Tonkrügen. Wandgemälde im Grab des Nacht in Theben, 18. Dynastie. *(Aus: Wreszinski, Atlas zur altägypt. Kulturgesch. I 178)*

69 Schreiber registrieren die Ernte. Wandgemälde aus dem Grab des Menna, Nr. 69, in Theben, ca. 1420 v. Chr., 18. Dyn. Nachzeichng. v. N. de G. Davies. *(Foto: Mit frdl. Erl. d. Trustees d. Brit. Mus.)*

69 Sieben und Messen von Korn in Gegenwart des Landeigners Nacht. Wandgemälde a. d. Grab Nacht in Theben, 18. Dynastie. N. de G. Davies, Tomb of Nakht, Pl. 20. *(Foto: Metropolitan Museum of Art, New York)*

70 Bemaltes Holzmodell eines Kornmagazins. Grab des Meket-ra, Mittleres Reich (ca. 2000–1780 v. Chr.). *(Foto: Mit frdl. Erl. d. Trustees d. Brit. Mus.)*

71 Steuereintreibung bei nachlässigen Zahlern. Kalksteinrelief aus dem Grab des Wesirs Mereruka, Kammer A 4, Sakkara, 6. Dynastie (ca. 2400–2200 v. Chr.). *(Foto: Mit frdl. Erl. d. Oriental Institute, Chicago)*

71 Ausgehungerte Leute. Kalksteinrelief vom Innenwall der Tempelstraße König Unas aus Sakkara. 5. Dynastie (ca. 2400 v. Chr.). *(Foto: Mit frdl. Erl. d. Service des Antiquités, Kairo)*

72 Ernteszene. Mitte: Kornhäuser. Oben tragen Männer Früchte weg, unten in Körben Trauben zur Weinpresse. Bemaltes Kalksteinrelief aus d. Grab d. Wesirs Mereruka, Sakkara, 6. Dynastie. *(Foto: Mit frdl. Erl. d. Oriental Institute, Chicago)*

73 Syrer und Libyer als Bittsteller vor königlichem Beamten. Relief a. d. Grab Pharao Ha-

remhebs (ca. 1349–1319 v. Chr.) zu Memphis. 18. Dynastie. *(Foto: Rijksmuseum van Oudheden, Leiden)*

74 Gefangene werden nach Ägypten gebracht, wahrscheinlich Semiten. Bemaltes Kalksteinrelief a. d. Grab d. Haremheb (s. oben). Memphis. 18. Dynastie. Rijksmuseum van Oudheden, Leiden. *(Foto: Max Hirmer)*

74 Esel mit Korn im Tragkorb. Wandmalerei (Nachzeichnung) a. e. Grab in Theben. Zeit Ramses II. (ca. 1301–1234 v. Chr.), 19. Dynastie. *(Aus: H. Greßmann, Altorient. Bilder z. AT, Abb. 166)*

75 Festmahl mit Tänzerinnen und Musikantinnen. Wandgemälde v. Grab des Neb-amon, Theben, 18. Dynastie. *(Foto: Mit frdl. Erl. d. Trustees d. Brit. Mus.)*

76 Kühe und Kälber mit Hirten im seichten Wasser des Nildeltas. (Gosen: ägypt. Landschaft, heute Kesem m. Stadt Saft el-Henna, Land westl. v. Wadi el-Tumilat, den Israeliten als Weideland eingeräumt [1. Mo. 45, 10; 46, 28 ff.]). Kalksteinrelief i. Grab d. Ti bei Sakkara, 5. Dyn., Mitte 3. Jt. v. Chr. *(Foto: Marburg)*

77 Heimtrieb von Rinderherden. Wandgemälde e. Grabes bei Theben. 18. Dynastie. British Museum. *(Foto: Mit frdl. Erl. d. Trustees d. Brit. Mus.)*

78 Vermessung eines Feldstückes. Wandgemälde im Grab des Menna, Theben. 18. Dyn. *(Aus: Wreszinski, a. a. O. I 232)*

78 Einbalsamierungsszenen. Oben: Toter a. d. Einbalsamierungsbank, vor ihm Anubis, unten: Präparieren des Körpers. Vom Sarkophag d. Dje-bastit-ef-onch. Spätzeit (ca. 1000 v. Chr.). Pelizaeus-Museum, Hildesheim. *(Foto: Museum)*

79 Gruppe einen Toten beklagender Frauen und Mädchen. Wandgemälde a. d. Grab d. Ramose, e. hohen Beamten unter Amenophis IV. (Echnaton) (ca. 1377–1360 v. Chr.), Theben. Nach e. Kopie v. N. de G. Davies. *(Foto: Mit frdl. Erl. d. Trustees d. Brit. Mus.)*

80 Ägyptischer Leichenzug. Wandmalerei a. d. Grab d. Wesirs Roi. Anfang 19. Dyn. (ca. 1300 v. Chr.). *(Nach Wilkinson-Birch, Manners and Customs of the Ancient Egyptians, III 68)*

81 Riesenkopf Ramses II. (ca. 1301–1234 v. Chr.). Memphis. *(Foto: Dr. Paul Wolff und Tritschler)*

83 Sethos I. (ca. 1319–1301 v. Chr.). Aus e.

335

Relief im Tempel Sethos I., Nordwestwall, Abydos. nördl. v. Theben. *(Foto: Max Hirmer)*

84 Relief mit Hethiterköpfen. (Hethiter: indogermanisches Volk i. Anatolien, spielte i. d. Geschichte d. Alten Orients e. bedeutende Rolle, im Alt. Test. wiederholt genannt. Zwischen ca. 1800 u. 1200 v. Chr. hethit. Großreich m. Hptstd. Chattusa (Bogazköy, 150 km östl. v. Ankara). Nach Zusammenbruch d. Reiches erhielten sich einige späthethit. Stadtstaaten, u. a. Sendschirli, Karkemisch). Relief, vermutl. Szene a. d. Schlacht v. Kades a. Orontes (ca. 1297 v. Chr.) Pharao Ramses' II. gg. die Hethiter, die m. e. Friedensvertrag endete. 19. Dyn. Berlin *(Foto: Mit frdl. Erl. d. Staatl. Museen zu Berlin)*

85 Hethitische Streitwagen im Kampf mit Ägyptern. Ausschnitt a. e. Relief im Ramesseum, Totentempel Ramses II. in Theben. *(Foto: Marburg)*

86 Bronzestatuette eines Vasallenkönigs aus dem Mitanni-Reich (ca. 1500–1370 v. Chr. Herrschaftseinfluß zeitweilig von Nuzi bis z. Mittelmeer, mit Bevölkrg. indogermanischer Herkunft; Siedlungen zw. Tigris und Khabur). Er trägt e. ägypt. Krone u. d. mitannischen Überwurf m. d. Wulstrand. Museum Kairo. *(Foto: Mit frdl. Erl. d. Service des Antiquités, Kairo)*

86 Fußschemel des Tutenchamon aus Holz, bekleidet mit Gold, Silber, blauer Fayence. Sicht v. oben zeigt d. traditionellen Feinde Ägyptens. Aus Theben, ca. 1350 v. Chr., 18. Dyn., Museum in Kairo. *(Foto: Harry Burton. The Metropolitan Museum of Art. New York)*

87 Sklavenarbeit auf dem Feld. Relief a. d. Grab des Khaemhat in Theben, 18. Dyn. *(Foto: Audrain – Mission Samivel)*

88 Ziegelherstellung durch Sklaven. Wandmalerei im Grab d. Rechmire bei Theben. Zeit Thutmosis III. (ca. 1490–1436 v. Chr.). *(Nach C. R. Lepsius, Denkmäler a. Ägypten u. Äthiopien III 40)*

89 Verprügeln eines Bauern wegen Nichtleistung der Abgaben. Wandgemälde a. d. Grab des Menena, Theben, 18. Dyn. *(Foto: Arpag Mekhitarian)*

89 Im Land Midian, östlich vom Akaba-Golf. *(Foto: Department of Antiquities, Amman)*

90 Großer Felsentempel Ramses' II. bei Abu Simbel. Die vier Figuren des Pharao sind jede 20 m hoch. Der 63 m tief in den Felsen gehauene Tempel ist den Göttern Amon, Re und Ptah und dem vergöttlichten Ramses II. geweiht. 19. Dynastie. *(Foto: Marburg)*

91 Ziegel aus Nilschlamm mit zerhacktem Stroh, gestempelt mit Namen und Titel Ramses II. Ungebrannter Ton, 15 Zoll lang. Brit. Mus., London. *(Foto: Mit frdl. Erl. d. Trustees d. Brit. Mus.)*

92 Der See Mariut. *(Foto: Audrain – Mission Samivel)*

93 Truhe aus dem Grab Tutenchamons. Detail v. d. Seite m. Wagen, jeder mit zwei Soldaten bemannt. Theben (ca. 1350 v. Chr.). Holz mit Gips verkleidet mit bemalt. *(Foto: Museum in Kairo)*

93 Ägyptische Infantrie. Zwei Holzmodelle zeigen nubische Bogenschützen (rechts) und Ägypter mit Speer und Schild. Je 40 Soldaten auf einem Brett. Aus dem Grab d. Gaufürsten Mesehti in Asjut. 1. Zwischenzeit (ca. 2260–2040 v. Chr.). *(Foto: Archives Photographiques)*

94 Frauen und Mädchen mit Handtrommeln und Klappern. Kalksteinrelief a. d. Grab d. Khai. 18. od. 19. Dyn. Höhe 40 cm. *(Foto: Marburg)*

95 Ain Hawara, das biblische Mara: erste Station nach dem Durchgang durchs Rote Meer. Alte Qelle, heute von Sand verschüttet, s. Dattelpalmen. *(Foto: Middle East Archives, Tel Aviv)*

96 Oase Wadi Garandel, wahrscheinlich das biblische Elim, der zweite Rastplatz. *(Foto: Middle East Archives, Tel Aviv)*

97 Holzmodell eines ägyptischen Schlachthofes. Im oberen Stockwerk hängt Fleisch zum Trocknen. Aus dem Grab des Kanzlers Mekti-re, in Qurneh b. Theben. 11. Dynastie (ca. 2000 v. Chr.). *(Foto: Mit frdl. Erl. d. Metropolitan Museum of Art, New York)*

97 Frauen beim Brotbacken. Holzmodelle a. e. Grab der 11./12. Dyn. Royal Scottish Museum, Edinburgh. *(Foto: Mit frdl. Erl. d. Scot. Mus.)*

98 Wachtelfang. Wandmalerei auf Stuck a. e. Grab in Theben, 18. Dyn. (ca. 1546–1319 v. Chr.). Ägyptisches Museum, Berlin. *(Foto: Mit frdl. Erl. d. Staatl. Mus. zu Berlin)*

99 Blick auf die Bergkette mit dem 2244 m hohen Dschebel Musa, nach der christl. Tradition dem Berge (Sinai) der Gesetzgebung. *(Foto: Radio Times Hulton Picture Library)*

100/101 Panoramasicht vom Gipfel des Dschebel

Musa. *(Foto: Middle East Archives, Tel Aviv)*

102 Bronzestatuette des Apis, des als göttlich verehrten Stiers von Memphis. 4. Jh. v. Chr. *(Foto: Mit frdl. Erl. d. Trustees d. Brit. Mus.)*

103 Fischfang in Ägypten. Bemaltes Kalksteinrelief a. d. Grab d. Mereruka in Sakkara, 6. Dyn. (ca. 2400–2200 v. Chr.). *(Foto mit frdl. Erl. d. Oriental Institute, Chicago)*

103 Frauen vom Markt kommend. Bemaltes Kalksteinrelief a. d. Grab d. Ti in Sakkara, Mitte d. 5. Dyn. (ca. 2500 v. Chr.). *(Foto: Marburg)*

104 Ägyptischer Angriff auf eine syrische Stadtfeste. Kalksteinrelief aus Medinet Habu (b. Theben). Zeit Ramses III., 20. Dyn. Höhe 4,20 m. *(Foto: Mit frdl. Erl. Oriental Institute, Chicago)*

106 Oase Ain Qudeirat (mit Ain Kedes, 8 km davon entfernt, das bibl. Kades-Barnea), stärkste Quelle im Brunnengebiet im Süden Palästinas. Wichtigster Ort a. d. Wüstenzug. *(Foto: Middle East Archives, Tel Aviv)*

107 Römische Straße östlich vom Wadi La'aban, gebaut über dem biblischen Königsweg. *(Foto: The Royal Air Force, 1938. Mit frdl. Erl. v. Dr. Nelson Glueck, USA)*

108 Qasr Abu el-Kharaq: die am besten erhaltene der alten Moabiter Grenzfesten. Sie liegt südl. v. d. Ort, bei dem es sich wahrscheinlich um d. bibl. «Stadt der Moabiter» (4. Mose 22, 36) handelt. *(Foto: Mit frdl. Erl. v. Dr. Nelson Glueck)*

108 Der Fluß Arnon nahe seinem Eintritt in das Tote Meer. Die von ihm ausgewaschene Schlucht durchschneidet ebenso wie die des «Baches Sered» tief das Hochland östl. v. Toten Meer. *(Foto: P. J. Cools O. P.)*

109 Zwei Standbilder aus Amman (Ostjordanland), wahrscheinlich Könige darstellend. Beide aus weichem Kalkstein. Fundort: Amman, Zitadelle. Israelit. Königszeit. *(Foto: Department of Antiquities, Amman)*

110/111 Luftbild des Jordantals und des Judäischen Berglandes a. d. Jahre 1930. *(Foto: The Times)*

113 Basrelief eines Semiten mit auf dem Rücken zusammengebundenen Armen, angebracht über einer Liste von in Besitz genommenen Gebieten. Aus Luxor, Tempel Ramses II. *(Foto: K. Lange)*

116 Blick über die Ebene von Jericho vom Ostjordanland nach Westen. *(Foto: Radio Times Hulton Picture Library)*

117 Unterlauf des Jordan nahe seinem Eintritt ins Tote Meer. Blick v. d. Allenby-Brücke, nahe Jericho. *(Foto: Ewing Galloway, New York)*

118 Ägyptische Beschneidungsszene. In Altägypten war jedermann beschnitten. Die Burschen, an denen die Zeremonie, vermutlich mit einem Feuersteinmesser – vgl. 2. Mose 4, 25 – von einem «Ka-Diener» (sonst ein Totenpriester), der hier anscheinend den Arzt vertritt, vorgenommen wird, sind bereits ohne die sonst typische Jünglingslocke dargestellt. Relief a. d. Grab d. Ankh-mar-Hor bei Sakkara, 6. Dyn., Altes Reich. *(Foto: Mit frdl. Erl. Oriental Institute, Chicago)*

119 Blick auf den «Berg der Versuchung» durch den tiefen Graben, der im «Tell es-Sultan» während d. Ausgrabungen Jerichos ausgehoben wurde. Dtsch. Grabg.: E. Sellin. C. Watzinger 1907/09; engl. Grabg.: J. Garstang 1930, Kathleen M. Kenyon ab 1953. *(Foto: V. Böckstiegel, F. Lüpsen)*

120 Ain es Sultan, Quelle bei Jericho, mit den für die «Palmenstadt» schon in biblischer Zeit charakteristischen Dattelpalmen. *(Foto: Middle East Archives, London)*

121 Ein Assyrerkönig setzt seinen besiegten Feinden die Füße auf den Rücken. Louvre, Paris. Nachzeichnung. *(Aus: A. Parrot, Le Musée du Louvre et la Bible, Fig. 7)*

121 Der junge Amenophis II. auf dem Schoß seiner Amme, seine Füße a. d. Köpfe unterworfener Feinde gesetzt. (ca. 1430 v. Chr.), 18. Dyn. *(Aus J. Wilkinson, a. a. O.)*

122 Hockende Steinfigur, wahrscheinl. e. Gott (Baal?), m. Trankopferschale und Stelen aus e. kleinen kanaanit. Heiligtum in Hazor (Tell el-Qeda, nördl. v. See Genezareth). 13. Jh. v. Chr. *(Foto: Prof. Y. Yadlin m. frdl. Erl. d. Anglo-Israeli Exploration Society)*

123 Statue des Pharao Merneptah mit «nemes», dem Königskopftuch (ca. 1235–1227 v. Chr.), 19. Dyn. Granit. Aus Qurneh b. Theben. Museum in Kairo. *(Foto: Mit frdl. Erl. Metropolitan Museum of Art, New York)*

124 Name «Israel» in altägyptischer Schrift. Auszug a. Zeile 27 der Merneptah-Stele (s. dort). Museum in Kairo. *(Foto: Archives Photographiques)*

125 Granitstele des Pharao Merneptah (ca. 1235–1227 v. Chr.), seine Siege über die Libyer aufzählend. In Zeile 27 befindet sich

die einzige Aufzeichnung d. Wortes Israel in ägypt. Schriftdenkmälern. Aus d. Totentempel Merneptahs in Theben. (Gezer [Geser] im Tell ed-Dschezer [10 km östl. v. Ekron], kanaanit. Königsstadt (Jos. 12, 12). Salomo erhielt G. vom Pharao als Brautgeschenk [1. Kö. 9, 16]. Grabg. Macalister 1902/05; 1907/09). Museum Kairo. *(Foto: Archives Photographiques)*

126 Der Gott Ningursu, mit einer Keule in der Hand, hält Gefangene im Netz. Ausschnitt a. d. Geierstele. Sumerisch. Denkmal des Eannatum, König v. Lagasch, zur Erinnerung an s. Sieg über Umma, der rivalisierenden sumer. Stadt. Ningirsu, Gott d. Fruchtbarkeit, bes. i. Lagasch verehrt. Sein Emblem: löwenköpfiger Adler. 1. Hälfte 3. Jt. v. Chr. Aus Tello (alt Lagasch), sumer. Stadt ca. 70 km nnordöstl. v. Ur. Franz. Grabg. m. Unterbrechungen 1877–1933: Sarzec, Cros, Genouillac, Parrot. *(Foto: Archives Photographiques)*

127 Terrakotta-Figuren kanaanitischer Fruchtbarkeitsgöttinnen. Funde in israelitischen und kanaanitischen Schichten in ganz Palästina. Haartracht und Lotusblumen kennzeichnen den ägyptischen Einfluß. *(Foto: Palestine Exploration Fund)*

127 Statuette einer kanaanitischen Gottheit, vermutl. e. Baal, mit hoher Krone (ähnl. der Oberägyptens). Bronze. Kopf u. Krone vergoldet, Körper versilbert, goldener Ring a. rechten Arm. Aus Minet el-Beida, bei Ras Schamra (alt Ugarit). 15./14. Jh. v. Chr. Louvre. *(Foto: Maurice Chuzeville)*

129 Ramses II. erobert Askalon (50 km sswestl. v. Tel Aviv a. Mittelmeer m. gewaltigen Ruinen; eine der fünf Philisterstädte, Ort v. Simsons Tat (Ri. 14, 19), Geburtsort des Herodes). Relief a. d. Amontempel in Karnak. 19. Dyn., Ramses II. (ca. 1301–1234 v. Chr.). *(Foto: Oriental Institute, Chicago)*

130 Ruinen eines großen Hauses aus der Richterzeit zu Bethel, ca. 18 km nördl. v. Jerusalem. Ort des Jakob-Traumes (1. Mo. 28, 12). *(Foto: Mit frdl. Erl. v. Prof. G. E. Wright)*

131 Goldene Platte mit Jagdszenen: Kanaanit. Prinz a. d. Stierjagd i. Jagdwagen. Aus Ras Schamra (alt Ugarit) a. d. Küste N-Syriens, e. der größten Mittelmeer-Metropolen d. 2. Jt. v. Chr. Franz. Grabg. C. F. A. Schaeffer seit 1929. Durchmesser 19 cm. Louvre, Paris. *(Foto: Archives Photographiques)*

132 Der Berg Tabor (Dschebel et-Tor), 9 km osostl. v. Nazareth i. d. Nordost-Ecke d. Jesreel-Ebene, 562 m. *(Foto: Middle East Archives, Tel Aviv)*

133 Szene am Hof eines Königs (oder Fürsten). Geschnitzte Elfenbeintafel, Länge 20 cm. Aus Megiddo, Schicht VII A. Zwischen 1350–1150 (Schätzung des Ausgräbers G. Loud). Palestine Archaeological Museum, Jordanien. *(Foto: Museum)*

134 Schlacht Assurbanipals gegen Araber, die auf Reitkamelen fliehen. Alabasterkalkstein. 7. Jh. v. Chr. Assyrisch. Aus Ninive, Nordpalast (entdeckt v. Hormuzd Rassam 1854, der im Auftrage von England i. d. meisten Stätten Assyriens u. Babyloniens grub). British Museum, London. *(Foto: Mit frdl. Erl. d. Trustees d. Brit. Mus.)*

135 Messung von Taufall. Gideons Demonstration im wissenschaftl. Experiment von Dr. Duvdevani in Israel wiederholt. Rechts seine Tochter Jael. *(Foto: Dr. Sh. Duvdevani)*

136 Ägypter führt zwei gefesselte Gefangene (Philister) zu Ramses III., Pharao d. 20. Dyn. (ca. 1195–1164). Detail e. Reliefs aus Medinet Habu (Tempel-Palast in Theben-West. Die Anlage Ramses III. umfaßte Totentempel, Palast u. Festung. Die Wände schmückten Reliefs m. den Kriegstaten des Pharao, darunter seinen siegreichen Kämpfen gg. d. Seevölker in der See- u. Landschlacht). Von der äußeren Nordwand, Höhe ca. 1,20 m. *(Foto: Mit frdl. Erl. d. Trustees d. Brit. Mus.)*

137 Seeschlacht der Ägypter gegen die verbündeten Seevölker, darunter die Philister. Zeichnung nach e. Relief im Tempel Ramses III. in Medinet Habu. 20. Dyn. Nechbet: Geiergöttin i. Oberägypten, später Schutzgöttin des ganzen Südens. *(Aus: Champollion, Monuments de l'Egypte et la Nubie)*

138 Detail aus obiger Seeschlacht der Ägypter im Original. Ein Schiff der Ägypter (Mitte) im Kampf mit Philistern, an den Federhelmen erkenntlich. *(Foto: Mit frdl. Erl. d. Oriental Institute, Chicago)*

139 Ochsenkarren der Philister. Relief aus dem Tempel Ramses' III. in Medinet Habu. Detail a. d. Landschlacht der Ägypter geg. d. verbündeten Seevölker. *(Foto: Mit frdl. Erl. d. Oriental Institute, Chicago)*

139 Philistäisches Tongefäß mit charakteristischen Spiralen- und Vogelmotiven. Gemalt in Rot-Braun auf rosa Untergrund. Aus Beth-Semes (Tell Rumeilah), 25 km westl.

v. Jerusalem. (Nach Beth-Semes schickten die Philister die geraubte Bundeslade v. Ekron zurück [1. Sam. 6, 9 ff.]). Ca. 1150–1000 v. Chr. *(Foto: Palestine Archaelogical Museum, Jord.)*

141 Bemalte Tonscherbe mit der Darstellung eines Königs. Schwarze und rote Farbe auf rosa Untergrund. Aus Ramat Rahel, Schicht V. (Ramat Rahel: 4 km südl. v. Jerusalem a. Straße n. Bethlehem). Ramat Rahel-Expedition unt. Y. Aharoni, 1. Grabg. 1959. *(Foto: Mit frdl. Erl. v. Y. Aharoni, Ramet Rahel-Expedition, Hebrew University of Jerusalem and University of Rome)*

143 Die Ruinen von Gibea. Überreste der Residenz von Saul im Hügel Tell el-Ful, ca. 5 km nördlich von Jerusalem, ausgegraben durch W. F. Albright. *(Foto: Mit frdl. Erl. v. Prof. G. E. Wright)*

144 Blick auf die Stätte der Schlacht von Michmas, auch «Allenby's battlefield» genannt. *(Foto: Radio Times Hulton Picture Library)*

145 Abführung gefangener Philister. Ausschnitt a. e. Relief im Tempel Ramses III. zu Medinet Habu. *(Foto: Hassia, Paris)*

146 Harfenspieler. Terrakottarelief. Babylonisch. Aus dem Dijalagebiet. Anfang 2. Jt. Höhe 12 cm. Oriental Institute of the University, Chicago. *(Foto: Mit frdl. Erl. d. Orient. Instit. Chicago)*

147 Assurbanipal im Alleinkampf mit einem Löwen. Assyrisch. Relief a. d. Palast zu Ninive. 7. Jh. v. Chr. *(Foto: Mit frdl. Erl. d. Trustees d. Brit. Mus.)*

148 Stätte des biblischen Aseka (Tell Zakarije), 27 km nordwestl. v. Hebron, mit dem «Eichgrund» – dem «Tal der Terebinthen» (Wadi es-Sumt) im Vordergrund. Schauplatz des Sieges v. David üb. Goliath. *(Foto: Middle East Archives, Tel Aviv)*

149 Ein Schleuderstein aus israelitischer Zeit. *(Foto: Mit frdl. Erl. v. Prof. G. E. Wright)*

149 Basalt-Relief eines Schleuderers. Orthostat aus Tel Halaf (alt Guzuna), Ruine unweit der Quellen des Chabur (lk. Nebenfluß d. oberen Euphrat); Grabg.: Max Frhr. v. Oppenheim, 1911/13, 1929. *(Foto: Mit frdl. Erl. d. Trustees d. British Museum)*

150 Toter Philister. Detail a. e. Relief vom Tempel Ramses III. in Medinet Habu. *(Foto: Mit frdl. Erl. Oriental Institute, Chicago)*

151 Fundamente vom Tempel des Gottes Mikal in in Beth-Sean. 13. Jh. v. Chr. Grabung i. Tell el-Husn bei Beisan im Jordantal. *(Aus:*

A. Rowe, The Topography and History of Beth-shan, Pl. 17)

151 Tempel Pharaos Ramses' III. im biblischen Beth-Sean. In Gebrauch bis gegen 1000 v. Chr. Rekonstruktion. Möglicherweise das «Haus Dagons». Dagon: v. den Philistern verehrte Gottheit (Ri. 16, 23 ; 1. Sam. 5, 2–7) d. Fruchtbarkeit, aus Mesopotamien stammend; dargest. m. Oberkörper e. Menschen u. Leib e. Fisches. *(Aus: A. Rowe, The Four Canaanite Temples of Bet-Shan, Fg. 5)*

152 Landschlacht der Ägypter gegen die verbündeten Seevölker, darunter die Philister. Ausschnitt aus e. Relief im Tempel Ramses III. in Medinet Habu. Nachzeichnung aus The Epigraphic Survey, Earlier Historical Records of Rameses III., Medinet Habu, 1938, Chicago. *(Foto: Mit frdl. Erl. d. Orient. Instit., Chicago)*

153 Überbleibsel des Jebusiterwalls und eines Turms a. d. Zeit Salomos in Jerusalem. Jebusiter: Volk, das schon vor Israel in Kanaan lebte (1. Mo. 10, 16) u. noch z. Z. Davids Jerusalem bewohnte (2. Sam. 5, 6). *(Foto: Arthaud-Mikael Audrain)*

154 Vier Schreiber aus Ägypten. Kalksteinrelief, ca. 1350 v. Chr. 18. Dyn., Museo Archeologico, Florenz. Schreiber i. Tempelverwaltg. (1. Chr. 24, 6), i. Zivil- u. Militärverwaltg. (Jes. 33, 18; 2. Chr. 26, 11). *(Foto: Museum)*

155 Sitzende Schreiber mit Feder und Palette. Relief a. d. Grab des Kani-nesut, Sohn des Pharao Snefru, 4. Dyn., zu Giseh. *(Aus: H. Junker, Giza, Bd. II, Leipzig 1934)*

156 Die Geräte eines ägyptischen Schreibers. Länge d. Palette 7 cm. *(Foto: Mit frdl. Erl. d. Oriental Institute, Chicago)*

157 Ägyptische Prinzessin. Vermutlich aus Amarna. Bemalter Kalkstein, 15 cm hoch. Späte Dyn. Louvre. *(Foto: Archives Photographiques)*

158 Ägyptische Damengesellschaft. Malerei im Grab d. Nacht in Theben. 18. Dyn. Ausschnitt a. d. Bild eines Gastmahls. *(Foto: Marburg)*

159 Blick in einen ägyptischen Harem. Nachzeichnung eines Reliefs in Tel el-Amarna, 18. Dyn., Zeit Amenophis IV. (ca. 1377–1360). *(Foto aus: N. de G. Davies, El-Amarna VI 28)*

160 Bronzemodell einer Adorationsszene aus der Zeit des Königs Schilchak-Inschuschinak, genannt «Sit Schamschi». «Dieses Weihbild

Balawat östl. v. Mosul. Engl. Grabg. von H. Rassam (1882) u. M. E. L. Mallowan (1956). Hauptfunde: bronzene Torbeschläge m. historischen Reliefs v. Assurnarsipal II. u. Salmanassar III. (ca. 859–824 v. Chr.). Höhe 28 cm. *(Foto: Mit frdl. Erl. d. Trustees d. Brit. Mus.)*

175 Zedern im Libanon. *(Foto: Middle East Archives)*

176 Fällen von Zedern auf dem Libanon für einen Flaggenmast des Amon-Tempels. (Amon: Name des Stadtgottes von Theben, der Hauptstadt v. Unterägypten, dem der Widder heilig war). Ausschnitt eines Kalksteinreliefs a. d. Amon-Tempel in Karnak. Zeit Sethos I. (ca. 1319–1301 v. Chr.). *(Foto: Mit frdl. Erl. Staatliche Museen, Berlin)*

177 Schiffstransport von Zedernholz. Sechs Boote mit Pferdeköpfen am Bug und hohem Heck, Fische und anderes Seegetier im Wasser. Assyrisch. Alabaster-Relief aus Khorsabad, Zeit Sargon II. (722–705 v. Chr.). *(Foto: Marburg)*

178 Die sogenannten «Steinbrüche Salomos» in Jerusalem. *(Foto: Radio Times Hulton Picture Library)*

179 Rekonstruktion des Salomonischen Tempels, gezeichnet v. Stevens nach Angaben von W. F. Albright u. G. E. Wright. *(Aus: The Biblical Archaeologist XVIII 2, Abb. 8)*

180 Metallgießer bei der Arbeit. Unten: beim Guß einer Bronzetür. Wandgemälde a. d. Grab des Wesirs Rechmire in Theben, 18. Dyn. *(Foto: Arpag Mekhitarian, Brüssel)*

181 Rekonstruktion des Ehernen Meeres von William Morden. *(Foto: Mit frdl. Erl. d. Oriental Institute, Chicago)*

182 Fahrbarer Kessel aus Bronze. Aus einem Grab in Larnaka auf Cypern. Spätmykenische Zeit, ca. 1400–1200 v. Chr. Antiquarium, Berlin. *(Aus: L. H. Grollenberg, Bildatlas zur Bibel, Abb. 194)*

183 Kupferbergwerk König Salomos im Wadi Timna (i. d. Araba, Gebiet der großen Senke zw. Totem Meer u. Akaba-Golf). Entdeckt v. B. Rothenberg 1959. *(Foto: Beno Rothenberg)*

185 Assyrische Soldaten mit Speer, Schwert und spitz zulaufendem Rundschild in knielangem Gewand. Relief vom Palast Assyrerkönigs Sanherib (705–681 v. Chr.) in Ninive. *(Foto: Mit frdl. Erl. d. Staatl. Mus., Berlin)*

188 Aufzeichnung von Städten aus Palästina und Syrien, die Pharao Scheschonk I., der Sisak der Bibel, erobert hat. Sisaks Invasion laut 1. Könige 14, 25 ca. 922 v. Chr. Kalksteinrelief a. d. Amon-Tempel zu Karnak. *(Foto: A. Gaddis, Luxor)* Rechts: Nachzeichnung des Reliefs. *(Aus: C. R. Lepsius, Denkmäler III 252)*

189 Rekonstruktion der Befestigung Mizpa, heute Tell en-Nasbe, 12 km nördl. Jerusalem. An der Nordostecke der 600 m langen, 4–6 m starken u. mit Mörtel verputzten Außenmauer befand sich ein stark befestigter Toreingang. Ca. 900 v. Chr. Grabg. Pacific School of Religion, 1927–35 unter W. F. Bade. *(Aus: C. C. McCown, Tell en-Nasbeh I Tf. II, 5)*

190 Blick auf den Hügel von Samaria, ca. 12 km nordwestl. v. Sichem. Ort der einstigen Hauptstadt d. Nordreiches Israel; heute Sebastie. *(Foto: Palestine Archaeological Museum)*

191 Mauerwerk aus dem Palast König Omris in Samaria. (Omri ca. 882–871 v. Chr.) Grabg. G. A. Reisner, C. S. Fisher, D. G. Lyon, Harvard University, USA, 1908/10; angloamerikan. Grbg. unt. J. W. Crowfoot 1931/35. *(Foto: Bavaria Verlag, Heinrich Frese)*

192 Basaltstatue des Assyrerkönigs Salmanassar III. (859–824 v. Chr.). *(Foto: Mit frdl. Erl. d. Archaeological Museum, Istanbul)*

193 Aus dem Feldzug Salmanassars III. nach Nordsyrien. Oben: Eroberung d. Stadt Dabiju, nahe Aleppo, 858 v. Chr. Detail e. Bronzereliefs der Türen v. Sommerpalast Salmanassars III. in Tell Balawat. Höhe 28 cm. BM *(Foto: Mit frdl. Erl. d. Trustees d. Brit. Mus.)*

193 Überreste der Säulenhalle, die König Ahab (ca. 871–852 v. Chr.) in Hazor erbauen ließ. *(Foto: Middle East Archives, London)*

194 Sorgfältig gefügtes Steinwerk, Überbleibsel der Mauern vom Palast König Ahabs zu Samaria. *(Foto: Palestine Archaeological Museum)*

194 Fragment einer Elfenbein-Leiste mit stilisierten Pflanzen, gefunden in Samaria. Israelitische Periode. *(Foto: Palestine Exploration Fund)*

195 Phönizischer Frauenkopf. Elfenbeinrelief, vermutlich a. d. Schmuck eines kostbaren Bettes. Augenbrauen, Pupille u. Haare schwarz, die Lippen leicht gerötet. Archaisches Lächeln. Phönizische Arbeit, 9.–8. Jh. v. Chr., Fundort Nimrud. National Museum, Bagdad. *(Foto: Mit frdl. Erl. d. Gene-*

raldir. d. Altertümer, Bagdad)

196 Der sogenannte «Baal mit Blitz». Aus Ras Schamra (Ugarit), Heiligtum westl. v. Großen Tempel. Grbg. C. F. A. Schaeffer, gefunden 1932. Datierung: 1900–1750 v. Chr. (Schaeffer); 1650–1500 v. Chr. (Albright). Kalkstein, Höhe 1,42 m. Louvre, Paris. *(Aus Syria, Bd. 16, 1935, S. 410–411)*

197 Sich schminkende Frau. Ägyptisch. Detail vom Turiner Papyrus Nr. 145. Neues Reich. *(Foto: Mit frdl. Erl. d. Museo Egizio, Turin)*

197 «Frau im Fenster». Syro-phönizische Arbeit, von Assyrern erbeutet. Aus Nimrud. 9. Jh. v. Chr. Elfenbeinschnitzerei, Höhe 10,3 cm. *(Foto: Mit frdl. Erl. d. Trustees d. British Museum)*

198 Der Mesa-Stein. Aus der Zeit d. Königs Mesa v. Moab (ca. Mitte 9. Jh. v. Chr.). Gefunden i. J. 1868 v. dtsch. Missionar F. Klein in Diban, Ostjordanland. Schwarzer Basalt, Höhe 1 m. Louvre, Paris. *(Foto: Archives Photographiques)*

199 Relief aus schwarz-grünem Basalt, vermutlich einen Moabiter darstellend. 1851 von de Saulcy bei Diban, Ostjordanland, gefunden. 1,03 m hoch. Louvre, Paris. *(Foto: Service de documentation photographique)*

200 König Jehu von Israel (ca. 845–818 v. Chr.) als Tributbringer. Detail a. d. Obelisken d. Assyrerkönigs Salmanassar III. Gedenkstein a. schwarzem Basalt, Nimrud. British Museum, London. *(Foto: Mit frdl. Erl. d. Trustees d. Brit. Mus.)*

200 Schreiber registrieren die abgeschlagenen Köpfe eines besiegten Stammes der Chaldäer. Assyrisch. Relief v. Saal XVIII d. Palastes von Sanherib, Ninive. 7. Jh. v. Chr. *(Foto: Mit frdl. Erl. d. Trustees d. Brit. Mus.)*

201 Elfenbeinschnitzerei einer bärtign Figur, wahrscheinlich des biblischen Königs Hasael von Damaskus. Fundort: Arslan-Tasch (Ruine i. N.-Syrien (alt Chadatu), franz. Grabg. Expedition Thureau-Dangin, 1928, entdeckt v. allem Reliefs, Statuen u. prächtige Sammlg. v. Elfenbeinarbeiten). 9. Jh. v. Chr. Höhe 16 cm. *(Foto: Archives Photographiques)*

202 Elfenbeinfragment mit dem Namen «Hasael», gefunden zu Damaskus. Nachzeichnung. *(Aus: A. Parrot, Le Musée du Louvre et la Bible, S. 91)*

202 Elfenbeinernes Schnitzwerk, wie es zur Dekoration von Holzgegenständen benutzt wurde. Die Plakette mit zwei geflügelten Wesen (oben) gehörte ebenso wie das Bruchstück mit den beiden geflügelten Fabeltieren mit Widderköpfen und Löwenfüßen (unten) zum Palast des Hasael von Damaskus. Fundort Arslan-Tasch in Syrien. Israelitische Königszeit. *(Foto: Directorate of Antiquities in Nordsyrien)*

203 Der Obelisk Salmanassars III. von Assyrien. Der Denkstein aus schwarzem Basalt ist oben tempelturmförmig in drei Stufen abgetreppt. Assyrisch. 9. Jh. v. Chr. Höhe ca. 2 m. 1845 i. Nimrud gefunden v. A. H. Layard. British Museum, London. *(Foto: Mit frdl. Erl. d. Trustees d. Brit. Mus.)*

204 Detail vom Obelisken Salmanassars III. Darstellung a. d. zweiten Reihe des Denksteins: Tribut der Israeliten, voran – im Staub vor Salmanassar – König Jehu. *(Foto: Mit frdl. Erl. d. Trustees d. Brit. Mus.)*

205 Teil eines Tributes, den König Benhadad III. von Damaskus, Sohn des Hasael, an den Assyrerkönig Adadnirari III. zahlte. Syro-phönizisch. 8. Jh. v. Chr. Aus Arslan-Tasch. Louvre, Paris. *(Foto: Archives Photographiques)*

206 Geflügelte Sphinx, «Cherub». Elfenbeinschnitzerei aus Samaria. 8. Jh. v. Chr. *(Foto: Palestine Archaeological Museum)* Vermerk: Das Bild erscheint seitenverkehrt.

207 Hebräisches Siegel mit eingraviertem brüllendem Löwen. Die Inschrift lautet «Schema, Diener des Jerobeam». Zeit König Jerobeams II. von Israel (787–747 v. Chr.). Fundort Megiddo. Archäologisches Museum, Istanbul. *(Aus: J. B. Pritchard, The Ancient Near East in Pictures, Abb. 276)*

208 Außenmauer vom Palast König Usias von Juda (785–747 v. Chr.). 80 mal 50 m große Burganlage m. Kasemattenmauer u. dreifach gestaffelt. Toranlage. Ausgrabg. 1959 durch Y. Aharoni (Hebräische Universität, Jerusalem) in Ramat Rahel, 4 km südl. v. Jerusalem. *(Foto: Mit frdl. Erl. v. Y. Aharoni, Ramat Rahel Expedition)*

209 Grabstein des Königs Usia von Juda, längste aramäische Inschrift a. d. Zeit Christi, als die Gebeine umgebettet wurden. Als Aussätziger war Usia nicht in den eigentlichen Königsgräbern bestattet worden. Die Inschrift auf dem Ossuar (Kalksteinkasten zur Aufnahme von Gebeinen Verstorbener) lautet: «Hierher wurden die Gebeine von Usia, des Königs von Juda, gebracht – öffne nicht!» Entdeckt v. Prof. Sukenik 1931, Jerusalem.

342

209 Siegel des Jotham, Regenten und Königs von Juda (758–743 v. Chr.), Sohn Königs Usia. Fundort Ezeon-Geber, 8. Jh. v. Chr. *(Foto: Mit frdl. Erl. v. Dr. Nelson Glueck)*

210 Bildnis des Assyrerkönigs Tiglatpileser III. (745–727 v. Chr.). Fragment d. oberen Teils einer Gipsplatte. Höhe 1,10 m. Aus Nimrud, Hauptpalast. British Museum, London. *(Foto: Mit frdl. Erl. d. Trustees d. Brit. Mus.)*

211 Assyrische Reiterei im Einsatz gegen syrische Rebellen. Die Reiter mit besonders betonter Unterschenkel-Muskulatur tragen Bart- und Haarschopf reglementmäßig onduliert. Ihre Ausrüstung: Spitzhelm, Panzerhemd, Lanze u. Schwert. Relief. Zeit Tiglatpilesers III. 8. Jh. v. Chr. Höhe etwa 1 m. British Museum. *(Foto: Mit frdl. Erl. d. Trustees d. Brit. Mus.)*

212 Hebräisches Siegel mit der Inschrift: «Uschna, Diener des Ahas». 8. Jh. v. Chr. *(Foto: Mit frdl. Erl. v. Prof. G. E. Wright)*

212/213 Assyrischer Angriff auf die Stadt Gazru (Geser?). Die Bewohner der Stadt stehen auf den Türmen und Mauern und geben Zeichen der Kapitulation. Gipsrelief aus Nimrud. Zeit Tiglatpilesers III. 8. Jh. v. Chr. British Museum. *(Foto: Mit frdl. Erl. d. Trustees d. Brit. Mus.)*

214 Luftbild der Ausgrabungen der Zone A von Hazor (Tell el-Queda, liegt in Obergaliläa, ca. 14 km nördl. vom See Genezareth). Grabg. Y. Yadin. *(Foto: Mit frdl. Erl. v. Prof. Y. Yadin, Hebrew University – J. A. de Rothschild-Expedition nach Hazor)*

215 Sargon II. von Assyrien (722–705 v. Chr.). Der Herrscher mit der fezartigen, in einen stumpfen Kegel auslaufenden neuassyrischen Königsmütze, von der Bänder auf den Rücken fallen, mit sorgfältig ausgeführter Haar- und Barttracht und Ohrringen. Sargon II. eroberte im ersten Jahr nach seiner Thronbesteigung (721 v. Chr.) Samaria, nachdem es v. s. Vorgänger Salmanassar V. (727–722 v. Chr.) von 724 v. Chr. an belagert worden war. Kalksteinrelief, 89 cm hoch. Aus Khorsabad. Museo Egizio, Turin. *(Foto: Museum)*

215 Wegführung von Gefangenen durch Tiglatpileser III. Gipsrelief aus Nimrud. 8. Jh. v. Chr. Länge 2,90 m. British Museum, London. *(Foto: Mit frdl. Erl. d. Trustees d. Brit. Mus.)*

216 Rekonstruktion der Bauten von Khorsabad (Dur Scharrukin) mit Palast Sargons II., Tempeln u. Stufenturm. Sargon II. baute diese Residenz kurz vor s. Tode (705 v. Chr.) 15 km nnöstl. v. Ninive = 16 km nnö. v. Mosul. Danach wurde sie aufgegeben. Entdecker Paul-Emile Botta, franz. Grabg. 1843/44. Rekonstr. v. Charles Altmann, Grabung. zus. mit Gordon Loud in Khorsabad ab 1933. *(Aus: G. Loud, Khorsabad II 1)*

217 Keilschrifttafel Sargons II. über seinen 8. Feldzug nach Syrien. Der Bericht ist gerichtet an den Gott Assur. 8. Jh. v. Chr. Louvre, Paris. *(Foto: Archives Photographiques)*

218 Erstürmung einer Stadt durch Assyrer. Zeichnung v. A. H. Layard nach e. Relief in Ninive. *(Aus: A. H. Layard, Ruins of Nineveh and Babylon, 1853)*

219 Wegführung von Bewohnern und Schafen einer eroberten Stadt durch assyrische Krieger. Die Stadt: Astartu (?), vielleicht das biblische Astarot, liegt wie Samaria auf einem Hügel und ist v. einem doppelten Wall mit vorgebauten Türmen umgeben. Wälle wie Türme sind mit Zinnen versehen. Gipsrelief aus Nimrud, Zeit Tiglatpilesers III., 8. Jh. v. Chr. Höhe etwa 1,06 m. British Museum, London. *(Foto: Mit frdl. Erl. d. Trustees d. Brit. Mus.)*

221 Schlangengreif vom Ischtartor zu Babylon. Der Schlangengreif (Greif = Verbindg. v. Löwe u. Vogel), auch «Drache» genannt, war das dem Gott Marduk zugeschriebene Fabeltier. Es ist dargestellt m. Kopf e. Schlange (mit Hörnern), Leib e. Löwen (mit Schlangenschuppen); die Vorderfüße sind Löwentatzen, die Hinterfüße Vogelkrallen, der Schwanz hat Schlangengestalt. Emaillierter Ziegel, blau u. grün lasiert, Höhe 1,10 m, Länge 1,50 m. Neubabylonisch, Zeit Nebukadnezars II. (605–562 v. Chr.) *(Foto: Mit frdl. Erl. d. Staatl. Museen zu Berlin)*

224 Sargon II. und sein Tharthan (assyr. tartanu), Titel des Oberbefehlshabers des assyr. Heeres (2. Kö. 18, 17). Ausschnitt e. Reliefs v. Palast Sargons II. in Khorsabad. 8. Jh. v. Chr. *(Foto: Mit frdl. Erl. d. Trustees d. Brit. Mus.)*

225 Blick in den Siloah-Tunnel, den König Hiskia von Juda (725–697 v. Chr.) durch den Felsen d. Stadthügels unter Jerusalem aushauen ließ. Der unterirdische Kanal ist 58–65 cm breit u. meist 1,45 m hoch. Er läuft quer durch den Hügel westwärts, hat e. Gefälle v. 2,18 m u. beginnt a. d. auf der Ostsei-

te der «Davidstadt» i. d. Talsohle gelegenen Hauptquelle Jerusalems, die i. d. Bibel «Gihon» heißt (1. Kö. 1, 33) u. heute «Marienquelle» genannt wird. *(Foto: Mit frdl. Erl. d. Palestine Archaeological Museum)*

226 Die Siloah-Inschrift aus Jerusalem. 38 cm hoch, 72 cm breit (ca. 700 v. Chr.). Diese Inschrift war am südl. Ausgang des unterirdischen Kanals sorgfältig in e. geebnete Felsplatte gemeißelt. Das Original ist ausgebrochen und befindet sich im Museum zu Istanbul. Die Inschrift in archaischem Hebräisch spricht für eine Datierung zur Zeit von Hiskias Regierung. *(Foto: Archaeological Museum, Istanbul)*

227 Zeichnung vom Verlauf des Siloah-Tunnels unter dem Felsen des Stadthügels v. Jerusalem. *(Nach e. Entwurf v. Dr. W. Keller gezeichnet v. S. Molnar)*

227 Der Siloah-Teich in Jerusalem, in den das Wasser aus dem Kanal Hiskias mündet, das aus der Gihon-Quelle, der Hauptquelle Jerusalems außerhalb der Stadt, stammt. *(Foto: Günter Schöne)*

228 König Merodachbaladan II. von Babylon (Marduk-apal-iddin = «Marduk hat einen Sohn geschenkt») belehnt einen Großen. Beschrifteter Grenzstein (babylon. kudurru). Schwarzer Basalt, Höhe 46 cm. 8 Jh. v. Chr. Herkunft unbekannt. Staatl. Museen, Berlin. *(Foto: Mit frdl. Erl. d. Staatl. Mus. in Berlin)*

229 Zwei Soldaten aus Elam mit Bogen und Köchern, nach links marschierend einer zurückblickend. Beide tragen Bart und volles Haupthaar in geraden Locken, die durch ein breites Stirnband zusammengehalten sind. Ihre kurzärmlige Bekleidung reicht bis zu den Knien, der zweite trägt auf dem Rücken e. Köcher m. elamischem Überzug. So kostümiert gingen zur Assyrerzeit die Bewohner des heutigen Ost-Iran. Elam (erstgeborener Sohn Sems [1. Mo. 10, 22]): Antiker Name des östl. v. Babylonien gelegenen iranisch. Gebietes. In d. Verbannung geführte Israeliten kamen auch n. Elam (Jes. 11, 11; Est. 2, 5.6). Später verpflanzt Asnaphar (Assurbanipal) Elamiter nach Samarien (Esra 4, 9.10). Kalksteinrelief a. Ninive, 20 cm hoch, wahrscheinl. 7. Jh. v. Chr. Museo Barracco, Rom. *(Foto: Oscar Savio, Rom)*

230 König Sanherib von Assyrien (705–681 v. Chr.) auf dem Thron vor Lachis. Ausschnitt aus e. Relief a. Ninive. 690 v. Chr.

British Museum, London. *(Foto: Mit frdl. Erl. d. Trustees d. Brit. Mus.)*

231 Rekonstruktion der judäischen Festungsstadt Lachis (Tell ed-Duweir), 70 km südöstl. v. Jerusalem. Die Wälle, das Tor wie auch der Palast des örtl. Gouverneurs, die während der Ausgrabungen entdeckt werden konnten, wurden wahrscheinlich z. Z. König Rehabeams (926–910 v. Chr.) gebaut. *Copyright: Mit Erl. d. Trustees d. verstorbenen Sir Henry S. Wellcome)*

232 Die Eroberung v. Lachis durch Assyrerkönig Sanherib im Jahre 701 v. Chr. Relief aus Ninive. 690 v. Chr. Gips, Höhe ca. 1,77 m. British Museum, London. *(Foto: Mit frdl. Erl. d. Trustees d. Brit. Mus.)*

234 Durchbrüche in den Mauern von Lachis, die von assyrischen Belagerungsmaschinen geschlagen wurden. Entdeckung während d. Ausgrabungen im Tell ed-Duweir. *(Foto: Copyright m. frdl. Erl. d. Trustees d. verstorb. Sir Heny S. Wellcome)*

234 Vierrädrige Belagerungsmaschine der Assyrer. Detail a. e. Gipsrelief aus Nimrud, Zeit Tiglatpilesers III. 8. Jh. v. Chr. British Museum, London. *(Foto: Mit frdl. Erl. d. Trustees d. Brit. Mus.)* Vermerk: Das Bild erscheint seitenverkehrt.

235 Pharao Taharka, äthiopischer König v. Ägypten u. Nubien (ca. 689–663 v. Chr.), bibl. Thirhaka, um 670 v. Chr. v. Assyrerkönig Asarhaddon besiegt, der i. Unterägypten einfällt u. Memphis einnimmt (s. Siegesstele Asarhaddons, Seite 242). Von Asarhaddon u. Assurbanipal in Inschriften erwähnt. 25. Dynastie (Äthiopien). Bronzestatuette. Eremitage Leningrad. *(Foto: Society f. Cultural Relations with the USSR, London)*

236/237 Sanherib auf seinem Thron empfängt Beute und Gefangene aus dem besiegten Lachis. Zeichnung v. A. H. Layard nach e. Relief a. d. Palast Sanheribs i. Ninive. 690 v. Chr. Original Gips. *(Aus: A. H. Layard, Monuments of Nineveh, Plates 21–22)*

238 Gefangene aus Lachis werden weggeführt. Detail im Original aus dem Relief im Palast Sanheribs i. Ninive. British Museum, London. *(Foto: Mit frdl. Erl. d. Trustees d. Brit. Mus.)*

239 Sechsseitiges Prisma Sanheribs, auf dem die Einzelheiten seines 8. Feldzuges aufgeführt sind, darunter auch die der Belagerung von «Hiskia dem Judäer» in Jerusalem im Jahre 701 v. Chr. *(Aus: Nineveh. Taylor-Prisma,*

Brit. Mus. Foto: Mit frdl. Erl. d. Trustees d.
Brit. Mus.)

240 Gefangene musizieren bei einer Huldi-
gungszene vor dem König. Nach einer ge-
wonnenen Schlacht geg. d. Elamiter spielt
eine gemischte Musikkapelle der Besiegten
auf: Voran fünf Männer, drei m. Harfen,
einer m. Doppelflöte u. einer m. einer waagerecht v. d. Bauch gespielten Zither. Es folgen sechs Frauen, vier m. Harfen, je eine m.
Doppelflöte u. Handtrommel. Alabasterrelief a. Ninive, Zeit Assurbanipals (669–626
v. Chr.). (Foto: Mit frdl. Erl. d. Trustees d.
Brit. Mus.)

241 Querschnitt durch ein assyrisches Offiziers-
zelt, in dem Lager und Mahlzeit bereitet
werden. Alabasterrelief a. Ninive. Höhe 39
cm. Zeit Assurbanipals, 7. Jh. v. Chr. Museum, Berlin. (Foto: Mit frdl. Erl. d. Staatl.
Mus. Berlin)

241 Menschliche Schädel im Grab 120 in Lachis.
(Foto: Copyright m. frdl. Erl. d. Trustees d.
verstorb. Sir Henry S. Wellcome)

242 Leibwache Sanheribs. Zeichnung nach e. Relief a. d. Palast Sanheribs i. Ninive. 690
v. Chr. Original Gips. Louvre, Paris, Salle
XXIV. (Aus: A. Parrot, Le musée de Louvre
et la Bible, Fg. 59)

242 Siegesstele Asarhaddons, assyr. König (681–
669 v. Chr.). Der Denkstein erinnert an
Asarhaddons Siege üb. Pharao Taharka v.
Ägypten u. Äthiopien (S. 235) u. König Abdimilkutti v. Sidon (Hafenstadt a. Mittelmeer, heute Saida; s. Jos. 19, 18; Jes. 23, 2).
Der König i. Königsschmuck, i. d. Rechten
einen Becher, i. d. Linken das Keulenzepter
u. zwei Stricke m. Gefangenen: Links
(kniend) gefesselt, m. e. Ring durch die Lippen, den Schildviper-Schmuck, das Hoheitszeichen d. Pharaonen, a. d. Kopf stellt wahrscheinl. Usanahuru, den Sohn Pharao Taharkas (od. diesen selbst) dar (beide i. Text a.
d. Stele erwähnt). Rechts (stehend) m. Bart
u. Spitzkappe i. langem Gewand: König Abdimilkutti v. Sidon. Rechts oben: Götter m.
ihren Symbolen, z. T. auf den ihnen geweih-
ten Tieren reitend, sowie Mondsichel, geflügelte Sonne, achtstrahliger Stern. Dolerit,
Höhe 3,22 m. 7. Jh. v. Chr. Aus Sendschirli
(Ruine i. d. Türkei, Hauptstadt e. Reiches zu
späthethit. Zeit (1200–700 v. Chr.). Grabg.:
F. v. Luschan 1888–1802. Staatl. Museen,
Berlin. (Foto: Mit frdl. Erl. Staatl. Mus.
Berlin)

243 Assurbanipal und Gemahlin in der Weinlau-
be. Assyr. König (669–626 v. Chr.), be-
rühmt durch s. Palast m. Jagd- u. Kriegsre-
liefs u. Bibliothek in Ninive (Tell Kujund-
schik). Engl. Ausgrabg.: u. a. A. H. Layard
(Entdecker v. Ninive 1845), H. Rassam, unt.
Ltg. v. H. C. Rawlinson). Alabaster-Relief a.
Ninive (v. W. K. Loftus entdeckt). 7. Jh. v.
Chr. (Foto: Mit frdl. Erl. d. Trustees d. Brit.
Mus.)

244/245 Assurbanipal auf der Löwenjagd. Alabasterrelief, Ninive. 7. Jh. v. Chr. Länge
6,40 m, Höhe 1,57 m. British Museum, London. (Foto: Mit frdl. Erl. d. Trustees d. Brit.
Mus.)

246 Die große Säulenhalle im Tempel zu Karnak.
Begonnen unter Ramses I., von Ramses II.
vollendet. Je 61 der hier abgebildeten, mit
Reliefdarstellungen geschmückten Säulen
erheben sich mit einer Höhe v. ca. 13 m in
den zwei Seitenschiffen der 5000 qm umfas-
senden basilikalen Anlage. 19. Dyn. (Foto:
A. Jänicke)

248 Angriff Assurbanipals auf eine ägyptische
Stadt. Kalksteinrelief aus Ninive. 7. Jh.
v. Chr. Breite 1,83 m. British Museum, London. (Foto: Mit frdl. Erl. d. Trustees d. Brit.
Mus.)

249 Bronzegefäß mit vier Reitern, vermutlich
Skythen (Steppenvolk a. Süd-Rußland, das
v. 8. Jh. v. Chr. an schubweise nach Über-
schreiten d. Kaukasus in Uratu (Armenien)
u. Assyrien einfiel [s. a. 2. Makk. 4, 47]).
Zwei Reiter davon mit Schwanenkopfhel-
men wenden sich zurück zum Abschießen
der Pfeile. Die Mähnen der Pferde sind kurz
geschoren, um die Bogenschützen nicht zu
behindern. Campanien, um 500 v. Chr. British Museum, London. (Foto: Mit frdl. Erl.
d. Trustees d. Brit. Mus.)

250 Rekonstruktion von Assur (Qalat Schergat),
e. d. Hauptstädte d. assyr. Reiches am recht.
Tigris-Ufer. (Dtsch. Ausgrabg.: Walter
Andrae 1913/14). (Aus: W. Andrae, Das
wiedererstandene Assur, S. 29)

251 Ruinenhügel (Tell Kujundschik) von Nini-
ve, am link. Tigris-Ufer, nördl. v. Mosul im
Irak. Ninive war eine d. Hauptstädte d. as-
syr. Reiches. Ein zweiter Ruinenhügel, Nebi
Junus (nach Prophet Jonas benannt), barg d.
Palast Asarhaddons. (Foto: Arthaud-Mikael
Audrain)

252 Kopf eines Meders. Er trägt Rundkappe, hinten mit einem Band, und Ohrringe. (Meder:

345

Verband iranischer Stämme m. berühmter Reiterei.) Relief-Ausschnitt a. e. Treppenflucht in Persepolis. Anfang 5. Jh. v. Chr. *(Foto: Mit frdl. Erl. d. Oriental Institute, Chicago)*

252 Kopf eines Neubabyloniers (Chaldäers). Er trägt Vollbart und langes Haupthaar, das ein Stirnband zusammenhält, in der semitisch-babylonischen Art. Der lange viereckige Kinnbart ist dabei in kunstvolle Locken gedreht. Detail aus schwarzem Basalt-Grenzstein Merodachbaladans. Staatl. Museum, Berlin. *(Foto: Mit Erl. d. Staatl. Mus. Berlin)*

253 Ecke der Stadtmauer von Jerusalem, erbaut im Mittelalter. *(Foto: Arthaud-Mikael Audrain)*

254 Babylonische Chronik von 605–594 v. Chr. Auf dieser Tontafel wird in Keilschrift u. a. von der Schlacht bei Karkemisch (Sieg Nebukadnezars über Pharao Necho, 605 v. Chr., der vier Jahre zuvor Judakönig Josia im Kampf getötet hatte [2. Kö. 23, 29]), der Thronbesteigung des Chaldäers Nebukadnezar II. (605 v. Chr.) und der Einnahme von Jerusalem am 16. März 598 v. Chr. berichtet. Im selben Abschnitt wird die Ernennung Zedekias zum König und die Wegführung Jojachins nach Babylon erwähnt. British Museum, London. *(Foto: M. frdl. Erl. d. Trustees d. Brit. Mus.)*

255 Deportation von Zivilbevölkerung. Neben den Ochsen marschieren Männer und eine Frau m. e. Bündel auf dem Rücken. Vom Wagen herunter schaut e. Kind. Ausschnitt a. e. Relief in Ninive, 7. Jh. v. Chr. Gipsartiger Alabaster, Gesamthöhe 97 cm. Louvre, Paris. *(Foto: Marburg)*. Vermerk: Im Gegensatz zu d. Assyrern blieben v. d. Chaldäern keine bildl. Darstellungen ihrer Geschichte u. auch nur ganz wenige Texte geschichtl. Inhalts erhalten. Da Art ihrer Kriegführung u. Behandlung Besiegter indes der ihrer assyr. Vorgänger an Härte u. Grausamkeit in nichts nachstand, können assyr. Darstellungen auch das Geschehen unt. d. Babylon illustrieren helfen.

256 Tontafel aus Babylon mit der Liste der Verpflegungsrationen, die an Gefangene in Babylon ausgegeben wurden. Erwähnt darunter sind: «Jojachin, König v. Juda» und seine Familie. *(Foto: Mit frdl. Erl. d. Staatl. Museen Berlin)*

257 Siegelabdruck mit der Inschrift «Eljakim,

dem Haushofmeister des Jojachin gehörend». Aus Debir (Tell Beit Mirsim, 20 km wswestl. v. Hebron, USA–Ausgrabg: W. F. Albright, M. G. Kyle 1926). 6. Jh. v. Chr. *(Foto: Mit frdl. Erl. d. Prof. W. F. Albright)*

257 Ansicht des mit 575 Schlangengreifen u. Stieren verzierten Ischtar-Tores u. d. Prozessionsstraße in Babylon (Metropole am Euphrat, 80 km südl. Bagdads. 2. Blüte unt. neubabylon. Königen, bibl. Chaldäern). Dtsch. Ausgrabung: Robert Joh. Koldewey 1899–1917). Rekonstr. v. Prof. E. Unger, gezeichnet v. H. Unger. *(Aus: E. Unger, Babylon, die heilige Stadt, 1931)*

257 Assyrischer Rammbock beim Zertrümmern einer Stadtmauer. Ausschnitt aus den Bronzetoren im Sommerpalast Salmanassars III. im Tell Balawat 9. Jh. v. Chr. British Museum, London. *(Foto: Mit frdl. Erl. d. Trustees d. Brit. Mus.)*

258 Der Hügel von Lachis (Tell ed-Duweir) im SW Palästinas. Zuerst ausgegraben 1932–38 unter J. L. Starkey von der Wellcome-Marston-Expedition. 1935 u. 1938 wurden hier hebräisch beschriftete Tontafeln (Ostraka) gefunden, die als «Lachis-Briefe» berühmt wurden. *(Foto: Mit frdl. Erl. d. Trustees d. verstorb. Sir Henry S. Wellcome)*

259 Lachis-Brief, Nr. IV. Kurze Mitteilung des Hoschaja, Kommandanten e. Außenpostens nördl. v. Lachis. Ostrakon (m. Tinte beschriebene Tontafel) aus Lachis. *(Foto: Mit frdl. Erl. d. Trustees d. verstorb. Sir Henry S. Wellcome)*

259 Deportation von Zivilbevölkerung. Ausschnitt a. e. Relief aus Ninive. Assyrisch. 7. Jh. v. Chr. Gipsartiger Alabaster, Gesamthöhe 1,62 m. *(Foto: Archives Photographiques)*

260 Lagerszene mit Soldaten und Gefangenen während einer Deportation. Relief aus Ninive, 7. Jh. v. Chr. Staatl. Mus. zu Berlin. *(Foto: Marburg)*

261 Menschenhäuptiger geflügelter Stier aus Khorsabad, einst aufgestellt als Wächter gegen böse Mächte an den Toreingängen des Palastes Sargons II. in Dur Scharrukin. Er trägt eine zweihörnige Tiara. Damit diese Fabeltiere v. zwei Seiten richtig gesehen werden konnten – und zwar von vorn wie von der Seite –, gaben ihnen die Bildhauer fünf Beine. Neben dem Stierkoloß, der 4,42 m hoch ist, ein geflügelter Genius. British Museum, London. *(Foto: Mit frdl. Erl.*

262 Siegelinschrift «Gedalja, der über dem Haus ist», wahrscheinlich Name des Gouverneurs von Juda, den die Babylonier einsetzten. Aus Lachis, 6. Jh. v. Chr. *(Foto: Mit frdl. Erl. d. Trustees d. verstorb. Sir Henry S. Wellcome)*

262 Siegel mit der Figur eines kämpfenden Hahnes u. d. Inschrift «dem Jaazania gehörend, dem Diener des Königs». Aus Mizpa (Tell en-Nasbe), 6. Jh. v. Chr. *(Foto: Palestine Archaeological Museum)*

263 Nebengewässer des Euphrat (i. d. Nähe d. einstigen Babylon). *(Foto: Radio Times Hulton Picture Library)*

263 Musizierende Gefangene, Judäer aus Lachis, ziehen, von einem assyrischen Krieger mit Keule und Bogentasche begleitet, durch einen Gebirgswald. Sie tragen ein Hemd und sind barfüßig; einer ist barhäuptig, die beiden anderen tragen eine Kappe mit Stirnband. Detail e. Alabaster-Reliefs aus dem Palast Sanheribs in Ninive. 7. Jh. v. Chr. British Museum. *(Foto: Mit frdl. Erl. d. Trustees d. Brit. Mus.)*

265 Sitzender bärtiger Sphinx. Reliefbruchstück von d. Stirnwand einer Palastfreitreppe in Persepolis, der achämenidischen Königsstadt m. berühmten Palästen, ca. 50 km nordöstl. v. Schiraz (Ausgräber: E. F. Schmidt, USA). Das Relief läßt die verschiedenen Einflüsse in der achämenidischen Kunst erkennen: der ägypt. Sphinx mit der wahrscheinl. aus Phönizien od. der Ägäis stammenden Idee der Flügel u. der gehörnten Krone, einem mesopotamischen Symbol der Gottheit. 5. Jh. v. Chr. *(Foto: Mit frdl. Erl. d. Trustees d. Brit. Mus.)*

268 Medischer und persischer Gardesoldat. Links der Meder. Detail a. e. Relief i. d. Ratshalle von Persepolis, ca. 500 v. Chr. *(Foto: Mit frdl. Erl. d. Oriental Institute, Chicago)*

269 Köpfe zweier königlichen Diener. Detail a. e. Fries im Harem des Xerxes in Persepolis. 5. Jh. v. Chr. *(Foto: Mit frdl. Erl. d. Oriental Institute, Chicago)*

270 Vierflügliger Dämon an der Türleibung des Torgebäudes in Pasargadä, Residenz des Kyrus bei Persepolis. Sogenanntes Kyrus-Relief. Erbauer Kyrus d. Gr. (ca. 559–529 v. Chr.). *(Foto: Mit frdl. Erl. d. National Museums, Teheran)*

271 Zylinder des Kyrus, auf dem die Einnahme Babylons ohne Schlacht (539 v. Chr.) beschrieben ist und der König darauf hinweist, daß er das Böse wiedergutmachte, das seine Vorgänger anrichteten, indem er Gefangene zurück in ihre Heimat schickte. Er war bei der Wiederherstellung ihrer Tempel u. d. Rückführung ihrer Götter behilflich. Dieses Edikt schloß die Juden mit ein. Aus Babylon, gebrannter Ton. *(Foto: Mit frdl. Erl. d. Trustees d. Brit. Mus.)*

272 Abordnung der Babylonier als Tributbringer. Sie tragen lange bis an die Knöchel reichende Gewänder, auf dem in sorgfältige Locken gelegten Haupthaar eine Kappe mit langer Troddel. Aus Persepolis, östl. Treppe zur Apadana, Zeit Xerxes I. (486–465 v. Chr.). *(Foto: Mit frdl. Erl. d. Oriental Institute, Chicago)*

273 Das Grabmal des Kyrus. Sechs Stufen v. unregelmäßiger Höhe führen zu e. einfachen Haus mit Giebeldach empor. Eine Doppeltür führt i. einen fensterlosen Raum. Pasargadä. *(Foto: A. Costa)*

274 König Darius I. erteilt Audienz. Hinter seinem Thron steht Kronprinz Xerxes. Dunkelgraues Kalksteinrelief aus Persepolis, im Empfangshof d. Schatzhauses. Höhe 2,50 m. Zeit Darius I. (522–486 v. Chr.). *(Foto: Mit frdl. Erl. d. Oriental Institute, Chicago)*

275 Luftbild der Palastterrasse von Persepolis. *(Foto: Mit frdl. Erl. d. Oriental Institute, Chicago)*

276 Freitreppe der Apadana. Persepolis. *(Foto: Mit frdl. Erl. d. Oriental Institute, Chicago)*

277 Xerxes I., noch als Kronprinz, mit Gefolge. Ausschnitt a. e. Relief in Persepolis. *(Foto: Arthaud-Mikael Audrain)*

278 Stier von einem doppelköpfigen Kapitell. Grauer Stein. Ges. Länge 5,80 m. 5./4. Jh. v. Chr. Achämid. Aus Susa, heute Schusch, alte Metropole i. heutig. Iran. Grabungen seit 1897. Louvre, Paris. *(Foto: M. Chuzeville)*

279 Neujahrsprozession mit Medern und Persern. Relief a. d. Apadana, Persepolis. Zeit Xerxes I. (486–465 v. Chr.). *(Foto: Mit frdl. Erl. d. Oriental Institute, Chicago)*

280 Offizielle Siegel der Provinz Juda im 5.–4. Jh. v. Chr. *(Aus: G. E. Wright, Biblical Archaeology, Fig. 145)*

280 Judäische Münzen dem 4. Jh. v. Chr. *(Foto: Mit frdl. Erl. d. Trustees d. Brit. Mus.)*

281 Kopf Alexanders d. Gr. Goldstater des Lysimachus, Königs v. Trakien Cabinet des Me-

347

dailles, Paris. *(Foto: Mit frdl. Erl. d. Bibliothèque Nationale, Paris)*

282/283 Alexander d. Gr. im Kampf mit Darius III. in der Schlacht von Issus (333 v. Chr.). Mosaik a. d. Hause des Fauns, Pompeji, 1. Jh. v. Chr. Museum Neapel. *(Foto: Alinari)*

283 Büste Ptolemäus' I. (323–283 v. Chr.), General unter Alexander d. Gr. u. Begründer der Ptolemäer-Dynastie in Ägypten. *(Foto: Alinari)*

284 König Antiochus III. (ca. 223–187 v. Chr.). Herrscher des Seleukiden-Reiches (Teilgebiet d. Alexanderreiches, Persien u. Vorderasien umfassend, 4.–1. Jh. v. Chr.). Marmorbüste. *(Foto: Alinari)*

285 Szene mit Boxern, bekleidet mit knielangem, fransenbesetztem Gewand. Babylonisch – Larsazeit, Anfang 2. Jt. v. Chr. Terrakotta-Relief aus Eschnunna (Tell Asmar, Ruine im Dijalagebiet, 1930–36 v. H. Francfort ausgegraben). Höhe 10,6 cm. Louvre, Paris. *(Foto: Archives Photographiqes)*

285 Griechische Wettkämpfer: links ein bärtiger Mann auf einen Stock gestützt, wahrscheinl. ein Zuschauer. Ein nackter Jüngling mit Diskus in der erhobenen Hand, ein anderer prüft einen Speer vor dem Wurf, rechts e. älterer Athlet mit e. Wurfspieß. Darstellung auf einer Amphore d. Phintias (525–510 v. Chr.). Louvre, Paris. *(Foto: Max Hirmer)*

285 Münze mit dem Kopf Antiochus' IV. Epiphanes (175–163 v. Chr.), Seleukiden-Herrscher, British Museum, London. *(Foto: John Freeman)*

287 Der gute Hirt. Marmorstatue aus Rom, Museo Cristiano Lateranense. 3.–4. Jh. *(Foto: Alinari)*

290 Kaiser Augustus (31 v. Chr.–14 n. Chr.). Statue im Vatikan zu Rom. *(Foto: Alinari)*

291 Luftbild von Bethlehem. *(Foto: The Times)*

292 Kaiser Tiberius (14–37) als alter Mann mit einem Schleier. Marmorbüste. British Museum, London. *(Foto: Mit frdl. Erl. d. Trustees d. Brit. Mus.)*

292 Bronzemünze des Pontius Pilatus, römischer Prokurator von Judäa z. Z. der Kreuzigung Jesu (26–36 im Amt). Dargestellt: ein römisches simpulum (Kultgefäß) und drei Kornähren. British Museum, London. *(Foto: John Freeman)*

293 Blick auf Nazareth. *(Foto: Radio Times Hulton Picture Library)*

294 Jesaja-Rolle. Gefunden in Höhle I bei Qum-

ram am Toten Meer 1947. Ca. 100 v. Chr. Leder. Jerusalem. *(Foto: Mit frdl. Erl. v. Prof. Y. Yadin)*

295 Kapernaum. Überbleibsel der Synagoge, die wahrscheinlich 200 n. Chr. a. d. Fundamenten des Gotteshauses errichtet wurde, in dem Jesus predigte. *(Foto: Hed Wimmer, Karlsruhe)*

296 Fischer im Boot auf dem See Genezareth. *(Foto: Radio Times Hulton Picture Library)*

297 Rekonstruktion vom Tempel des Herodes (40–4 v. Chr.) in Jerusalem. *(Foto: Mit frdl. Erl. d. Palestine Exploration Fund)*

298 Die Klagemauer in Jerusalem, ein Überrest der herodianischen Umfassungsmauern des Tempelplatzes. Die Quader zeigen die typische Arbeit d. Steinmetzen Königs Herodes'. *(Foto: Radio Times Hulton Picture Library)*

299 Verbotstafel aus dem Tempel in Jerusalem. Weißer Kalksteinblock, 86 cm breit. Aus Jerusalem, ca. 30 n. Chr. Museum Istanbul. *(Foto: Mit frdl. Erl. d. Palestine Exploration Fund)*

299 Der Felsen im Felsendom von Jerusalem. Der Felsen ist heute noch den Arabern heilig. Über ihm wölbt sich der «Felsendom» (fälschlich Omar-Moschee genannt). Erbauer: 'Abd el-Malik ibn Merwan (688–691 n. Chr.), den d. Einwohner v. Mekka u. Medina nicht als Oberhaupt aneıkennen wollten u. der deshalb die Ka'aba durch den neuen Dom zu überbieten versuchte. Auf einem Berg d. «Landes Morija» sollte Abraham s. Sohn Isaak opfern (1. Mo. 22, 2). Nach 2. Chr. 3, 1 ist der Tempelberg in Jerusalem der «Berg Morija», der schon David als Platz f. d. Tempel bezeichnet worden war (1. Chr. 21, 18–26). *(Foto: Arthaud-Mikael Audrain)*

300 Silberdenar («Groschen») des Tiberius mit dem Kopf des Kaisers, die Zinsmünze v. Mt. 22, 19. *(Foto: John Freeman)*

300 Rekonstruktion der Säulenhallen am Teich Bethesda. *(Aus: J. Jeremias, Die Wiederentdeckung von Bethesda, S. 26)*

301 Ausgrabungen am Teich Bethesda. Unter meterhohem Schutt entdeckte Prof. J. Jeremias mit dem Freilegen des Badeteiches in der Nähe des Schaftores an der Ostseite der Nordmauer (Joh. 5, 2) einen Teil Jerusalems der Zeit Jesu. *(Foto: Bavaria Verlag, Heinrich Frese)*

302 Auf dem Ölberg von Jerusalem. *(Foto: Rapho, Paris)*

303 Blick aus dem Innern eines Felsgrabes mit

Rollstein bei Jerusalem. 1. Jh. n. Chr. *(Foto: Arthaud-Mikael Audrain)*

304 Die sogenannte «Gerade Straße» in Damaskus. Links römische Arkaden. *(Foto: Courtauld Institute of Art, London)*

305 Das große Theater von Ephesus, wo Paulus vermutlich predigte. Erbaut unter Kaiser Claudius (41–54), vollendet unter Kaiser Trajan (98–117). Das Fassungsvermögen betrug 24 000 Zuschauer in 66 Reihen. *(Foto: Paul Popper)*

305 Münze aus Ephesus mit Darstellung des Standbildes der Diana im Tempel. *(Aus: Lexikon zur Bibel, S. 293)*

306 Der Apollotempel zu Korinth. *(Foto: Mit frdl. Erl. v. L. Grollenberg O. P.)*

307 Seite aus dem Codex Sinaiticus: Beginn des Paulusbriefes an die Römer. Der «Codex Sinaiticus» ist e. kostbare Pergamenthandschrift in Griechisch, besteh. a. d. AT und Teilen des NT aus dem 4. Jh. Entdeckt 1859 durch v. Tischendorf im Katharinen-Kloster am Sinai. Seit 1933 im British Museum, London. *(Foto: Mit frdl. Erl. d. Trustees d. Brit. Mus.)*

308 Ruinen vom alten Hafen von Cäsarea, 38 km sswestlich v. Haifa, Ort der zweijährigen Gefangenschaft des Apostel Paulus (Apg. 24–26). *(Foto: Arthaud-Mikael Audrain)*

309 Die Via Appia. *(Foto: Alinari)*

310 Das Forum Romanum in Rom. *(Foto: Alinari)*

311 Marmorbüste des Nero, römischer Kaiser (54–68). British Museum, London. *(Foto: Mit frdl. Erl. d. Trustees d. Brit. Mus.)*

312 Marmorplatte über dem mutmaßlichen Grab von Paulus. Basilika S. Paolo fuori le mura, Rom. *(Aus: Finegan, Light from the Ancient Past, Abb. 186)*

313 Monument unter dem Hochaltar des Petersdoms zu Rom. *(Foto: Thames and Hudson Archives)*

314 Kopf des Kaisers Titus (79–81) auf einer Münze. Cabinet des Medailles, Paris. *(Foto: Bibliothèque Nationale, Paris)*

315 Relief vom Innern des Titusbogens in Rom. *(Foto: Alinari)*

316 Bronzemünze des Vespasian (69–79) mit Inschrift «judaea capta». Geprägt zur Erinnerung a. d. Eroberung v. Jerusalem u. Juda 67–70. *(Foto: John Freman)*

Personen- und Sachregister

(*Erklärung:* Es bedeuten   a) Zahl, normal [1] = Texthinweis,   b) Zahl, fett [**1**] = Hinweis auf entsprechende Zahl im Quellenverzeichnis,   c) Zahl mit Stern [1 *] = Bildhinweis)

355

rororo sachbücher

sachbuch rororo

CARL AMERY
Das Ende der Vorsehung. Die gnadenlosen Folgen des Christentums [6874]

ARBEITSGRUPPE SPORT
Schulsport im Abseits. Analysen zur Bewegungslosigkeit [6892]

ISAAC ASIMOV
Sternstunden der Forschung
Die großen naturwissenschaftlichen Entdeckungen unseres Jahrhunderts
Mit 42 teils mehrfarb. Abb. [6832]

RUDOLF AUGSTEIN
Jesus Menschensohn [6866]

AUTORENGRUPPE ABENTEUER-SPIELPLATZ MÄRKISCHES VIERTEL
Abenteuerspielplatz – Wo verbieten verboten ist
Experiment und Erfahrung. Mit 81 Abb. im Text [6814]

AUTORENGRUPPE ‹MÄRKISCHE VIERTEL ZEITUNG›
Stadtteilzeitung. Dokumente und Analysen zur Stadtteilarbeit [6888]

AUTORENGRUPPE WESTBERLINER VOLKSTHEATERKOOPERATIVE
Blumen und Märchen. Stadtteilarbeit mit Kindern im MV Berlin. Das «Fest» im Märkischen Viertel [6869]

SIMONE DE BEAUVOIR
Das andere Geschlecht
Sitte und Sexus der Frau. Ungek. Ausg. [6621]

JOHANNES BECK
Lernen in der Klassenschule
Untersuchungen für die Praxis [6820]

Prof. Dr. HANS BENDER
Telepathie, Hellsehen, Spuk
Unser sechster Sinn
Mit 99 Abb., davon 44 mehrfarb. [6796]

JOHN BERGER
Sehen. Das Bild der Welt in der Bilderwelt. Mit 250 Abb. im Text [6868]

J. D. BERNAL
Wissenschaft. Science in History
Band I: Die Entstehung der Wissenschaft. Mit 128 Abb. und 3 Karten [6743]
Band II: Die Wissenschaft und die industrielle Revolution. Mit 117 Abb. und 1 Karte [6748]
Band III: Die Naturwissenschaft der Gegenwart. Mit 109 Abb. [6753]
Band IV: Die Gesellschaftswissenschaften. Mit 95 Abb. und 1 Karte [6758]

ELIN-BIRGIT BERNDT u. a.
Erziehung der Erzieher
Das Bremer Reformmodell. Ein Lehrstück zur Bildungspolitik [6782]

ERIC BERNE
Spiele der Erwachsenen
Psychologie der menschlichen Beziehungen [6735]

Sprechstunden für die Seele
Psychiatrie und Psychoanalyse verständlich gemacht [6777]

Spielarten und Spielregeln der Liebe
Psychologische Analyse der Partnerbeziehung [6848]

LEW BESYMENSKI
Sonderakte Barbarossa
Dokumentarbericht zur Vorgeschichte des deutschen Überfalls auf die Sowjetunion – aus russischer Sicht [6838]

GEOFFREY BIBBY
Faustkeil und Bronzeschwert
Erforschung der Frühzeit des europäischen Nordens. Mit über 100 Abb. im Text und auf Tafeln. [6718]

Als Troja brannte und Babylon fiel
Das mythische Zeitalter unserer Kultur [6784]

KLAUS BIRKENHAUER
Schreibtraining. Klar und wirksam formulieren [6871]

GUNTHER BISCHOFF
Speak you English? Programmierte Übung zum Verlernen typisch deutscher Englischfehler [6857]

HEINER BOEHNCKE (Hg.)
‹Vorwärts und nicht vergessen›
Ein Lesebuch. Klassenkämpfe in der Weimarer Republik. Mit 30 Abb. im Text [6805]

rororo sachbücher

EDWARD DE BONO
Das spielerische Denken
Warum Logik dumm machen kann, und
wie man sich dagegen wehrt. Ein ver-
gnüglicher und positiver Lehrgang in
10 Lektionen [6786]

In 15 Tagen denken lernen
Vorwort von Isaac Asimov [6833]

ERNEST BORNEMAN
Sex im Volksmund
Der obszöne Wortschatz der Deutschen
Band 1: Wörterbuch von A–Z [6852]
Band 2: Wörterbuch nach Sachgruppen
[6853]

WERNER BRAUNBECK
Neue Physik. Die Revolutionierung des
physikalischen Weltbildes [6898 – März
1975]

NIGEL CALDER
Erde – ruheloser Planet. Die Revolution
der modernen Erdwissenschaft [6859]

C. W. CERAM
Enge Schlucht und Schwarzer Berg
Entdeckung des Hethiter-Reiches. Mit
über 100 Abb. im Text und auf Kunstdrucktafeln [6627]

Götter, Gräber und Gelehrte im Bild
mit 310 Abb. [6725]

Götter, Gräber und Gelehrte
Roman der Archäologie. Mit 51 Abb. u.
4 Karten [6790]

Ruhmestaten der Archäologie [6902 –
April 1975]

Dr. med. A. H. CHAPMAN
Regeln gegen Mitmenschen [6798]

Chemiefasern
Mit 118 meist mehrfarb. Abb. [6709]

EGMONT COLERUS
Vom Einmaleins zum Integral
Mathematik für jedermann [6692]

Vom Punkt zur vierten Dimension
Geometrie für jedermann [6694]

Von Pythagoras bis Hilbert
Die Epochen der Mathematik und ihre
Baumeister. Geschichte der Mathema-
tik für jedermann [6696]

ULRICH CONRADS
Umwelt Stadt. Argumente und Lehrbeispiele für eine humane Architektur
[6885]

WENDULA DAHLE (Hg.) u. a.
Deutschunterricht und Arbeitswelt
Modelle kritischen Lernens. Materia-
lien für Lehrer und Schüler [6785]

**GÖTZ DAHLMÜLLER / WULF D. HUND
/ HELMUT KOMMER**
Politische Fernsehfibel. Materialien zur
Klassenkommunikation. Strategien für
Zuschauer [6849]

KARLHEINZ DESCHNER
Abermals krähte der Hahn
Eine Demaskierung des Christentums
[6788]

ELISABETH DESSAI
Hat der Mann versagt? Streitschrift für
eine weibliche(re) Gesellschaft [6776]

VITUS B. DRÖSCHER
Die freundliche Bestie
Forschungen über das Tier-Verhalten
[6845]

GISELA EBERLEIN
Gesund durch autogenes Training
[6875]

HANS-JÜRGEN EYSENCK
Intelligenz-Test [6878]

WERNER FEND
Tiger. Ein Jagdbericht aus dem indi-
schen Bergdschungel [6897 – März 1975]

EDGAR FAURE u. a.
Wie wir leben lernen
Der Unesco-Bericht über Ziele und
Zukunft unserer Erziehungsprogramme.
Grundlagen eines Weltbildungsplanes
[6835]

BOBBY FISCHER
Bobby Fischer lehrt Schach
[6870]

GERALDINE LUX FLANAGAN
Die ersten neun Monate des Lebens
Nachwort von Adolf Portmann. Mit 115
ungewöhnlichen Abb. [6605]

SELMA FRAIBERG
**Die magischen Jahre in der Persön-
lichkeitsentwicklung des Vorschulkin-
des.** Psychoanalytische Erziehungsbe-
ratung [6794]

PAULO FREIRE
Pädagogik der Unterdrückten
Bildung als Praxis der Freiheit [6830]

BETTY FRIEDAN
Der Weiblichkeitswahn
oder Die Selbstbefreiung der Frau. Ein
Emanzipationskonzept [6721]

ERICH FROMM
Die Revolution der Hoffnung. Für eine
humanisierte Technik [6887]

ALLAN FROMME
Der Sexual-Report
Mit 41 mehrfarbigen und 28 einfarbigen
Abb. [6662]

**WOLFRAM FROMMLET /
HANS MAYRHOFER /
WOLFGANG ZACHARIAS**
Eltern Spielen Kinder Lernen
Handbuch für Spielaktionen [6896]

WILHELM FUCKS
Formeln zur Macht
Prognosen über Völker, Wirtschaft, Po-
tentiale [6601]

rororo sachbücher

ROGER GARAUDY
Die Alternative. Ein neues Modell der Gesellschaft jenseits von Kapitalismus und Kommunismus [6886]

GÖTTINGER KOLLEKTIV
Lehrerausbildung durch Projektstudium Erfahrungen von Lehrenden und Lernenden [6799]

HEINZ HABER
Unser blauer Planet
Die Entwicklungsgeschichte der Erde. Mit 49 mehrfarb. und 16 einfarb. Abb. [6609]

Der Stoff der Schöpfung
Mit 56 mehrfarb. und 20 einfarb. Abb. [6625]

Der offene Himmel
Eine moderne Astronomie. Mit 54 mehrfarb. und 18 einfarb. Abb. [6691]

Brüder im All
Von der Möglichkeit kosmischen Lebens. Mit 65 meist mehrfarb. Abb. [6720]

Unser Wetter
Einführung in die moderne Meteorologie Mit 68 meist mehrfarb. Abb. [6831]

FRIEDRICH HACKER
Aggression
Die Brutalisierung der modernen Welt [6807]

Materialien zum Thema Aggression [6850]

HAMBURGER LEHRERKOLLEKTIV
Jahrbuch für Junglehrer 1975. Perspektiven für die Berufspraxis [6884]

A. M. HARTOORN
5 vor 12 für Afrikas Tiere. Mit 57 Abb. auf 32 Tafeln [6860]

PAUL HERRMANN
7 vorbei und 8 verweht
Das Abenteuer der frühen Entdeckungen. Mit über 100 Karten und Abb. [6646]

ROLV HEUER
Genie und Reichtum
Die Finanzpraktiken von Caesar, Kolumbus, Wallenstein, Voltaire, Casanova, Beaumarchais, Napoleon, Goethe, Balzac, Bismarck, Marx und Edison [6829]

THOR HEYERDAHL
Expedition Ra. Mit dem Sonnenboot in die Vergangenheit. Mit 20 Abb. auf 16 Kunstdruck-Taf. [6863]

Prof. Dr. K. HOFMEIER / Prof. Dr. W. SCHWIDDER / Dr. F. MÜLLER
Alles über dein Kind
Auskunfts- und Nachschlagewerk nach Altersstufen über die körperliche und seelische Entwicklung, Pflege und Erziehung des Kindes. Band I u. II [6702; 6703]

RAYMOND HULL
Alles ist erreichbar
Erfolg kann man lernen [6806]

IVAN ILLICH
Die Entschulung der Gesellschaft
Entwurf eines demokratischen Bildungssystems [6828]

Initiativgruppe Solingen:
Schule ohne Klassenschranken. Entwurf einer Schulkooperative [6724]

DAVID IRVING
Die Geheimwaffen des Dritten Reiches Mit 56 Abb. und Karten [6638]

MOSSE JØRGENSEN
Schuldemokratie – keine Utopie
Das Versuchsgymnasium in Oslo [6802]

MICHAEL JUNGBLUT
Die Reichen und die Superreichen in Deutschland [6818]

ROBERT JUNGK
Heller als tausend Sonnen
Das Schicksal der Atomforscher [6629]

Die Zukunft hat schon begonnen
Amerikas Allmacht und Ohnmacht [6653]

HERMAN KAHN
Angriff auf die Zukunft. Die 70er und die 80er Jahre: So werden wir leben [6893]

HERMAN KAHN / ANTHONY J. WIENER
Ihr werdet es erleben
Voraussagen der Wissenschaft bis zum Jahre 2000. Mit 16 Abb. u. 62 Tabellen [6677]

WERNER KELLER
Und die Bibel hat doch recht
Forscher beweisen die historische Wahrheit. Mit 134 Abb. im Text und auf Kunstdrucktafeln [6614]

WERNER KIRST / ULRICH DIEKMEYER
Intelligenztraining
Denkspots und Lernimpulse, die alle geistigen Fähigkeiten anregen und fördern. Mit 88 Abb. [6711]

Creativitätstraining [6827]

Kontakttraining
Erfolgsprogramm für das Leben mit anderen Menschen [6867]

rororo sachbücher

rororo sachbücher

Vom Spielen zum Lernen
Vorschulische Intelligenzförderung.
Durchgehend vierfarbig gedruckt [6801]

Optimales Denken
Trainingsprogramm [6836]

GENEVIEVE PAINTER
Baby-Schule. Entwicklungsanregungen
für Kleinkinder [6894]

C. NORTHCOTE PARKINSON
Parkinsons Gesetz und andere Unter-
suchungen über die Verwaltung
Zeichnungen: Osbert Lancaster [6763]

Parkinsons Blick in die Wirtschaft
Zeichnungen: H. E. Köhler [6701]

Good-bye, Karl Marx [6808]

Das Mañana-Gesetz
Die Kunst, Entscheidungen auf die lange Bank zu schieben [6824]

FELIX R. PATURI
Der Rolltreppeneffekt oder Wie man
mühelos nach oben kommt [6899 –
März 1975]

AURELIO PECCEI / MANFRED SIEB-
KER «Die Grenzen des Wachstums». Fa-
zit und Folgestudien. Der Club of Rome
über Initiativen, Ergebnisse und Vorhaben bei der Erforschung der Weltpro-
blematik [6905]

LAURENCE J. PETER
& RAYMOND HULL
Das Peter-Prinzip oder Die Hierarchie
der Unfähigen [6793]

HUGO PORTISCH
So sah ich Sibirien
Europa hinter dem Ural. Mit 191 teils
mehrfarbigen Abb. im Text und auf
Kunstdrucktafeln [6673]

PROJEKTGRUPPE ARBEITSLEHRE
MARBURG
Schule, Produktion, Gewerkschaften.
Ansätze für eine Arbeitslehre im In-
teresse der Lohnabhängigen. Vorwort:
Ernst Reuter (GEW) [6908]

EVERETT REIMER
Schafft die Schule ab!
Befreiung aus der Lernmaschine [6795]

DIETER RICHTER / JOCHEN VOGT
(Hg.)
Die heimlichen Erzieher
Kinderbücher und politisches Lernen.
Erfahrungen, Analysen, Vorschläge
[6843]

HORST EBERHARD RICHTER
Patient Familie
Entstehung, Struktur und Therapie von
Konflikten in Ehe und Familie [6772]

HEINRICH RID
Bekanntschaft mit der Landschaft
Geologie erlebt. Mit 88 teils mehrfarb.
Abb. [6773]

HANS-G. ROLFF u. a.
Strategisches Lernen in der Gesamt-
schule.
Gesellschaftliche Perspektiven der
Schulreform [6854]

DR. G. H. RUDDIES
Psychotraining. Lebenstechnik im All-
tag [6901 – April 1975]

BERTRAND RUSSELL
Warum ich kein Christ bin
Über Religion, Moral und Humanität.
Von der Unfreiheit der Christenmen-
schen [6685]

Das ABC der Relativitätstheorie
[6787]

Freiheit ohne Furcht. Erziehung für eine
neue Gesellschaft. Kreativität und Ko-
operation im Schulexperiment [6900 –
März 1975]

VICTOR B. SCHEFFER
10 000 Kilometer durch den Pazifik.
Ein Jahr im Leben einer Robbe [6903 –
April 1975]

Dr. WILLIAM D. SCHUTZ
Freude
Gruppentherapie, Sensitivitätstraining,
Ich-Erweiterung [6811]

LUTZ SCHWÄBISCH / MARTIN SIEMS
Anleitung zum sozialen Lernen für
Paare, Gruppen und Erzieher. Kommu-
nikations- und Verhaltenstraining [6846]

JEAN-JACQUES SERVAN-SCHREIBER
Die amerikanische Herausforderung
[6738]

GEORG SIEBER
Achtung Test
Psychologische Testverfahren – was
man von ihnen erwarten darf. Mit 8
Farbtafeln [6683]

Die Altersrevolution [6882]

B. F. SKINNER
Futurum Zwei «Walden Two».
Die Vision einer aggressionsfreien Ge-
sellschaft [6791]

ROLF SPILLE
Mieter planen mit. Solidarisches Wohnen statt genormter Isolation [6895]

KARL STEINBUCH
Die informierte Gesellschaft
Geschichte und Zukunft der Nachrich-
tentechnik. Mit 88 Abb. [6612]

Mensch Technik Zukunft
Probleme von morgen [6821]

rororo sachbücher

Vom Ackerbau zum Zahnrad
7000 Jahre frühe technische Kultur.
Band I. Mit 533 teils mehrfarbigen Abb.
im Text u. auf Kunstdr.-Taf. [6664]

Vom Amulett zur Zeitung
7000 Jahre frühe technische Kultur.
Band II. Mit 317 teils mehrfarbigen Abb.
im Text u. auf Kunstdr.-Taf. [6667]

HORST STERN
Bemerkungen über Pferde [6841]
Mit 126 ein- und mehrfarb. Abb.

Bemerkungen über Hunde [6855]
Mit 92 ein- und mehrfarb. Abb.

Bemerkungen über Bienen [6881]
Mit 73 mehrfarb. Abb.

HELMUT SWOBODA
Richtig entscheiden. Wegweiser zu optimalem Handeln [6883]

GERHARD SZCZESNY (Hg.)
Die Antwort der Religionen: Eine Umfrage mit 31 Fragen von Gerhard Szczesny bei «Glaubensfachleuten» der großen Bekenntnisgemeinschaften Judentum, Katholizismus, Protestantismus, Islam, Hinduismus, Buddhismus [6700]

Das sogenannte Gute. Vom Unvermögen der Ideologen [6872]

SIEGBERT TARRASCH
Das Schachspiel
Systematisches Lehrbuch für Anfänger und Geübte [6816]

NIKO TINBERGEN
Tierbeobachtungen zwischen Arktis und Afrika. Forscherfreuden in freier Natur. Geleitwort von Konrad Lorenz. Mit 80 Abb. im Text und auf Tafeln [6822]

CHRISTOPHER TUGENDHAT
Erdöl
Treibstoff der Weltwirtschaft – Sprengstoff der Weltpolitik. Mit 10 Textabb. [6775]

FRITZ VILMAR
Rüstung und Abrüstung im Spätkapitalismus. Eine sozio-ökonomische Analyse des Militarismus in unserer Gesellschaft. Überarbeitete und aktualisierte Ausgabe [6797]

GERHARD VINNAI
Sozialpsychologie der Arbeiterklasse
Identitätszerstörung im Erziehungsprozeß [6812]

H. GÜNTER WALLRAFF
Industriereportagen
Als Arbeiter in deutschen Großbetrieben [6723]

Neue Reportagen, Untersuchungen und Lehrbeispiele [6842]

13 unerwünschte Reportagen [6889]

JAMES D. WATSON
Die Doppel-Helix
Ein persönlicher Bericht über die Entdeckung der DNS-Struktur. Einführung: Prof. Dr. Heinz Haber. Mit 32 Abb. und schemat. Darstellungen [6803]

HERBERT WENDT
Ich suchte Adam
Die Entdeckung des Menschen. Neu durchgesehene und erweiterte Ausgabe. Mit 93 Abb. im Text und auf Kunstdrucktafeln [6631]

Es begann in Babel
Die Entdeckung der Völker. Mit 34 Abb. im Text und auf Kunstdrucktafeln [6654]

MAX WOITSCHACH
Strategie des Spiels
Berechenbares und Unberechenbares vom Glücksspiel bis zum unternehmerischen Wettbewerb. Mit 20 Abb. und 22 Tabellen [6706]

MARTIN F. WOLTERS
Der Schlüssel zum Computer
Einführung in die elektronische Datenverarbeitung. Eine programmierte Unterweisung.
Band 1: Leitprogramm [6839]
Band 2: Textbuch [6840]

GUSTAV WYNEKEN
Abschied vom Christentum
Ein Nichtchrist befragt die Religionswissenschaft [6727]

Geoffrey Bibby

Dilmun

Die Entdeckung der ältesten Hochkultur

Ein erregender Forschungsbericht über das Reich Dilmun, jenes sagenumwobene Land der Unsterblichkeit, wie es der Nachwelt im Gilgamesch-Epos überliefert ist. Dem berühmten Archäologen Bibby ist es gelungen, jene einst blühende Hochkultur an den Gestaden des Persischen Golfs durch seine Ausgrabungsberichte für den Leser mit neuem Leben zu erfüllen.
416 Seiten mit 92 Abbildungen im Text. Geb.

Als Taschenbuchausgaben liegen vor:

Faustkeil und Bronzeschwert

Erforschung der Frühzeit des europäischen Nordens

Mit 94 Abbildungen im Text und auf 16 Tafeln
«Das Buch zu schreiben, war eine fesselnde Aufgabe», sagt Geoffrey Bibby in seinem Vorwort. Das Buch zu lesen, ist nicht minder faszinierend. Mit detektivischem Scharfsinn ist Indiz an Indiz gereiht; so entsteht ein lebendiges Bild der Frühzeit im Norden Europas. – Und zugleich ist dieses Buch die Geschichte der prähistorischen Forschung selbst. Wenige haben es bisher gewagt, diese spröde Materie einem großen Leserkreis zugänglich zu machen. Bibby hat es gewagt – und es ist ihm bewunderungswürdig gelungen.

rororo sachbuch Band 6718

Als Troja brannte und Babylon fiel

Das mythische Zeitalter unserer Kultur

Mit 85 Abbildungen im Text und auf 32 Tafeln
«Der hervorragende englische Archäologe hat die Vergangenheit hier auf wunderbare Weise gegenwärtig gemacht. Eine unterhaltsamere Belehrung ist kaum denkbar.»
Orville Prescott in ‹The New York Times›
rororo sachbuch Band 6784

Rowohlt